AF224877

SERVICE DES ANTIQUITÉS DE L'ÉGYPTE

CATALOGUE GÉNÉRAL

DES

ANTIQUITÉS ÉGYPTIENNES

DU MUSÉE DU CAIRE

Nᵒˢ 52640-53171

BIJOUX ET ORFÈVRERIES

PAR M. ÉMILE VERNIER

TROISIÈME FASCICULE

LE CAIRE

IMPRIMERIE DE L'INSTITUT FRANÇAIS

D'ARCHÉOLOGIE ORIENTALE

1925

PUBLICATIONS
DU SERVICE DES ANTIQUITÉS DE L'ÉGYPTE.

Guide du Visiteur au Musée du Caire, par G. Maspero, in-8°, Caire, 4° édition, 1915. — Prix : P. T. 25.

Notice sommaire des principaux monuments du Musée du Caire, par G. Daressy : texte français, nouvelle édition, Caire, 1925, prix : P. T. 5; — texte anglais, 3° édition, Caire, 1925, prix : P. T. 5; — traduction arabe par Antoun eff. Zikri, nouvelle édition, Caire, 1924, prix : P. T. 5.

Annales du Service des Antiquités, tomes I à XXIV. — In-8°, Caire, 1900-1924. — Prix de chaque volume : P. T. 122.

Index des tomes I-X, par H. Munier. — In-8°, Caire, 1912. — Prix : P. T. 125.

Index des tomes XI-XX, par H. Munier. — In-8°, Caire, 1921. — Prix P. T. 125.

Le Musée égyptien. — Tome I. — In-4° avec 46 planches, Caire, 1890-1900. — Prix : P. T. 157. Tome II, 1er fasc. — In-4° avec 17 planches, Caire, 1904. — Prix : P. T. 106. — 2° fascicule. — In-4° avec 25 planches, Caire, 1906. — Prix : P. T. 126. — 3° fascicule. — In-4° avec 15 planches, Caire, 1907. — Prix : P. T. 87. Tome III, 1er fasc. — In-4° avec 23 planches, Caire, 1909. — Prix : P. T. 121. — 2° fascicule. — In-4° avec 13 planches, Caire, 1915. — Prix : P. T. 97. — 3° fascicule. — In-4° avec 2 planches, Caire, 1924. — Prix : P. T. 25.

Carte de la nécropole memphite : Dahchour, Sakkarah, Abousir, par J. de Morgan. — In-4°, 12 planches coloriées. — Caire, 1897. — Prix : P. T. 97.

Plan des nécropoles thébaines, par É. Baraize. — 1re livraison, feuilles 9, 20, 21, 31 et 32. — In-f°, Caire, 1904. — Prix : P. T. 35. — 2° livraison, feuilles 42, 53 et 61. — In-f°, Caire, 1907. — Prix : P. T. 25. — 3° livraison, feuilles 8, 30, 41, 59 et 60. — In-f°, Caire, 1908. — Prix : P. T. 35. — 4° livraison, feuilles 40, 43, 51 et 54. — In-f°, Caire, 1913. — Prix : P. T. 32.

Fouilles à Dahchour (mars-juin 1894), par J. de Morgan, avec la collaboration de MM. Berthelot, G. Legrain, G. Jéquier, V. Loret et Dr Fouquet. — In-4°, Vienne, 1895. — Prix : P. T. 244.

Fouilles à Dahchour en 1894-1895, par J. de Morgan, avec la collaboration de G. Legrain et G. Jéquier. — In-4°, Vienne, 1903. — Prix : P. T. 250.

Notice sur le temple de Louqsor, par G. Daressy. — In-8°, Caire, 1893. — Prix : P. T. 10.

Notice sur le temple de Médinet-Habou, par G. Daressy. — In-8°, Caire, 1897. — Prix : P. T. 15.

Recueil des Inscriptions grecques-chrétiennes d'Égypte, par G. Lefebvre. — In-4°, Caire, 1907. — Prix : P. T. 250.

Le Tombeau de Petosiris, par G. Lefebvre, 1re partie : Description. — In-4°, Caire, 1924. — Prix : P. T. 100. — 2° partie : Les Textes. — In-4°, Caire, 1923. — Prix : P. T. 140. — 3° partie : Vocabulaire et Planches. — In-4°, Caire, 1924. — Prix : P. T. 160.

Le Livre des Perles enfouies et du Mystère précieux, par Ahmed bey Kamal. — 2 vol. in-4°, Caire, 1907. — Prix : les deux, P. T. 194. Vendus séparément : texte arabe, P. T. 100; traduction française, P. T. 107.

Rapports sur la marche du Service des Antiquités, de 1899 à 1910, par G. Maspero. — In-8°, Caire, 1912. — Prix : P. T. 50.

Chansons populaires recueillies dans la Haute-Égypte, par G. Maspero. — In-8°, Caire, 1914. — Prix : P. T. 32.

Répertoire généalogique et onomastique du Musée du Caire (XVII°-XVIII° dynasties), par G. Legrain. — In-8°, Genève, 1908. — Prix : P. T. 97.

Excavations at Saqqara, par J. E. Quibell. — (1905-1906). — In-4° avec planches, Caire, 1907. — Prix : P. T. 218. — (1906-1907). — In-4° avec planches en couleurs, Caire, 1908. — Prix : P. T. 438. — (1907-1908). — In-4° avec planches en couleurs, Caire, 1909. — Prix : P. T. 438. — (1908-9, 1909-10). — In-4° avec planches en couleurs, Caire, 1912. — Prix : P. T. 375. — (1911-12). — In-4° avec planches en couleurs, Caire, 1913. — Prix : P. T. 272. — (1912-1914). — In-4° avec planches, Caire, 1923. — Prix : P. T. 200.

Catalogue des monuments et inscriptions de l'Égypte antique. — Tome I. — *De la frontière de Nubie à Kom-Ombos*, par J. de Morgan, U. Bouriant, G. Legrain, G. Jéquier, A. Barsanti. — In-4°, Vienne, 1894 (épuisé). — Tome II. — *Kom-Ombos*, 1re partie, mêmes auteurs. — In-4°, Vienne, 1895. — Prix : P. T. 250. — Tome III. — *Kom-Ombos*, 2° partie, mêmes auteurs. — 1re livraison. — In-4°, Vienne, 1902. — Prix : P. T. 125. — 2° livraison. — In-4°, Vienne, 1905. — Prix : P. T. 97. — 3° livraison. — In-4°, Vienne, 1909. — Prix : P. T. 125.

A Report on the Antiquities of Lower Nubia in 1906-7, par A. Weigall. — In-4°, Oxford, 1907. — Prix : P. T. 313.

The Aswân Obelisk, with some remares on the ancient engineering, par R. Engelbach. — In-4°, Caire, 1922. — Prix : P. T. 110.

A Supplement to the Topographical Catalogue of the Private Tombs of Thebes (Nos. 253 to 334) with some notes on the necropolis from 1913 to 1924, par R. Engelbach. — In-4°, Caire, 1924. — Prix : P. T. 20.

Un décret trilingue en l'honneur de Ptolémée IV, par H. Gauthier et H. Sottas. — In-4°, Caire, 1925. — Prix : P. T. 60.

52640. Bracelet. — Électrum. — Long. o m. 134 mill., larg. o m. 022 mill.; poids 7 grammes. — Trouvé à Biban el-Molouk, fouilles Th. Davis, 1908.

Une mince feuille d'électrum unie, dont les extrémités devaient être reliées par une chaînette ou un cordon pour obtenir une dimension suffisante et régler la grandeur. Ses extrémités sont trouées à 3 et à 5 millimètres des bords.
XIXe dynastie.

BIBL. : *Journal d'entrée du Musée*, n° 39692; TH. DAVIS, *Excavations at Bibân el Molûk, The tomb of Siphtah*, p. 41, n° 19.

52641. Couronne. — Or, lapis-lazuli, cornaline et amazonite. — Circonférence o m. 635 mill., larg. o m. 028 mill.; longue plume : long. o m. 20 cent., largeur maximum o m. 032 mill., épaiss. 4/10 de millimètre; uræus : haut. o m. 04 cent.; diamètres des rosaces de 22 à 24 millimètres; longueur des pendeloques o m. 197 mill., largeur maximum o m. 038 mill., largeur minimum o m. 024 mill.; support des longues plumes avec le lotus o m. 045 mill.; poids total 280 grammes. — Trouvée à Illahoun dans le tombeau pillé d'une princesse de la XIIe dynastie (fouilles Petrie, 1914) (pl. XXXVIII).

Une couronne composée d'un bandeau d'or uni d'une épaisseur de 4/10 de millimètre et décoré de la façon suivante : au milieu, de face, un uræus d'or dont la tête est en lapis-lazuli, les yeux en obsidienne et bordés de fils d'or, le corps est ajouré, le tout est cloisonné et garni de lapis, de cornaline et d'une troisième substance que l'on peut supposer être de l'amazonite; cette dernière substance est en mauvais état. Cet uræus est indépendant du bandeau; il est mobile et se monte et prend sa place à l'aide d'une petite plaque repliée qui termine l'uræus et qui pénètre dans une bride soudée au bandeau.

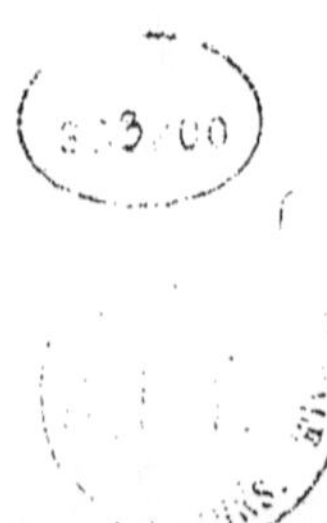

A l'opposé de l'uræus, au milieu arrière du bandeau, on voit deux «longues plumes»; elles sont simplement découpées dans une plaque d'or unie. A la partie inférieure se trouve une tige étroite semblable à la soie d'un couteau de table ordinaire; cette tige traverse une petite pièce en forme de papyrus et pénètre dans une tubulure qui est fixée au bandeau par deux rivets. Ces longues plumes sont donc mobiles.

Le décor du bandeau est fait de quinze rosaces cloisonnées; elles diffèrent très peu entre elles de dimensions, les diamètres ne varient que de o m. 022 mill. à o m. 024 mill. Les cloisons ont reçu du lapis, de la cornaline et de l'amazonite ou de la pâte de verre.

Trois bandes d'or, divisées en deux dans la plus grande partie de leur longueur, sont attachées au bandeau, une derrière et une de chaque côté; elles sont réunies au

bandeau par une charnière, ce qui les laisse librement osciller. L'une d'elles n'a plus
sa charnière et est rattachée sommairement.

La technique de cette œuvre n'appelle pas de remarques particulières.
Une seule observation : le bandeau a été allongé par l'adjonction d'une
pièce soudée de 0 m. 046 mill. de longueur; elle est découpée à ses
extrémités.

BIBL. : *Journal d'entrée du Musée,* n° 44919; PETRIE, *Ancient Egypt,* 1920, Part III, p. 67.

52642. Ornement de coiffure. — Or et pierres. — Largeur maximum 0 m.
110 mill., largeur minimum 0 m. 081 mill.; poids 128 grammes.
— Trouvé à Gournah, trésor de la reine Aah-hotpou, janvier 1859
(pl. XXXIX).

Un ornement de coiffure, signalé comme tel par Mariette, qui ne dissimule pas son
étonnement, car cet objet ressemble plutôt à un bracelet; mais il a été trouvé encore engagé dans la chevelure.

Bijou en forme de bracelet, composé d'un corps, fait pour une moitié d'une grosse
tresse, et pour la seconde moitié d'une bande d'or cloisonnée. Du milieu de cette
bande part une languette d'une longueur de 0 m. 070 mill., et qui est également
décorée au cloisonné.

Au-devant de la tresse, un cartouche au nom d'Ahmosis est d'une épaisseur énorme;
Mariette, le décrivant, dit : une petite boîte (*Catalogue,* 1864). Le cartouche et la
surface de l'épaisseur sont cloisonnés également.

De chaque côté du cartouche se trouve un sphinx. Ces sujets sont fixés au corps, dans
la partie qui est encore la tresse, en un point seulement de leur base.

En reprenant chacune de ces parties nous voyons :

1° La tresse du corps du bijou; elle est faite d'or en plaque mince qui a été forgée en
forme de tubulure à section elliptique et ensuite ciselée pour lui donner sa forme
de tresse. Elle se développe sur une longueur de 0 m. 082 mill. et a 0 m. 011 mill.
de largeur sur 0 m. 008 mill. d'épaisseur moyenne. La réunion de la tresse et de
la plaque qui la continue est masquée par des plaques rapportées.

2° La bande qui complète le corps est faite d'une plaque d'or très mince, bordée
d'une bande d'or qui lui permet de recevoir les cloisons du décor. La languette qui
part du milieu de cette partie du corps, et qui lui est perpendiculaire, est faite de
la même façon, bordée et cloisonnée. Sur le corps, les motifs des cloisons
sont alternés neuf de chaque; les signes sont remplis avec du lapis-lazuli et de
l'amazonite et les fonds sont de cornaline. La languette est ornée de cloisons
disposées en arête de poisson, une cloison centrale et de petites qui réunissent

celle-ci aux côtés de la languette . Les pierres sont alternées lapis, cornaline,
amazonite.

3° Sur le devant du bijou, le cartouche ⬭ présente l'inscription qui suit : 🦆

◉⳾⳾ 𓏏 ⳾ ⳾ 𓏏 ◉ ⳾, laquelle se détache sur un fond de lapis-lazuli; des parties manquent et l'on peut voir le lut noirâtre sur lequel les pierres étaient collées.

L'épaisseur de ce cartouche est ornée de petits carrés mi-partie or et pierres ◰.

Dans chacun il y a un triangle or, mais les pierres alternent par rangs : cornaline, lapis-lazuli, amazonite.

Les dimensions du cartouche sont : haut. o m. o48 mill., larg. o m. o14 mill., épaiss. o m. o16 mill.; il est couché la base à gauche (du bijou).

4° Les sphinx qui sont de chaque côté du cartouche et le regardant, sont sur des bases qui ont pour dimensions : long. o m. o38 mill., larg. o m. o11 mill., la hauteur au sommet de la tête est de o m. o3o mill.

Ces sphinx sont construits en différentes pièces. Les corps proprement dits sont en deux parties dans le sens de la longueur; ils ont été ciselés au repoussé dans une feuille d'or mince, les masques paraissent rapportés, l'uræus de la coiffure a certainement été pris dans un petit morceau de métal, les queues des lions sont faites de tubulures contournées et placées après coup.

La coiffure est faite de plusieurs plaques, la plus importante est celle qui couvre la tête et vient se terminer sur l'échine; deux autres encadrent la tête de face. Ces plaques sont cloisonnées, celles qui protègent la tête, de rayures longitudinales, celles qui encadrent le visage, de rayures transversales; les unes et les autres étaient décorées de lapis-lazuli, on en voit encore des traces, mais le lut noirâtre, déjà signalé, est de beaucoup plus apparent.

Les sphinx ont des yeux de quartz au milieu desquels un point de lapis-lazuli fait la pupille.

XVIIIᵉ dynastie.

Bibl. : *Journal d'entrée du Musée*, n° 468o; *Catalogue Mariette*, 1864, p. 224, n° 18; 1872, p. 265, n° 814; Grébaut, *Notice sommaire*, 1892, p. 123, n° 3508; *Catalogue de Morgan*, 1892, p. 209, n° 944; *Catalogue Maspero*, 1912, p. 419, n° 4o4o, fig. 98; 1915, p. 431, n° 4o4o, fig. 123; Maspero, *Archéologie égyptienne*, p. 319, fig. 321; Vassalli, *Monumenti istorici*, 1867, p. 129; Mariette, *Album du Musée de Boulaq*, 1871, pl. XXXI; *Revue générale de l'Architecture*, XVIII, 1860, pl. 1 à 3; von Bissing, *Ein thebanischer Grabfund*, Tafel V.

52643. **Ornement de poitrine.** — Or. — Diamètre environ o m. 27o mill. dans l'état actuel; poids 184 grammes. — Trouvé à Biban el-Molouk, cachette d'objets de Taïa et Khu-n-Aten, à côté de la tombe (fouilles Th. Davis, 1907) (pl. XL).

Un large ornement de poitrine, trouvé plié, et placé sur la tête de la momie. Il fut pour cette raison inscrit sous le nom de couronne.

C'est une grande plaque d'or dont la silhouette est celle d'un vautour aux ailes éployées. Le vautour, au milieu de la composition, tient le sceau dans sa serre gauche (la droite a disparu); il a o m. 142 mill. de haut. Ses ailes, au départ du corps, ont o m. 075 mill. de large. Derrière l'aile gauche, une petite pièce soudée, pour essayer de cacher une gerçure.

Technique. Cette pièce est faite d'une plaque d'or mince découpée. Tous les détails, tête, patte, corps et ailes, sont exécutés en ciselure au tracé, c'est-à-dire que la plaque étant posée sur un lut pouvant lui permettre de subir des chocs sans se déformer, tous les traits ont été indiqués au traçoir et au marteau en déplaçant le métal et en ne coupant pas, la minceur de la plaque s'y opposant.

XVIIIᵉ dynastie.

Bibl. : *Journal d'entrée du Musée*, n° 39630; *Catalogue Maspero*, 1912, p. 429, n° 4190; 1915, p. 441, même numéro; Maspero et Rœder, *Führer durch das ägyptische Museum Cairo*, 1912, p. 115, Schrank XI; Th. Davis, *Excavations at Bibân el Molûk, The tomb of Siphtah*, p. 35, pl. 13 et 14.

52644. Couronne. — Or. — Diamètre moyen o m. 170 mill., largeur du bandeau o m. 004 mill., diamètre des rosaces o m. 030 mill.; poids 104 grammes. — Trouvée à Biban el-Molouk, fouilles Th. Davis, 1908 (pl. XLI).

Une couronne composée d'une bande d'or étroite sur laquelle sont fixées seize rosaces d'or dont le centre est un bouton hémisphérique qui possède un tenon perforé à son extrémité et logé dans sa partie concave. Ce tenon traverse le centre de la rosace et celle-ci est fixée par un fil qui passe par la perforation du tenon et par un trou percé dans le bandeau de la couronne.

Les rosaces portent, chacune sur quatre pétales, les cartouches de Séti II et de la reine Ta-usert se faisant pendants.

Technique. Ces rosaces sont faites d'un métal très mince poussé dans un creux de métal, ou même de pierre, lequel avait reçu la forme exacte qui était dessinée : c'est le système de «l'embouti»[1]. Ce travail, quand il est pratiqué de façon à donner des résultats définitifs sans retouche, ne permet la mise en œuvre que d'un métal très mince et très obéissant; la seule opération du découpage final suffit à altérer les résultats de l'embouti : le travail est donc médiocre. C'est ce que nous avons ici.

Ces rosaces sont actuellement attachées avec du fil de fer.

XXIXᵉ dynastie.

Bibl. : *Journal d'entrée du Musée*, n° 39674; *Catalogue Maspero*, 1912, p. 429, n° 4192; 1915, p. 441, même numéro; Maspero et Rœder, *Führer durch das ägyptische Museum Cairo*, 1912, p. 115; Th. Davis, *Excavations at Bibân el Molûk, The tomb of Siphtah*, p. 35, pl. 13 et 14.

[1] É. Vernier, *La bijouterie et la joaillerie égyptiennes*, p. 96, § VI.

52645. Hache. — Or, électrum, pierres, cuivre et bois. — Longueur de l'ensemble o m. 475 mill., longueur de la hache o m. 134 mill.; largeur maximum de la hache o m. 067 mill., largeur minimum o m. 041 mill., diamètre du manche vers le milieu o m. 022 mill.; poids 590 grammes. — Trouvée à Gournah, trésor de la reine Aah-hotpou, janvier 1859 (pl. XLII et XLIII).

Hache et manche sont entièrement recouverts d'or. Pour la hache, l'état de très bonne conservation du décor qui la recouvre rend très difficile la recherche du métal dont le corps est fait; cependant quelques timides essais faits au fond d'un cloisonnage vide, permettent de penser que c'est une lame de cuivre qui est le support de toute la composition; c'est du reste logique : une plaque de cuivre forgée est plus solide et moins cassante qu'une plaque de bronze fondue. La hache est incurvée sur les deux côtés, elle s'élargit vers le tranchant et à la partie qui rejoint le manche. Le tranchant est arrondi extérieurement.

La hache adhère au manche par des liens d'or, de petites bandelettes qui sont employées de la même façon que les liens de toute nature qui maintiennent, dans les armes de l'âge de pierre, les silex sur les bâtons. La hache est ainsi fixée dans une cavité creusée dans le manche — et pour régler le serrage de cette ligature, une pièce de métal (cuivre recouvert d'or), dont la forme est triangulaire et qui se termine en fil arrondi et pointu, passe entre les liens et le manche, ce qui permet de resserrer la hache contre le manche en enfonçant cette pièce (pl. XLII, n° 1).

Le manche est en bois de cèdre recouvert d'or. Son état est bien moins bon que celui de la hache, et en de nombreux endroits le métal est déchiré et le bois visible; de plus, des motifs de décor, formant bagues, ont disparu, et là encore le bois apparaît (pl. XLII, n° 2).

Enfin la partie inférieure du manche va en s'élargissant et offre à l'extrémité une surface plane elliptique dont les axes ont 53 et 31 millimètres; cette partie est décorée au cloisonné (pl. XLII, n° 3).

Le décor est entièrement conçu et exécuté en cloisonné. Sur la hache d'un côté, une composition entourée d'un listel de pierre est divisée en trois compartiments tracés dans le sens de la largeur : 1° la figure symbolique de l'éternité; 2° la Haute et la Basse-Égypte surmontant les fleurs qui les symbolisent; 3° le roi sous la forme du lion. Les pierres employées sont la cornaline, l'émail turquoise et le lapis-lazuli altéré d'une façon qui le rend presque complètement noir. Les fonds sont faits de plaques d'électrum (pl. XLII, n° 1, et XLIII, n° 1).

Sur l'autre côté, la composition est également divisée en trois tableaux encadrés dans un large listel (pl. XLIII, n° 2) :

1° Les cartouches d'Ahmosis;

2° Le roi, les jambes écartées, frappant un barbare [1];

---

[1] M. Daressy, dans une étude publiée dans les *Annales du Service des Antiquités*, t. VII, p. 115 à 120, relève des analogies entre cette scène et celle que l'on voit sur un poignard trouvé par M. Loret au cours des fouilles faites à Saqqarah en 1898; il croit pouvoir en conclure que le personnage frappé par le roi est un Pasteur.

3° Un griffon symbolisant le dieu.

Il reste un peu de cornaline et d'amazonite dans les cartouches royaux. Les fonds des compartiments 2 et 3 sont faits de lapis-lazuli décomposé et devenu noir.

Le manche est décoré : 1° par une feuille d'or l'enveloppant entièrement; 2° par une inscription qui occupe une longue bande (o m. 240 mill. sur o m. 011 mill.) sur le dos du manche. Cette inscription, dont le caractère précieux fut immédiatement signalé par Mariette lors de la trouvaille (*Catalogue*, 1864, p. 221, n° 5), donnait pour la première fois au complet le protocole d'Ahmosis :

Cette inscription est découpée à jour dans la bande d'or qui est au dos du manche; ce sont ces ajours que l'artisan a garnis de pierres. L'or de cette bande, pour cette raison, est plus épais que celui qui garnit le reste du manche, pas assez toutefois pour que les pierres y fussent solidement fixées; aussi en reste-t-il très peu. Nous voyons pourtant une assez grande variété : lapis-lazuli, cornaline et une substance dont le bleu imite la turquoise et qui est très probablement de l'émail. La bande contenant cette inscription est isolée, par une cloison qui l'entoure, de l'or qui enveloppe le reste; elle avait ainsi un peu l'aspect d'un très long cartouche, et la différence d'épaisseur entre les deux feuilles d'or ne pouvait être remarquée. Mais alors que la feuille épaisse, bien qu'étroite, est restée en place, celle plus mince a joué, s'est décollée en grande partie. Au-dessus de la bande et près de la hache, une cavité rectangulaire, taillée dans le manche, indique qu'il y avait, là encore, un motif qui a disparu.

A quatre endroits on voit sur le manche des cloisons faisant bagues par groupes de trois, ayant ensemble o m. 020 mill. de large; les cloisons sont vides. Les groupes sont espacés entre eux de 60 à 62 millimètres, le groupe inférieur est à o m. 090 mill. du bas du manche au côté du dos et de o m. 075 mill. du côté de la face, l'extrémité inférieure du manche étant coupée de biais par rapport à l'ensemble.

Cette partie est décorée elle aussi, sur le plat elliptique, d'une composition cloisonnée représentant deux groupes de trois fleurs présentés l'un au-dessus de l'autre et renversés les fleurs en bas — Haute et Basse-Égypte — accompagnés à droite et à gauche du signe ♎. Les substances visibles employées sont la cornaline et une turquoise sans doute faite d'émail. Les lotus du groupe du haut ont le corps et les calices de cornaline et les pétales de turquoise; les papyrus du bas ont le corps de turquoise et des pétales de cornaline. Les fonds ne montrent que le lut qui fixait les matières décoratives (pl. XLII, n° 3).

XVIIIᵉ dynastie.

Bibl. : *Journal d'entrée du Musée*, n° 4673; *Catalogue Mariette*, 1864, p. 221, n° 5; 1872, p. 265, n° 816; 1874, p. 259, n° 816; 1876, p. 247, n° 816; *Catalogue de Morgan*, 1892, p. 211, n° 950; *Catalogue Maspero*, 1902, p. 429, n° 949; 1912, p. 415, n° 4035, fig. 98; 1915, p. 428, n° 4035, fig. 123; Vassalli, *Monumenti istorici*, 1867, p. 130; Mariette, *Album du Musée de Boulaq*, 1871, pl. XXXI; *Revue générale de l'Architecture*, XVIII, 1860, pl. 4 à 6; Maspero, *Archéologie égyptienne*, p. 312, fig. 296; *Égypte* (collection *Ars Una*), p. 213, fig. 400; von Bissing, *Ein thebanischer Grabfund*, Tafel III, n° 4; Petrie, *History of Egypt*, II, p. 14.

52646. Hache. — Or, argent, cuivre et bois. — Longueur totale o m. 410 mill., longueur de la hache o m. 117 mill., largeur au manche o m. 067 mill., largeur au milieu o m. 020 mill., largeur au tranchant o m. 051 mill.; poids 237 grammes (pl. XLIV).

Une hache dont le manche, de bois, est orné à sa partie inférieure d'une plaque d'or qui l'enveloppe sur une hauteur de o m. 055 mill. (mesuré sur le milieu d'un côté). Cette feuille d'or est terminée en haut par une bague faite de deux petites tresses accolées et faisant ensemble une largeur de 2 millimètres. En bas, la feuille d'or est coupée au ras du bord, et la surface elliptique (83/32 de millimètre) qu'offre l'extrémité inférieure du manche a reçu une plaque d'or de sa grandeur exacte; il n'y a donc pas de solution de continuité. La plaque du dessous est maintenant décollée, surtout sur les bords, car la partie la plus considérable de la surface est maintenue par des clous d'or à tête hémisphérique placés selon les axes de l'ellipse. Ces clous étaient au nombre de dix-huit, il en reste encore quatorze.

Dans la partie qui couvre le bas du manche, l'or est déchiré.

La hache est encastrée dans le manche, sans lien; elle est retenue actuellement par un clou au bas, et en haut par un fil de fer. Sa forme est la même que celle des autres haches de la même trouvaille, c'est-à-dire qu'entre le manche et le tranchant elle s'infléchit en haut et en bas de façon à devenir assez étroite, puis elle s'épanouit des deux côtés et reprend de la largeur. Le tranchant est arrondi extérieurement.

Technique. Cette hache n'a pas été fondue : c'est une lame de cuivre qui a été *forgée* et recouverte d'une feuille d'argent; de là un aspect beaucoup plus net que celui des lames fondues et aussi une conservation plus grande, car la porosité du métal facilite grandement l'attaque des éléments de décomposition.

De quelle façon l'argent est-il appliqué sur le cuivre? Est-ce après, ou pendant la confection de la lame de cuivre? Il ne faut pas oublier que l'on trouve parfois des travaux où le métal est employé en plaques dont l'épaisseur est faite de deux feuilles superposées (voir n° 52372), mais on peut également admettre que la feuille d'argent était mince et qu'elle a adhéré facilement avec un agglutinatif quelconque.

XVIII° dynastie.

Bibl. : *Journal d'entrée du Musée*, n° 4676; *Catalogue Mariette*, 1864, p. 221, n° 5; 1872, p. 265, n° 816; 1876, p. 251, n° 834; *Catalogue Grébaut*, 1892, p. 124, n° 3606; *Catalogue de Morgan*, 1892, p. 214, n° 957; *Catalogue Maspero*, 1912, p. 415, n° 4032, fig. 98; 1915, p. 428, n° 4032, fig. 123; Maspero, *Égypte* (collection *Ars Una*), p. 212, fig. 400; Vassalli, *Monumenti istorici*, 1867, p. 130; Mariette, *Album du Musée de Boulaq*, 1871, pl. XXXI; von Bissing, *Ein thebanischer Grabfund*, Tafel III, n° 1.

52647. Hachette. — Bronze et corne. — Longueur du manche 0 m. 400 mill., longueur de la hache 0 m. 120 mill., largeur de la hache, au manche 0 m. 070 mill., vers le milieu 0 m. 029 mill., au tranchant 0 m. 060 mill.; poids 333 grammes. — Trouvée à Gournah, trésor de la reine Aah-hotpou, janvier 1859 (pl. XLIV).

Hache à manche de corne. Le bronze de cette hache est sans doute très riche en étain; il donne, à l'examen, la même impression que la lame du poignard n° 52661 (pl. XLVI). L'aspect de ce métal n'était pas passé inaperçu et même la hache est portée au *Journal d'entrée du Musée* comme « argent ».

Sur cette hache on voit encore, mais très effacé, le cartouche de

Le manche a la forme habituelle, évasé vers le bas et coupé de biais, de façon que la partie postérieure est sensiblement plus longue que la partie antérieure. Ce manche est en corne; il est brûlé à l'endroit où la hache pénètre dans la cavité destinée à la recevoir. Celle-ci est retenue par deux fils de fer provenant d'une réparation moderne.

TECHNIQUE. Il est certain que les Égyptiens avaient constaté que le bronze était plus dur quand on augmente la quantité d'étain qu'il contient; ils avaient également remarqué qu'il était alors plus cassant. Un outil présenté par M. Choisy à l'Académie des Inscriptions et Belles-Lettres [1] offre cette particularité d'avoir l'intérieur en bronze dur, qui était affutable et coupant, et d'être enrobé dans du métal plus doux destiné à empêcher les vibrations qui pouvaient le briser.

XVIII° dynastie.

BIBL. : *Journal d'entrée du Musée*, n° 4675; *Catalogue Mariette*, 1864, p. 168, n° 402; 1876, p. 201, n° 533; *Catalogue Maspero*, 1915, p. 428, n° 4033, fig. 123; VASSALLI, *Monumenti istorici*, 1867, p. 130; VON BISSING, *Ein thebanischer Grabfund*, Tafel III, n° 4.

52648. Hachette. — Bronze. — Long. 0 m. 120 mill., largeur au milieu 0 m. 027 mill., vers le tranchant 0 m. 056 mill., vers l'emmanchure 0 m. 075 mill.; poids 168 grammes. — Trouvée à Gournah, janvier 1921.

Une hache dont la matière comporte les mêmes observations que celles de la hache qui précède; celle-ci n'a pas de manche. Sur un des côtés on peut lire avec une grande difficulté causée par l'état superficiel de l'objet :

XVIII° dynastie.

[1] *Bulletin de l'Académie des Sciences*, n° 17, 28 avril 1902, p. 989; voir aussi sur cette question : É. VERNIER, *La bijouterie et la joaillerie égyptiennes*, dans les *Mémoires de l'Institut français d'Archéologie orientale du Caire*, t. II, p. 35 et seq.

Bibl. : *Journal d'entrée du Musée*, n° 4677 (le *Journal* dit *deux*); von Bissing, *Ein thebanischer Grabfund*, Tafel III, n° 2.

52649 à 52657 inclus. Hachettes. — Or et argent. — Long. de 0 m. 035 mill. à 0 m. 038 mill., larg. celles d'or de 20 à 21 millimètres, celles d'argent de 15 à 17 millimètres. — Trouvées à Gournah, trésor de la reine Aah-hotpou, janvier 1859 (pl. XXXIX).

Neuf hachettes (bijoux), dont trois en or et six en argent; elles sont de la forme ordinaire des hachettes utilisées. Le seul décor est une simulation des liens qui attachent, chez les outils véritables, la lame au manche; cette indication est faite de traits sans soin.

XVIII⁰ dynastie.

Bibl. : *Journal d'entrée du Musée*, n° 4715 à 4717 (hachettes d'or), 4718 à 4723 (hachettes d'argent); *Catalogue Mariette*, 1872, p. 270, n° 837; 1874, p. 264, n° 837; *Catalogue Grébaut*, 1892, p. 124, n° 3597-3598; *Catalogue de Morgan*, 1892, p. 216, n° 966; *Catalogue Maspero*, 1902, p. 427, n° 966; 1912, p. 420, n° 4048; 1915, p. 432, n° 4048; von Bissing, *Ein thebanischer Grabfund*, Tafel XI.

52658. Poignard d'Ahmosis. — Or, électrum, nielle et pierres. — Longueur totale 0 m. 285 mill., longueur de la lame 0 m. 189 mill., longueur du pommeau 0 m. 033 mill., longueur de la garde 0 m. 032 mill., diamètre de la fusée 0 m. 013 mill.; poids 134 grammes. — Trouvé à Gournah, tombeau de la reine Aah-hotpou, janvier 1859 (pl. XLV).

Un poignard construit de la façon qui nous est la plus familière; il est composé : 1° d'une lame; 2° d'un manche ayant pommeau, fusée et garde.

Le manche est de bois, entièrement recouvert d'or.

Le pommeau était décoré, sur le dessus, de pierres incrustées dans le bois et disposées en croix ayant une perle au centre. Dans les cantons, entre les branches de la croix, des perles étaient également incrustées; une d'elles est encore en place (lapis-lazuli).

Sur la partie saillante du pommeau sont quatre têtes de femmes, placées dans les axes de façon qu'il y en a une au milieu si l'on regarde de face ou de profil. Entre ces têtes, des cavités qui devaient certainement être garnies de pierres. L'or est arraché dans une grande partie, une tête laisse entièrement voir le bois.

La fusée est revêtue de bandes verticales faites de carrés mi-partie électrum, cornaline et lapis-lazuli ⟦▧⟧; il y a douze bandes. Dans chacun des carrés l'électrum fait une partie, dans six des bandes la cornaline fait le second triangle et complète ainsi les carrés, et dans six autres bandes c'est le lapis-lazuli qui intervient. Les bandes d'électrum donnent l'impression de dents de scie.

La garde est décorée, de chaque côté, d'une tête d'Apis; ces têtes sont placées en un
sens contraire des figures de femmes du pommeau, les cornes encadrent le sommet
de la lame. L'or, ici, est déchiré verticalement sur toute la hauteur, mais sur peu
de surface.

La lame, de chaque côté, est revêtue d'or, à l'exception d'une bande médiane sur laquelle nous voyons des inscriptions et des ornements faits de fil d'or se détachant sur
un fond noir que nous examinons au paragraphe : technique. Ces inscriptions sont :
d'un côté : [hieroglyphes] ; sur le restant de la bande, un lion
poursuivant un taureau, puis quatre sauterelles de grandeur décroissante, et enfin,
à peine indiquée, une tête d'animal de face (chacal?);
de l'autre : [hieroglyphes] ; à la suite de l'inscription, quinze
fleurons semblables, mais dont les dimensions suivent la largeur de la bande, et
enfin vient une tête d'animal, de face, plus visible que du premier côté : il semble
bien que c'est un chacal.

La lame, près de la garde, est percée en forme de demi-cercles, dont les diamètres
sont séparés par la bande médiane.

L'or du pommeau a été en partie arraché et celui de la garde est déchiré d'un côté.

XVIIIe dynastie.

Technique. Les inscriptions et les ornements qui sont sur la bande médiane sont faits
de fils d'or maintenus dans une composition qui a fait tout de suite penser au nielle.
L'état de conservation du monument ne permet pas de songer à une autre enquête,
mais le Louvre possède un étui que Berthelot [1] a observé et qui est bien un genre
de niellure. Berthelot signale que les fils d'or qui composent ce décor sont fixés
dans la matière sans être soudés au fond. Or nous retrouvons, à un seul endroit
dans le poignard que nous étudions, la trace d'un petit cercle disparu, et cette
trace ne va pas jusqu'au métal de la lame; là aussi le fil est posé dans la matière.

Bibl. : *Journal d'entrée du Musée*, n° 4666; *Catalogue Mariette*, 1864, p. 222, n° 6; 1872, p. 266,
n° 817; *Catalogue Grébaut*, 1892, p. 122, n° 3476; *Catalogue de Morgan*, 1892, p. 211,
n° 951; *Catalogue Maspero*, 1902, p. 430, n° 951; 1912, p. 421, n° 4055, fig. 98; 1915,
p. 434, n° 4055, fig. 123; Maspero, *Égypte* (collection *Ars Una*), p. 213, fig. 401; *Revue générale de l'Architecture*, XVIII, 1860, pl. 4 à 6 (en couleur); Mariette, *Album du Musée de Boulaq*,
1871, pl. XXXI; Vassalli, *Monumenti istorici*, 1867, p. 129; von Bissing, *Ein thebanischer
Grabfund*, Tafel II; Maspero, *Archéologie égyptienne*, p. 311, fig. 294; É. Vernier, *La bijouterie
et la joaillerie égyptiennes*, p. 132 et pl. XXIV; Petrie, *History of Egypt*, II, p. 10, fig. 5 et 6.

52659. **Fourreau du poignard d'Ahmosis.** — Or. — Long. 0 m. 203 mill., larg.
0 m. 034 mill.; poids 45 grammes. — Trouvé à Gournah, trésor
de la reine Aah-hotpou, janvier 1859 (pl. XLV).

Le fourreau du poignard d'Ahmosis est composé de deux plaques d'or très habile-

____
[1] Berthelot, *Journal des Savants*, avril-mai 1901. *Étui de la reine Shapenouapit II.*

ment soudées; à l'extrémité inférieure est un petit anneau qui donne de la solidité à cette partie du fourreau, toujours très sensible.

L'entrée du fourreau, qui est découpée en portion de cercle, est bordée de quatre rangs de petites chaînes du type nommé «colonne» dans la bijouterie moderne [1]. Ces chaînes sont d'une finesse extrême, puisque leur réunion ne fait qu'une bordure de o m. oo3 mill. Cette entrée de fourreau est renforcée, aux points de réunion des deux bordures, de chaque côté, d'une petite plaque d'or.

La face du fourreau nous montre une nervure médiane, en relief, faite pour donner, en même temps qu'un décor, une plus grande tenue au métal. Néanmoins l'objet est en état médiocre et le métal, peu épais, est froissé.

Ce fourreau possède un coulant d'or qui glisse librement et est muni d'une bride soudée qui permet de fixer l'arme après une partie du vêtement.

XVIII⁰ dynastie.

BIBL. : Même numéro d'entrée au *Journal* que le poignard; Grébaut (*Notice sommaire*, 1892) cata-logue à part les deux objets : poignard, p. 122, n° 3476; fourreau, p. 124, n° 3614.

52660. Poignard. — Or, argent et bronze. — Longueur totale o m. 213 mill., longueur de la lame o m. 157 mill., largeur maximum o m. 020 mill.; partie lenticulaire (poignée), larg. o m. o56 mill., haut. o m. o5o mill., épaisseur maximum o m. o19 mill.; poids 139 grammes. — Trouvé à Gournah, tombeau de la reine Aah-hotpou, janvier 1859 (pl. XLV).

Un poignard, composé d'une lame de bronze et d'une poignée lenticulaire, reliées par une monture d'or. Dès le premier *Catalogue* de Mariette, 1864, on trouve l'explica-tion de l'emploi : «On se sert de cette arme en appuyant le pommeau sur la paume de la main fermée et en laissant passer la lame entre l'index et le médius».

La lame, en forme de feuille de sauge, est un peu renflée vers le milieu; elle est très épaisse et forme dans la ligne médiane une arête très saillante; son maximum d'épaisseur est de o m. o1o mill., la largeur étant de o m. o2o mill. La coupe de la lame, dans sa partie la plus considé-rable, donne l'aspect ci-contre. 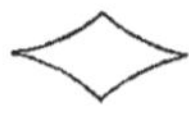

Cette lame de bronze était protégée par une dorure en feuilles dont on voit encore des traces; son état de conservation est satisfaisant.

La poignée lenticulaire est faite de deux plaques d'argent légèrement embouties; elles ont été collées sur un morceau de bois qui fait la carcasse de la poignée. Une partie, soulevée, laisse voir le bois, et les plaques, séparées par endroits, laissent échapper une substance qui devait être l'agglutinatif.

Lame et poignée sont réunies par une monture d'or qui descend de chaque côté de

[1] É. VERNIER, *La bijouterie et la joaillerie égyptiennes*, p. 94 et seq.

la lame sur une longueur de o m. o38 mill. et épouse la forme de la partie inférieure de la poignée sur une largeur de o m. o48 mill.; elle monte également, selon l'axe vertical, sur une hauteur de o m. o26 mill., en se séparant en fourchette.
De chaque côté de cette dernière partie, la poignée est ajourée de deux ouvertures en demi-cercle.

Cette monture est décorée de petites graines de grosseur inégale, prenant place dans
des cavités qui sont creusées de façon suffisante pour que les graines ne soient pas
en relief sur la poignée.

Technique. La substance agglutinative dont il est parlé à propos de la poignée lenticulaire est d'un emploi fréquent dans la bijouterie égyptienne; nous l'avons déjà
rencontrée dès le début du *Catalogue* à propos du pectoral de Ramsès III n° 52005
(voir technique, p. 7 et 8)[1].

XVIII° dynastie.

Bibl. : *Journal d'entrée du Musée*, n° 4668; *Catalogue Mariette*, 1864, p. 223, n° 9; 1872, p. 267,
n° 819; *Catalogue Grébaut*, 1892, p. 124, n° 3615; *Catalogue Maspero*, 1915, p. 434, n° 4057;
Maspero et Rœder, *Führer durch das ägyptische Museum Cairo*, p. 112, Tafel 60; Mariette,
Album du Musée de Boulaq, 1871, pl. XXIX; Vassalli, *Monumenti istorici*, 1867, p. 129; Perrot
et Chipiez, *Histoire de l'Art*, I, p. 830, fig. 565; von Bissing, *Ein thebanischer Grabfund*, Tafel III;
Maspero, *Archéologie égyptienne*, 1907, p. 311, fig. 295.

52661. Poignard. — Or et métal (?). — Longueur totale o m. 3o8 mill., longueur de la lame o m. o25 mill., longueur de la poignée o m. 1o3
mill., largeur maximum de la lame o m. o31 mill., largeur maximum
de la poignée o m. o35 mill., épaisseur du corps de la poignée o m.
o12 mill. 1/2; poids 367 grammes. — Trouvé à Gournah, trésor de
la reine Aah-hotpou, janvier 1859 (pl. XLVI).

Un poignard dont la poignée est d'or, possède une lame d'un métal difficile à déterminer au simple examen visuel; cette lame est fondue, l'aspect du métal est celui
d'une fonte de cloche. Ce peut être un bronze très riche en étain, peut-être est-ce
un alliage de bronze et d'argent ou même d'électrum. Cette lame, bien qu'altérée,
garde néanmoins un aspect que ni le bronze, ni l'argent n'ont conservé dans les
autres œuvres que nous possédons; sa couleur est très claire.

Cette lame est renforcée, des deux côtés, par une grosse nervure médiane demi-ronde,
qui se prolonge jusqu'à la pointe.

La poignée est d'or : c'est un cylindre dont la partie supérieure s'épanouit légèrement
en forme de cachet; la partie qui reçoit la lame s'élargit dans la forme même
de celle-ci pour la recevoir. L'or de la poignée se relie à la lame en trois petites
ondulations.

XVIII° dynastie.

[1] Voir également É. Vernier, *La bijouterie et la joaillerie égyptiennes*, p. 115.

BIBL. : *Journal d'entrée du Musée*, n° 4665; *Catalogue Mariette*, 1864, p. 225, n° 23; 1872, p. 269, n° 833; *Catalogue Grébaut*, 1892, p. 124, n° 3608; *Catalogue de Morgan*, 1892, p. 212, n° 952; *Catalogue Maspero*, 1912, p. 422, n° 4056; 1915, p. 434, n° 4056; *Revue générale de l'Architecture*, XVIII, 1860, pl. 4 à 6; MARIETTE, *Album du Musée de Boulaq*, 1871, pl. XXXI; VASSALLI, *Monumenti istorici*, 1867, p. 129; PETRIE, *History of Egypt*, II, p. 10, fig. 9; VON BISSING, *Ein thebanischer Grabfund*, Tafel III.

52662. Bâton. — Bois et or. — Long. o m. 528 mill., diam. o m. 013 mill., largeur de la lame d'or o m. 011 mill.; poids 82 grammes. — Trouvé à Gournah, trésor de la reine Aah-hotpou, janvier 1859.

Un bâton de bois noirci, très léger, est enveloppé d'un ruban d'or en spirale, de façon que la largeur visible de bois est sensiblement égale à celle de l'or.

Mariette, dans son premier *Catalogue*, 1864, émet un doute sur le qualificatif qu'il y a lieu de donner à ce bâton et se demande si on doit le considérer comme un insigne de commandement; il se base sur ce que l'on trouve des bâtons de même apparence entre les mains de Nubiens et de Soudanais, pour lesquels ils n'ont pas de signification symbolique. Les derniers catalogues de Maspero donnent l'indication : bâton de commandement.

XVIIIe dynastie.

BIBL. : *Journal d'entrée du Musée*, n° 4671; *Catalogue Mariette*, 1864, p. 225, n° 22; 1872, p. 269, n° 832; *Catalogue Grébaut*, 1892, p. 124, n° 3605; *Catalogue de Morgan*, 1892, p. 217, n° 968; *Catalogue Maspero*, 1914, p. 415, n° 4034; 1915, p. 428, n° 4034; VASSALLI, *Monumenti istorici*, 1867, p. 130; *Revue générale de l'Architecture*, XVIII, 1860, pl. 4 à 6; VON BISSING, *Ein thebanischer Grabfund*, Tafel IV.

52663. Miroir. — Or, électrum, argent et pierres. — Hauteur totale o m. 280 mill., dimensions du miroir : haut. o m. 140 mill., larg. o m. 150 mill., hauteur du manche o m. 142 mill., grosseur maximum o m. 026 mill., grosseur minimum o m. 020 mill., largeur de la tête d'Hathor mesurée des extrémités des oreilles o m. 065 mill.; poids total 780 grammes, du disque 634 gr. 42, de la poignée 104 grammes. — Trouvé à Illahoun dans le tombeau pillé d'une princesse de la XIIe dynastie (fouilles Petrie, 1914) (pl. XLVII).

Un miroir fait d'un disque d'argent épais, muni à sa partie inférieure d'une languette étroite destinée à le fixer dans un manche. La forme est légèrement elliptique. Le métal est en très mauvais état.

Le manche est de jaspe; sa forme arrondie est légèrement renflée dans la partie inférieure. Il est décoré à l'aide d'une partie en godet qui le termine et d'une bague qui est placée à la partie supérieure. Le godet est décoré d'une série de feuilles aiguës de grandeurs différentes; les plus hautes ont o m. 037 mill. La bague est ornée de quatre rangs de cloisons. Bague et godet sont soigneusement ajustés et leur emplacement préparé dans le jaspe du manche. Leurs cloisons sont garnies de pierres telles que lapis-lazuli, cornaline et une troisième dont l'état de décomposition ne permet pas l'identification au simple examen : est-ce un minéral ou une substance vitrifiée? Sa couleur actuelle est havane très clair.

Le corps du manche est divisé en quatre compartiments par des bandes d'or étroites et épaisses qui partent de l'extrémité d'une des grandes feuilles du godet inférieur et vont rejoindre la bague. Ces bandes ont o m. oo2 mill. de largeur et o m. oo1 mill. 1/2 d'épaisseur; elles occupent un sillon creusé dans le jaspe et sont à l'affleurement du manche comme les deux autres parties. Leur décor consiste en deux rangs de petites graines séparées par une cloison, le tout exécuté en gravure.

Entre cette partie du manche, qui vient d'être décrite, et le miroir est placée une pièce d'orfèvrerie formant douille et représentant, des deux côtés, une tête d'Hathor. Le travail en est très soigné : la forme de la tête et les détails des visages, moins les yeux, sont exécutés en ciselure au repoussé; les yeux sont de pierres incrustées, de quartz pour le blanc et de cristal de roche pour la prunelle; les sourcils, en lapis-lazuli, ajustés dans des logements pratiqués dans le métal qui a servi à l'exécution de la tête, sans autres cloisons. Il n'y a plus qu'une partie des sourcils de chaque côté; une prunelle manque.

Cette douille s'ajuste à une pierre du même jaspe que la poignée et qui est taillée en forme de lotus. Cette pièce est fixée au miroir par les altérations du métal de celui-ci; elle est recouverte dans sa partie supérieure par une plaque d'électrum qui est rabattue sur le bord extérieur de la pierre et lui fait une bordure de o m. oo4 mill. de large.

XIIe dynastie.

Bibl. : *Journal d'entrée du Musée,* n° 44920.

52664. Miroir. — Or, bronze et bois. — Longueur totale o m. 32o mill.; hauteur du miroir o m. 115 mill., larg. o m. 146 mill., épaisseur au bord o m. oo9 mill., au milieu o m. o12 mill.; largeur de la partie épanouie du manche o m. 136 mill. de face et o m. o26 mill. de profil; grosseur du calice o m. o41 mill. de face et o m. o33 mill. de profil; grosseur de la poignée : maximum o m. o31 mill., minimum o m. o27 mill.; poids 1722 grammes. — Trouvé à Gournah, janvier 1859 (pl. XLVIII).

Le miroir est composé de trois parties : le miroir, la poignée proprement dite et la pièce qui relie ces deux parties.

Le miroir est elliptique. Le bronze a été doré par la simple application d'une feuille d'or collée et, sans doute, vernie. Il se prolonge dans sa partie inférieure par une languette qui joue le rôle de la *soie* d'une lame et qui pénètre dans le manche.

Le manche est bois et or. La poignée est cylindrique; elle se termine en bas par un culot d'or fait comme un petit verre à boire; sa décoration est au trait : des feuilles pointues tracées au ciselet.

Le décor du haut de cette poignée est un anneau sur lequel on a fait des traits gras horizontaux (quatre) qui n'occupent que la moitié de la largeur de l'anneau (o m. o26 mill.). Cet anneau est déchiré verticalement.

Entre cette partie du manche et le miroir, prend place une pièce en forme de lotus très épanoui. Cet ornement, du même bois que la poignée, est orné de la façon suivante : la partie qui touche à la poignée est en or repoussé, renflé en forme de calice de fleur; elle enveloppe le bois sur o m. o63 mill. de hauteur. La partie du bois qui est en contact avec le miroir est bordée de bandes d'or de 6 à 7 millimètres de large; les extrémités de cette pièce sont protégées par des feuilles d'or sur une longueur de o m. o51 mill., l'or enveloppant une de ces extrémités est déchiré.

Sur chacun des côtés, au milieu du manche et touchant le haut du calice du lotus, un bouton semblable aux clous de tapissiers, demi-sphériques, qui très probablement cache la tête du rivet fixant l'ensemble, en passant à travers la *soie* du miroir.

Le poids énorme de ce bijou indique bien qu'il était tenu par une personne autre que celle qui se mirait dedans.

XVIIIe dynastie.

Bibl. : *Journal d'entrée du Musée*, n° 4664; *Catalogue Mariette*, 1864, p. 226, n° 27; 1872, p. 270, n° 836; 1874, p. 263, n° 836; 1876, p. 251, n° 836; *Catalogue Grébaut*, 1892, p. 125, n° 3628; *Revue générale de l'Architecture*, XVIII, 1860, pl. 4 à 6 (en couleur); Mariette, *Album du Musée de Boulaq*, 1871, pl. XXIX; Vassalli, *Monumenti istorici*, 1867, p. 130; Perrot et Chipiez, *Histoire de l'Art*, I, p. 830, fig. 563; von Bissing, *Ein thebanischer Grabfund*, Tafel III; Maspero, *Archéologie égyptienne*, p. 106, fig. 288.

52665. **Fragment de miroir. —** Électrum. **—** Long. o m. o84 mill., larg. o m. o39 mill.; poids 8 grammes. — Trouvé à Biban el-Molouk, fouilles Th. Davis, 1908.

Une plaque d'électrum qui doublait la partie de lotus épanoui, d'un miroir, à la réunion du manche et du disque.

C'est une plaque en forme d'ellipse allongée; elle est ouverte largement au milieu pour laisser passer la languette du miroir qui pénètre dans le manche. L'ouverture a 3o millimètres de long sur 11 millimètres de large. Vers les extrémités du grand axe, deux trous indiquent la place des clous qui fixaient cette plaque au manche.

XIXe dynastie.

Bibl. : *Journal d'entrée du Musée*, n° 39703; Th. Davis, *Excavations at Bibán el Molúk, The tomb of Siphtah*, p. 43, n° 3o, pl. 15.

52666. **Une barque et son équipage.** — Or et argent. — Longueur totale o m. 433 mill., largeur maximum o m. o65 mill., largeur aux extrémités o m. oo7 mill.; poids 375 grammes. — Trouvée à Gournah, trésor de la reine Aah-hotpou, janvier 1859 (pl. XLIX).

Une barque en or, de forme gracieuse; les extrémités se recourbent en col de cygne et sont terminées par des fleurs de papyrus épanouies.

À l'avant et à l'arrière sont deux personnages : celui de l'avant porte sa main à sa bouche; il regarde à l'arrière. Il est sur une partie pleine formant pont à l'extrémité de la barque et il est placé entre deux cloisons qui lui viennent à mi-jambe et qui assurent sans doute sa stabilité. Ces deux cloisons sont reliées derrière le personnage par une petite barre d'or.

Le pilote qui se tient à l'arrière est debout; ses pieds reposent sur le fond de la barque. Derrière lui, une espèce de grand fauteuil dont il est séparé par une petite banquette. Il tient une grande rame, qui lui sert à gouverner.

Au milieu du bateau, un personnage assis tient de la main droite un bâton de commandement et de la main gauche une hache dont la lame, tournée vers le fond du bateau, se voit difficilement. Ce personnage est assis sur une borne faite d'un tube d'or soudé au fond de la barque; il est maintenu sur cette borne par un petit cylindre d'argent de o m. o12 mill. de longueur, qui lui est soudé en prolongement du corps et qui pénètre librement dans le tube d'or. Cette statuette est donc mobile.

La barque tout entière ainsi que les trois personnages qui précèdent et les accessoires, rame du timonier, banquettes, etc., sont en or.

L'équipage est composé de douze rameurs, tous assis et en action. Les figures et les rames sont en argent; il manque une rame de chaque côté : à bâbord, celle du dernier rameur près de la proue; à tribord, le deuxième en comptant du pilote. Les figurines sont fixées sur leurs bancs par un petit tenon qui est soudé dans un petit bloc cubique sur lequel elles sont assises. Ce tenon pénètre dans la plaque d'or, qui joue le rôle de languette. Elles ont été fixées par un grain de soudure, mais quelques-unes sont libérées et l'on peut ainsi voir le système.

Sur les cloisons qui protègent le personnage de l'avant on voit des motifs décoratifs en forme de boucle de ceinture. Sur les parois de la stalle qui est derrière le timonier sont, de chaque côté, un lion passant et les cartouches avec les nom et prénom de Kamès.

La barque est percée au fond de deux trous de o m. oo2 mill. de diamètre, destinés évidemment à la fixer au chariot décrit au n° 52668, et près du bord, tout autour, de douze trous beaucoup moins importants, lesquels correspondent exactement à l'emplacement des rames sur le bordage — sans doute pour fixer les points d'appui nécessaires à la manœuvre des rames.

On voit autour du bateau, extérieurement, quatre anneaux d'or de o m. oo5 mill. de diamètre maximum.

Technique. La barque est faite d'une feuille d'or battue et travaillée au marteau. Les extrémités, qui sont couvertes, les papyrus qui les terminent, les banquettes, les cloisons, tout est *construit* de plaques rapportées et soudées. Les personnages d'or sont faits de coquilles travaillées à part, soudées entre elles et ciselées à la fin. Les personnages d'argent sont fondus et ciselés, les rames également. Quant à la rame du pilote, laquelle est d'or, c'est un tube de o m. 118 mill. de long, qui a o m. oo3 mill. 1/2 de diamètre au sommet et qui va s'aplatissant vers l'extrémité, où il reçoit de deux côtés des ailettes qui forment la rame, laquelle, à cet endroit, a une largeur de o m. o15 mill.

XVIIIe dynastie.

BIBL. : *Journal d'entrée du Musée,* n° 4681 ; *Catalogue Mariette,* 1864, p. 226, n° 29 ; 1872, p. 270, n° 839 ; 1874 et 1876, même numéro ; *Catalogue Grébaut,* 1892, p. 124, n° 3582 ; *Catalogue de Morgan,* 1892, p. 213, n° 955 ; 1894 et 1895, même numéro ; 1897, p. 221, n° 955 ; *Catalogue Maspero,* 1902, p. 425, n° 955 ; 1912, p. 420, n° 4049, fig. 100 ; 1915, p. 432, n° 4049, fig. 125 ; *Catalogue Maspero,* traduction anglaise de Quibell, 1903, p. 516, n° 955 ; 1905-1906, p. 384, même numéro, fig. 52 ; MASPERO et ROEDER, *Führer durch das ägyptische Museum Cairo,* 1912, p. 112, n° 955 ; VASSALLI, *Monumenti istorici,* 1867, p. 130 ; MARIETTE, *Album du Musée de Boulaq,* 1871, pl. XXX ; *Revue générale de l'Architecture,* XVIII, 1860, pl. 1 à 3 ; MASPERO, *Archéologie égyptienne,* p. 313, fig. 297 ; VON BISSING, *Ein thebanischer Grabfund,* Tafel X ; É. VERNIER, *La bijouterie et la joaillerie égyptiennes,* p. 113 et pl. XVIII ; DARESSY, *La barque d'or du roi Kamès, Annales du Service des Antiquités,* XXI, p. 129.

52667. Une barque et son équipage. — Argent. — Long. o m. 385 mill. ; largeur maximum o m. 067 mill., aux extrémités o m. o15 mill. ; poids 372 grammes. — Trouvée à Gournah, trésor de la reine Aahhotpou, janvier 1859.

Une barque d'une silhouette élégante. L'avant, très recourbé, contient un équipage de un pilote et dix rameurs ; ceux-ci occupent cinq banquettes. Une tige traverse la barque entre le premier rang des rameurs (en commençant par la poupe) et le pilote qui est debout à l'arrière. La barque est munie à l'arrière d'une pièce en encoche fourchue, qui sert évidemment au pilote pour exercer une action plus énergique, en lui offrant un point d'appui convenable pour sa rame ; cette fourche est faite d'une pièce rapportée et soudée. Le bordage montre six trous, dont l'emploi n'est pas défini. A l'extérieur du bateau on voit quatre anneaux, deux de chaque côté ; ils ont environ o m. oo8 mill. de diamètre extérieur, mais ils ne sont pas réguliers : ce sont des fils tordus qui traversent ensuite la paroi de la barque et sont rabattus à l'intérieur.

Les rames, même celle du pilote, sont faites en forme de pagaies simples. Les palettes sont larges et très courtes, leur dimension en longueur est de o m. o45 mill. en moyenne, elles sont très tordues ; celle du pilote a o m. 115 mill.

TECHNIQUE. La barque est faite d'une feuille d'argent travaillée au marteau. Les banquettes sont de simples lames de métal battues et accrochées par un tenon découpé à leurs extrémités ; ces tenons traversent la paroi du bateau de chaque côté.

Les rames sont faites de fils d'argent, écrasés à l'extrémité pour former la palette. Les figures sont fondues; elles sont fixées aux banquettes par un petit tenon *soudé* à cette dernière, lequel pénètre dans la figurine, le tout étant arrêté ensuite par un grain de soudure.

L'ensemble du travail ainsi que les détails sont extrêmement grossiers. Il apparaît bien que c'étaient là des choses appartenant à un matériel funéraire banal et qui n'est nullement de la même famille que les autres objets trouvés dans le tombeau.

XVIII° dynastie.

BIBL.: *Journal d'entrée du Musée*, n° 4682; *Catalogue Grébaut*, 1892, p. 125 (signale la présence de la barque argent); *Catalogue de Morgan*, 1892, p. 214, n° 956; 1894 et 1895, n° 956; *Catalogue Loret*, 1895, p. 222, n° 956; *Catalogue Maspero*, 1902, p. 427, n° 956; 1912, p. 415, n° 4030; 1915, p. 428, n° 4030; *Catalogue Maspero*, traduction anglaise de Quibell, 1903, 1905 et 1906, même numéro; MASPERO et ROEDER, *Führer durch das ägyptische Museum Cairo*, 1912, p. 111, n° 956; MASPERO, *Archéologie égyptienne*, p. 123; *Égypte* (collection *Ars Una*), p. 213; VASSALLI, *Monumenti istorici*, 1867, p. 131; VON BISSING, *Ein thebanischer Grabfund*, Tafel X; É. VERNIER, *La bijouterie et la joaillerie égyptiennes*, pl. XVIII, 2.

52668. **Un chariot.** — Bronze et bois. — Longueur totale des essieux o m. 200 mill., diamètre des roues o m. 093 mill. (cercle imparfait); longueur du châssis o m. 147 mill., largeur o m. 051 mill.; épaisseur du socle de bois o m. 025 mill. — Trouvé à Gournah, trésor de la reine Aah-hotpou, janvier 1859 (pl. XLIX).

Un chariot composé de deux paires de roues : chaque paire est assemblée par un essieu, et un châssis relie les deux essieux.

Les roues ont quatre rayons qui partent d'une boîte centrale dans laquelle passent les essieux; ceux-ci sont faits d'une bande plate posée horizontalement et qui a de 7 à 8 millimètres de large sur 4 d'épaisseur.

Le châssis est complété par deux bandes plates, n'ayant qu'une épaisseur de o m. 002 mill.; ces bandes sont *rivées* sur les essieux par quatre rivets de bronze.

La longueur totale indiquée pour les essieux comprend celle des parties pénétrantes dans les boîtes des roues; ces parties, de chaque côté, sont amincies et ont la forme de tiges à sections circulaires d'environ 4 millimètres de diamètre et 38 millimètres de long. Le socle de bois de cèdre, qui repose sur le châssis, lui est fixé par quatre tiges de bronze et quatre chevilles de bois.

Cinq boucles de cuivre sont enfoncées dans le socle; elles forment des demi-cercles ayant de 14 à 15 millimètres de diamètre. Ces boucles sont placées : une paire sur chaque grand côté et le dernier à une extrémité. Le socle est creusé de façon à épouser la partie de la quille qu'il doit recevoir.

TECHNIQUE ET OBSERVATIONS. Les roues sont fondues. Les éléments du châssis sont faits de bandes de métal forgé; mais ici il est nécessaire de prévenir l'examinateur que ce châssis, s'il n'a pas été entièrement refait, comme c'est probable, a du moins été réparé d'une façon importante. Les parties qui traversent les boîtes des roues sont des tiges filetées; elles se *vissent* dans des trous, filetés eux-mêmes. Ici la réparation est certaine, elle est assez probable pour le reste du châssis et l'on peut supposer qu'il n'y a que les roues qui soient vraiment anciennes, et peut-être le bois.

Ce chariot, lors de la trouvaille, portait la barque d'argent; mais celle-ci étant moins intéressante et dans un état moins bon, on plaça sur le chariot la barque d'or (Maspero, *Archéologie égyptienne,* p. 323).

XVIII⁰ dynastie.

Bibl. : *Journal d'entrée du Musée,* n° 4669; même bibliographie que le n° 52666.

52669. Colliers de perles cylindriques. — Or. — Longueur des plus grandes, de 0 m. 005 mill. à 0 m. 007 mill.; diamètre des plus grandes, en moyenne de 0 m. 009 mill.; longueur des petites (4ᵉ groupe), 0 m. 004 mill., diam. de 3 à 4 millimètres. — Trouvés à Illahoun dans le tombeau pillé d'une princesse de la XIIᵉ dynastie (fouilles Petrie, 1914).

Réunions d'un grand nombre de petits cylindres divisés en quatre groupes enfilés sur des fils de laine :

> Le premier groupe contient 183 cylindres.
> Le deuxième   —   173   —
> Le troisième   —   126   —

Le quatrième groupe est composé des plus petits cylindres et en compte 78. Un anneau, de la dimension des plus grands et possédant un autre petit anneau intérieur, sert de point de départ à ce rang.

XIIᵉ dynastie.

Bibl. : *Journal d'entrée du Musée,* n° 44923.

52670. Chaine avec scarabée. — Or et lapis-lazuli. — Longueur de la chaîne 2 m. 01 cent., grosseur de la chaîne 0 m. 004 mill. 1/2, longueur du scarabée 0 m. 030 mill., largeur du scarabée 0 m. 017 mill., épaisseur maximum du scarabée 0 m. 012 mill.; poids 378 grammes. — Trouvée à Gournah, trésor de la reine Aah-hotpou, janvier 1859 (pl. L).

Une chaîne d'or, d'une grande beauté, est terminée aux deux extrémités par des têtes d'oies au cou replié; à la partie extrême, formant boucle, un anneau solide est soudé. Les têtes d'oies portent quelques traits de décor, et sur le cou chacune un cartouche : l'un est au nom et l'autre au prénom d'Ahmosis.

Ces cous forment des tubulures dans lesquelles viennent se souder les extrémités des chaînes. L'ensemble, têtes, cous et anneaux, a o m. o32 mill. de longueur.

Le scarabée qui est suspendu à cette chaîne est construit en or et le dos décoré au cloisonné de sept bandes de lapis-lazuli, transversales sur le corselet, et de douze bandes longitudinales sur les élytres.

TECHNIQUE. La chaîne est du type «colonne»[1] à mailles doublées d'un aspect de robustesse extrême.

Le scarabée est construit en or épais, de deux plaques formant l'une le dos et l'autre le ventre. Les pattes exécutées à part et rapportées, celles de devant tiennent un anneau; un autre anneau est soudé sur le ventre en arrière. L'appareil de suspension consiste en un fil plié de façon à former une boucle, les deux parties du fil passent dans l'anneau tenu entre les pattes de devant, viennent traverser ensuite l'anneau du bas et se séparent pour se lier au-dessus de cet anneau.

Tout ce bijou est d'une exécution impressionnante qui n'a pas seulement une valeur de technique, mais dont l'art est vraiment supérieur.

XVIII⁰ dynastie.

BIBL. : *Journal d'entrée du Musée*, n° 4695; *Catalogue Mariette*, 1864, p. 221, n° 4; 1872, p. 265, n° 815; *Catalogue Grébaut*, 1892, p. 123, n° 3477; *Catalogue de Morgan*, 1892, p. 209, n° 945; *Catalogue Maspero*, 1902, p. 426, n° 945; 1912, p. 417, n° 4036; 1915, p. 430, n° 4036; *Catalogue Maspero*, traduction anglaise de Quibell, 1903, p. 518, n° 945; 1905, p. 379, n° 945; MASPERO et ROEDER, *Führer durch das ägyptische Museum Cairo*, 1912, p. 111, n° 945; VASSALLI, *Monumenti istorici*, 1867, p. 129; MARIETTE, *Album du Musée de Boulaq*, 1871, pl. XXIX; *Revue générale de l'Architecture*, XVIII, 1860, pl. 1 à 3; VON BISSING, *Ein thebanischer Grabfund*, Tafel VI; É. VERNIER, *La bijouterie et la joaillerie égyptiennes*, p. 94 et seq., pl. XV; MASPERO, *Archéologie égyptienne*, p. 319.

52671. **Une chaîne et trois mouches.** — Or. — Longueur de la chaîne o m. 59 cent., épaisseur o m. oo2 mill., plus grande longueur des mouches o m. o9o mill., largeur maximum o m. o67 mill., largeur minimum o m. o26 mill., longueur du corps o m. o45 mill.; poids 249 grammes. — Trouvée à Gournah, trésor de la reine Aah-hotpou, janvier 1859 (pl. LI).

Une chaîne d'or, terminée à ses extrémités par un crochet et un anneau, supporte trois grandes mouches d'or, interprétées dans une forme stylisée de la plus heureuse manière. Ces mouches sont composées d'une plaque d'or plate, unie, découpée de façon à donner la forme générale. La partie représentant la tête et le corps est faite d'une plaque emboutie fortement, de forme triangulaire et placée la base en haut (les angles très arrondis). Les yeux sont énormes et indiqués très sommairement;

[1] Voir É. VERNIER, *La bijouterie et la joaillerie égyptiennes*, p. 94.

c'est devant eux qu'est placé l'anneau de suspension qui est fixe, uni et cylindrique. La partie inférieure du corps est décorée de deux ouvertures régulières transversales et repercécs à même le métal sans autre travail. Six autres ouvertures longitudinales occupent la partie centrale entre les yeux et la partie inférieure. C'est, sous la forme la plus sommaire, un décor qui procède du cloisonné.

TECHNIQUE. La chaîne est du type «colonne». C'est la forme simple.
XVIII⁰ dynastie.

BIBL. : *Journal d'entrée du Musée*, n° 4694; *Catalogue Mariette*, 1864, p. 225, n° 19; 1872, p. 268, n° 829; 1874, p. 262, n° 829; 1876, n° 829; *Catalogue Grébaut*, 1892, p. 124, n° 3595; *Catalogue de Morgan*, 1892, p. 217, n° 967; 1894, p. 225, n° 967; 1895, n° 967; 1897, n° 967; *Catalogue Maspero*, 1902, p. 432, n° 967; 1912, p. 415, n° 4031; 1915, p. 428, n° 4031; *Catalogue Maspero*, traduction anglaise de Quibell, 1903, p. 524, n° 967; VASSALLI, *Monumenti istorici*, 1867, p. 129; MARIETTE, *Album du Musée de Boulaq*, 1871, pl. XXXI; *Revue générale de l'Architecture*, XVIII, 1860, pl. 1 à 3; MASPERO, *Égypte* (collection *Ars Una*), p. 212, fig. 400; *Archéologie égyptienne*, p. 321; VON BISSING, *Ein thebanischer Grabfund*, Tafel VI; É. VERNIER, *La bijouterie et la joaillerie égyptiennes*, p. 94 et seq., pl. XIV.

52672. **Collier** *ouaskhit*. — Or et nielle. — Larg. o m. 375 mill., haut. o m. 208 mill.; têtes de faucons : larg. o m. o55 mill., haut. o m. o43 mill. — Trouvé à Gournah, trésor de la reine Aah-hotpou, janvier 1859 (pl. LII).

Un collier *ouaskhit* composé de quatorze rangs de petites pièces. Ces rangs ont pour point de fixation deux têtes de faucons et un rang horizontal de vingt petites pièces qui sont des demi-perles entourées d'un listel plat ▬; elles sont seules dans leur genre et elles seront nommées perle dans la suite de la description.
Les quatorze rangs sont composés ainsi qu'il suit, en commençant par les rangs intérieurs :

1° Huit pièces de métal uni et plat; elles ont la forme de fers de lance, et la partie opposée à la pointe est pourvue d'un maillon de charnière.
2° Vingt perles.
3° Des lions poursuivant des bouquetins, onze pièces, cinq lions, six bouquetins.
4° Vingt-huit perles.
5° Dix-huit chats (?).
6° Trente-six perles.
7° Dix-neuf uræus ailés.
8° Sorte de lacis de corde ⟑ , dix-huit pièces.
9° Quinze vautours.
10° Vingt-sept pièces semblables au n° 8.
11° Seize antilopes, quatre bouquetins.
12° Dix lions et quatre bouquetins.

13° Trente-quatre petites croix ✖ .

14° Quarante et une clochettes ou schémas de lotus. Ces pièces sont, avec les têtes de faucons, les seules qui ont deux faces; elles sont munies d'un anneau qui indique des pendeloques. Toutes les autres possèdent un ou plusieurs anneaux placés dans les cavités données par les reliefs quand on regarde les objets au revers.

En tout 336 pièces.

Ce collier a été constitué par tâtonnements successifs. Il n'y a pas de certitude quant à la place exacte des éléments; il est même assez difficile de comprendre le rôle joué par les têtes de faucons.

Technique. Les têtes de faucons sont exécutées au repoussé, elles ont reçu ensuite la plaque qui ferme le revers; la partie du bas, d'où partent les rangs du collier, est fermée par une bande d'or percée de huit trous qui sont là pour recevoir les enfilages constituant le collier.

Pour le décor de ces têtes de faucons, l'on a fait intervenir la niellure, que nous avons déjà vue au n° 52658, poignard d'Ahmosis, en expliquant ce mode de décor. Ici le nielle garnit : 1° l'œil; 2° sous l'œil et autour de la joue; 3° sur le col.

Les petites pièces sont toutes embouties et sont restées à l'état brut, le métal a été enfoncé dans des creux préparés, soit dans du métal, soit même dans la pierre, le métal étant mince et offrant peu de résistance. Elles sont découpées ensuite.

XVIIIe dynastie.

Bibl. : *Journal d'entrée du Musée*, n° 4725 et les vingt numéros suivants; *Catalogue Mariette*, 1864, p. 223, n° 13; 1872, p. 267, n° 823; *Catalogue Grébaut*, 1892, p. 123, n° 3664; *Catalogue de Morgan*, 1892, p. 215, n° 962; *Catalogue Maspero*, 1902, p. 431, n° 962; 1912, p. 417, n° 4037; 1915, p. 430, n° 4037; Maspero, *Égypte* (collection *Ars Una*), p. 213, n° 403; *Archéologie égyptienne*, p. 319, fig. 322; Vassalli, *Monumenti istorici*, 1867, p. 130; von Bissing, *Ein thebanischer Grabfund*, Tafel VIII und VIII A.

52673. Collier. — Or et pierres. — Long. 0 m. 252 mill., largeur totale 0 m. 040 mill., largeur des rosaces 0 m. 008 mill., largeur des perles 0 m. 008 mill., largeur maximum des longues perles 0 m. 008 mill., longueur des longues perles 0 m. 021 mill. — Trouvé à Gournah, trésor de la reine Aah-hotpou, janvier 1859 (pl. LIII).

Un collier composé : 1° de un rang de petites rosaces cloisonnées et garnies de lapis-lazuli, de cornaline et d'amazonite : ce sont des fleurettes dont l'amazonite fait le cœur, la cornaline les pétales, et le lapis-lazuli le fond; elles sont munies d'un anneau plat sur la plaque arrière. Il y a vingt-cinq rosaces.

2° De longues perles, de forme amygdaline. Elles sont faites d'une plaque bordée d'un fil d'or et extérieurement d'un rang de graines; elle possède un anneau à la partie aiguë. Le fil d'or sert de cloison pour loger une partie de cornaline dans le bas et une autre de lapis-lazuli dans la partie supérieure. Il y a vingt-trois de ces pièces.

3° De perles qui sont trop décomposées pour que l'on puisse déterminer la matière (peut-être de vraies perles en partie enfouies dans un lut). Elles sont serties dans une bordure composée d'un fond plat et d'une bande plate formant chaton. Cette bordure est en partie masquée par une chaîne qui la décore. Il y a vingt-six perles de ce genre; chacune a un anneau de suspension.

Ce collier est hypothétique. S'il est vrai que chacune de ces pièces a un moyen de suspension, elle n'en a qu'un et il est impossible de voir de quelle façon les pièces pourraient être réunies, surtout les perles qui figurent au n° 3, car on pourrait admettre qu'un fil passant dans l'anneau du n° 1, passerait également dans l'anneau du n° 2 et relierait les deux fragments, mais il n'en est pas de même pour les perles, car la partie inférieure des longues perles ne possède rien qui permette cette réunion.

XVIIIe dynastie.

Bibl. : *Journal d'entrée du Musée*, n° 4725, qui comprend toutes les pièces dispersées; *Catalogue Mariette*, 1864, p. 224, n° 16; 1872, p. 268, n° 825; 1874 et 1876, même numéro; *Catalogue de Morgan*, 1892, p. 213, n° 954; 1894 et 1895, même numéro; 1897, même numéro; *Catalogue Maspero*, 1902, même numéro; 1912 et 1914, p. 420, n° 4050; 1915, p. 433, n° 4050; *Catalogue Maspero*, traduction anglaise de Quibell, 1903, 1905 et 1906, n° 954; Vassalli, *Monumenti istorici*, 1867, p. 130; von Bissing, *Ein thebanischer Grabfund*, Tafel IX, 1 C, 1 D.

52674. Collier. — Or, électrum, pierre et porcelaine. — Grandeur maximum o m. 314 mill., largeur aux barrettes o m. 090 mill., largeur des lotus sur les barrettes o m. 045 mill., hauteur des lotus o m. 033 mill. — Trouvé à Biban el-Molouk, cachette d'objets de Taïa et Khun-aten (fouilles Th. Davis, 1907) (pl. XL).

Un collier de cinq rangs, de motifs divers, qui aboutissent des deux côtés à des barrettes où les fils ont leurs points de départ.

Sur les barrettes et occupant la moitié de leur longueur, des lotus sont retournés, et leurs calices, qui sont à la partie supérieure, ont reçu les anneaux de suspension. Ces lotus sont construits en cloisonné et ont été décorés de matières de couleur où l'on peut reconnaître du lapis-lazuli et de la porcelaine émaillée; les autres cloisonnages étaient remplis d'une substance aujourd'hui indéfinissable.

Le premier rang (intérieur) est ainsi constitué : un fil supportant dix-huit pièces cloisonnées qui sont suspendues chacune par deux petits anneaux plats. L'espace qui reste libre entre ces anneaux est rempli par de petites perles minces en lapis-lazuli, cornaline et amazonite. Chacune des dix-huit pièces comprend la représentation de la figure suivante 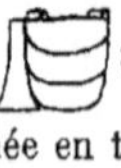; la partie  est en porcelaine émaillée bleue et la figure voisine est cloisonnée en trois parties transversales : le haut électrum, le bas en lapis-lazuli et le milieu d'une substance analogue à celle, indéterminée, qui est dans les cloisons des lotus.

Le deuxième rang est fait de trente-six petits balustres en forme de bouteilles. Ces pièces et toutes celles qui suivront sont de métal mince (or blanc, électrum) doublées à l'envers d'une plaque plate qui ferme la cavité donnée par le relief de la pièce, à l'endroit. Elles ont toutes deux anneaux, un en haut et l'autre en bas.

Le troisième rang est formé de demi-manchons (36).

Le quatrième et le cinquième sont constitués avec des débris qui ne sont pas semblables. Il y a les deux formes précédentes auxquelles vient s'ajouter la forme en poire, tout cela en désordre; le quatrième rang compte quatorze poires, quinze manchons, sept bouteilles; en tout trente-six.

Ce collier est une reconstitution faite sans renseignements précis.

Les extrémités inférieures des pièces du cinquième et dernier rang sont munies, comme toutes les autres, d'un petit anneau, lequel, naturellement, comporterait une suite.

Ce collier, dont les éléments sont en mauvais état, est monté et fixé sur un fond.

XVIIIᵉ dynastie.

BIBL. : *Journal d'entrée du Musée,* n° 39631; *Catalogue Maspero,* 1912, p. 429, n° 4191; 1915, p. 441, même numéro.

52675. Pièces de collier. — Or. — Haut. o m. 011 mill., larg. o m. 009 mill. — Trouvées à Biban el-Molouk, fouilles Th. Davis, 1908 (pl. LIV).

Trois fleurs de papyrus, munies d'un anneau plat à la partie supérieure, qui est le calice.

Ces fleurs ont été exécutées à l'embouti et doublées d'une plaque plate. L'une d'elles est particulièrement écrasée.

XIXᵉ dynastie.

BIBL. : *Journal d'entrée du Musée,* n° 39687; TH. DAVIS, *Excavations at Bibân el Molûk,* 1908, p. 39, n° 14.

52676. Pièces de collier. — Or. — Trouvées à Biban el-Molouk, fouilles Th. Davis, 1908 (pl. LIV).

Quatre pièces :

1° Une vache couchée coiffée des plumes d'Hathor. Long. o m. 011 mill., haut. o m. 009 mill.;

2° Un bélier couché. Long. o m. 014 mill., haut. o m. 007 mill.;

3° Un lion. Long. o m. 013 mill., haut. o m. 004 mill.;

4° Un lion avec la queue recourbée et touchant la tête. Long. o m. 012 mill., larg. o m. 006 mill.

Ces pièces sont ronde bosse; elles peuvent être traversées de part en part dans le sens de la longueur pour prendre place dans un collier.

XIXᵉ dynastie.

BIBL. : *Journal d'entrée du Musée*, n° 39702 ; TH. DAVIS, *Excavations at Bibân el Molûk*, 1908, p. 42, n° 27.

52677. Pièces de collier. — Or. — Long. o m. 017 mill., larg. o m. 007 mill. — Trouvées à Biban el-Molouk, fouilles Th. Davis, 1908 (pl. LIV).

Trois mouches destinées à être réunies par un fil passant dans une tubulure qui est dans les têtes des mouches.

Ces objets sont exécutés à l'embouti et doublés d'une plaque plate.

XIXe dynastie.

BIBL. : *Journal d'entrée du Musée*, n° 39686, en commun avec une quatrième mouche (numéro suivant) ; TH. DAVIS, *Excavations at Bibân el Molûk*, 1908, p. 39, n° 13.

52678. Pièce de collier. — Or. — Long. o m. 019 mill., larg. o m. 008 mill. ; poids 16 décigrammes. — Trouvée à Biban el-Molouk, cachette d'objets aux noms de Séti II et de Ta-usert (fouilles Th. Davis, 1908) (pl. LIV).

Une mouche, or, a été découpée dans une feuille de métal et doublée d'une plaque plate. L'anneau de suspension, qui est important (o m. 004 mill. d'ouverture maximum), est fait de deux fils accotés. Le décor, sur le dos, est fait à l'aide de traits exécutés au traçoir.

XIXe dynastie.

BIBL. : *Journal d'entrée du Musée*, n° 39686, en commun avec les trois mouches décrites précédemment ; TH. DAVIS, *Excavations at Bibân el Molûk*, 1908, p. 39, n° 13.

52679. Collier. — Or. — Long. o m. 750 mill., longueur des pièces o m. 021 mill., diamètre des perles o m. 007 mill. ; poids 170 grammes. — Trouvé à Biban el-Molouk, fouilles Th. Davis, 1908 (pl. LV).

Un collier factice constitué par la réunion de 152 pièces (85 perles et 67 pendeloques) en forme de bouteilles.

Les perles sont enfilées par les trous ménagés selon l'axe. Les pendeloques possèdent, à la partie supérieure, un anneau de suspension. La partie qui dans ces pendeloques jouerait le rôle de goulot (si l'on poursuit la comparaison avec une bouteille) est faite d'une feuille d'or roulée ; le cylindre ainsi formé est strié horizontalement.

TECHNIQUE. Nous sommes en présence d'un bijou dont la technique est nouvelle pour l'époque. Cette technique a été très pratiquée dans la bijouterie orientale et l'est encore de nos jours ; elle appartient, surtout en Occident, aux genres de travaux de bimbeloterie.

Tout est construit à l'aide de détails rapportés. Les perles, soit celles qui sont isolées, soit celles qui font la panse des bouteilles, sont ainsi constituées : un cercle
qui donne le grand diamètre ⬯ et un autre le petit. Il est facile de concevoir
bien des moyens de supporter ces petites pièces à la distance désirée; le mieux
est d'employer du charbon, qui sera utile quand on chauffera pour souder. Les
anneaux, légèrement elliptiques, sont faits à la pince, débités dans du
fil étiré. Si l'on veut en faire de grandes quantités, le plus simple est
de rouler le fil sur une tige dont on a étudié la forme et de les couper
d'un seul trait de couteau (A, B).
Mais il n'y a pas lieu d'insister sur ce point de vue trop moderne. L'artisan
égyptien coupait sans doute «à l'œil» des morceaux de fils, qu'il tordait
ensuite pour leur donner la forme voulue. Chacun de ces anneaux rapportés entre
les deux cercles qui constituaient l'armature, était soudé à ces cercles ⬭ ,
et quand un hémisphère était fait, on lui ajoutait l'autre. Les anneaux sont au
nombre de six pour chaque demi-sphère.

Les perles étant faites, le même travail donnait le pied de la bouteille. Ici la base est
donnée par une bande d'or, plate, qui repose horizontalement, sa largeur est
variable de 1 jusqu'à près de 2 millimètres. La perle et la base sont réunies par
un autre petit cercle intermédiaire ⬥ ; les parties visibles du grand et du
petit cercle sont gravées de façon à figurer des graines.

Le goulot est fait, comme nous l'avons dit plus haut, d'une feuille d'or roulée, le cylindre ainsi obtenu pénètre dans la partie supérieure de la perle et est soudé. L'anneau de suspension est fait d'une étroite bande d'or tordue en anneau et dont les
extrémités viennent se perdre dans le cylindre ⬦ , auquel elle est soudée.
XIX⁰ dynastie.

Bibl. : *Journal d'entrée du Musée*, n° 39679, inscrit sous le nom de fragments; *Catalogue Maspero*,
1912, p. 429, vitrine XI; 1915, p. 441, vitrine XII; Maspero et Rœder, *Führer durch das ägyptische Museum Cairo*, 1912, p. 115, Schrank XI; Th. Davis, *Excavations at Bibân el Molûk*,
1908, p. 19.

52680. Fragments de collier dans une gangue. — Trouvés à Biban el-Molouk,
cachette d'objets aux noms de Séti II et de Ta-usert (fouilles Th. Davis,
1908).

Trois pièces de collier, semblables à celles décrites au numéro précédent et désignées
sous le nom de bouteilles. Elles sont engagées dans une gangue qui les emprisonne.
XIX⁰ dynastie.

Bibl. : *Journal d'entrée du Musée*, n° 39679.

52681. **Fragments de collier.** — Or. — Poids 2 grammes. — Trouvés à Biban el-Molouk, cachette d'objets aux noms de Séti II et de Ta-usert (fouilles Th. Davis, 1908).

Trois fragments de pièces de collier de la même nature que celles qui composent le bijou n° 52679.

Deux pieds : l'un est associé à la moitié d'une panse de bouteille, l'autre à un fragment de même nature, mais beaucoup plus petit. Le troisième fragment est le cylindre que nous avons désigné sous le nom de goulot; il est muni de l'anneau de suspension.

XIXe dynastie.

Bibl. : *Journal d'entrée du Musée*, n° 39679, inscrit avec les fragments dont est fait le collier factice catalogué sous le n° 52679.

52682. **Coquilles.** — Or. — Haut. 19 à 20 millimètres, larg. de 16 à 17 millimètres. — Trouvées à Biban el-Molouk, cachette d'objets aux noms de Séti II et de Ta-usert (fouilles Th. Davis, 1908) (pl. LVI).

Trois coquilles. Elles sont faites d'une feuille d'or très mince, embouties, non doublées. Deux anneaux cylindriques prennent place en haut et en bas.

Ces bijoux, d'un travail médiocre, sont en mauvais état.

XIXe dynastie.

Bibl. : *Journal d'entrée du Musée*, n° 39682 (il est dit «deux coquilles»); Th. Davis, *Excavations at Bibân el Molûk,* 1908, pl. 16, A.

52683. **Cœur.** — Or. — Hauteur totale 0 m. 029 mill., larg. 0 m. 020 mill., épaiss. 0 m. 008 mill.; poids 4 grammes. — Trouvé à Biban el-Molouk, cachette d'objets aux noms de Séti II et de Ta-usert (fouilles Th. Davis, 1908) (pl. LVI).

Un cœur creux. Il est fait de deux plaques minces embouties et soudées; à la partie supérieure est un anneau cylindrique fixe.

L'état de cet objet est médiocre : un côté est bossué et enfoncé.

XIXe dynastie.

Bibl. : *Journal d'entrée du Musée*, n° 39681; Th. Davis, *Excavations at Bibân el Molûk,* 1908, pl. 16, A.

52684. **Pièces de collier.** — Électrum. — Haut. 0 m. 027 mill., larg. 0 m. 017 mill. — Trouvées à Biban el-Molouk, cachette d'objets aux noms de Séti II et de Ta-usert (fouilles Th. Davis, 1908) (pl. LVI).

Seize pièces de collier séparées, de forme rectangulaire; aux angles sont placés horizontalement des anneaux plats qui prolongent les lignes du haut et du bas.

Le décor est fait des cartouches aux nom et prénom de Séti II, ces cartouches accotés et surmontés tous deux des longues plumes.

L'une de ces plaques est renforcée de deux petites bandes d'or, placées en haut et en bas.

Le décor est exécuté à l'embouti, sans retouches. Travail très médiocre.

XIX° dynastie.

BIBL. : *Journal d'entrée du Musée,* n° 39701 (il est dit «treize plaques»); TH. DAVIS, *Excavations at Bibân el Molûk,* 1908.

52685. **Oudjas.** — Électrum. — Long. 0 m. 027 mill., haut. 0 m. 020 mill.; poids 8 grammes. — Trouvés à Biban el-Molouk, cachette d'objets aux noms de Séti II et de Ta-usert (fouilles Th. Davis, 1908) (pl. LVI).

Deux *oudjas* faits de feuilles d'or extrêmement minces; ils sont à double face et possèdent chacun un anneau horizontal, plat, uni, qui indique que ce bijou est destiné à être suspendu. Le travail est médiocre et l'état mauvais.

TECHNIQUE. Ces bijoux ont été emboutis et les parties rapprochées et serties l'une dans l'autre, la seconde faisant couvercle.

XIX° dynastie.

BIBL. : *Journal d'entrée du Musée,* n° 39680; TH. DAVIS, *Excavations at Bibân el Molûk,* 1908, pl. 16, A.

52686. **Oudjas.** — Électrum. — Long. 0 m. 025 mill., haut. 0 m. 017 mill.; poids 4 grammes. — Trouvés à Biban el-Molouk, cachette d'objets aux noms de Séti II et de Ta-usert (fouilles Th. Davis, 1908) (pl. LVI).

Deux *oudjas* de même nature et de même fabrication que ceux portant le n° 52685; toutefois ceux-ci, un peu plus petits que les premiers, ne sont qu'à simple face et un côté est fermé par une plaque plate.

XIX° dynastie.

BIBL.: *Journal d'entrée du Musée,* n° 39680, en commun avec les deux *oudjas* décrits au n° 52685; TH. DAVIS, *Excavations at Bibân el Molûk,* 1908, pl. 16, A.

52687. **Deux barrettes.** — Or. — Long. 0 m. 058 mill., larg. 0 m. 009 mill., épaiss. 0 m. 003 mill.; poids 14 grammes. — Trouvées à Biban el-Molouk, cachette d'objets aux noms de Séti II et de Ta-usert (fouilles Th. Davis, 1908) (pl. LVI).

Deux barrettes faites d'une feuille d'or repliée, sans toutefois que les deux côtés de la feuille se rejoignent : l'objet est donc ouvert. Les deux extrémités sont fermées par des plaquettes d'or et maintiennent la feuille dans la forme qui lui a été donnée.

Ces barrettes sont percées, de chaque côté, de six trous destinés à laisser passer des
fils portant des perles ou tout autre pièce d'enfilage. Nous connaissons le rôle de
ces barrettes dans la bijouterie : elles constituent l'armature qui donne le minimum
de rigidité à un bijou constitué avec des enfilages souples.

Les trous sont placés : cinq dans o m. 032 mill. en partant d'une extrémité, et le
sixième à o m. oo5 mill. de l'extrémité opposée.

XIX⁰ dynastie.

BIBL. : *Journal d'entrée du Musée*, n° 39679, inscrites avec les perles et les pièces constituant le collier catalogué sous le n° 52679; TH. DAVIS, *Excavations at Bibân el Molûk*, 1908, pl. 16, A.

52688. **Pièces de bracelet.** — Or et pierres. — Long. o m. 212 mill., larg.
o m. 027 mill. — Trouvées à Gournah, trésor de la reine Aah-
hotpou, janvier 1859 (pl. LIII).

Vingt-quatre plaquettes rectangulaires de o m. 027 mill. de haut et de o m. 009
mill. (faibles) de large.

Les côtés longitudinaux sont relevés en bordures sur une hauteur de 12/10 de millimètre, et ces bordures sont percées de vingt trous par où passent les fils dans
lesquels sont enfilées des perles.

C'est le dispositif qui a été expliqué pour le bracelet n° 52071 d'Ahmosis.

Le bracelet qui est étudié ici est un assemblage de fragments et ne donne pas l'aspect
d'un bijou complet : il n'y a pas de fermoirs.

Les plaquettes sont presque entièrement vides de leurs perles : onze seulement en con-
tiennent quelques rangs. Ces perles sont : en or, en lapis, en cornaline et enfin
en amazonite ou en verre (?). Elles sont cylindriques.

XII⁰ dynastie.

BIBL. : *Journal d'entrée du Musée*, n° 4725, qui comprend tous les fragments.

52689. **Bague (scarabée).** — Or, lapis-lazuli, cornaline et amazonite. — Grand
axe o m. 016 mill., petit axe o m. 011 mill.; poids 4 grammes. —
Trouvée à Illahoun (fouilles Petrie, 1914) (pl. XLVII).

Un scarabée d'or construit en cloisonné. Le dessus nous montre : la tête en lapis-
lazuli, le corps en cornaline, les élytres formés de bandes alternées lapis-lazuli et
amazonite; sur l'épaisseur sont encore des cloisons garnies de pierres; enfin le plat
est d'or uni, sans aucun signe.

Ce scarabée est traversé, selon son grand axe, par un fil d'or qui passe dans une tubulure; ses extrémités sont liées un côté sur l'autre, formant un corps de bague.

XII⁰ dynastie.

BIBL. : *Journal d'entrée du Musée*, n° 44921.

52690. Bague. — Or. — Diam. o m. o12 mill., axes du chaton o m. oo5 mill. et o m. oo4 mill.; poids 15 décigrammes. — Trouvée à Biban el-Molouk, cachette d'objets aux noms de Séti II et de Ta-usert (fouilles Th. Davis, 1908) (pl. LIV).

Une bague d'une petitesse extrême et qui n'a pu être faite que pour un tout jeune enfant. Le corps est fait d'un fil en forme de fuseau, plus gros vers le milieu, où il a 1 mill. 1/2 de grosseur et qui se continue de chaque côté en fils fins qui, après s'être croisés au travers du chaton, viennent se lier sur le corps (voir n° 52204, fig. 38 à 40).

Le chaton joue librement; il est vide actuellement, sa forme est elliptique.

XIX° dynastie.

Bibl. : *Journal d'entrée du Musée*, n° 39700, en commun avec la bague suivante; Th. Davis, *Excavations at Bibân el Molûk*, 1908, p. 42, n° 27, pl. 17, B.

52691. Une petite bague. — Or. — Diam. o m. o18 mill.; poids 2 grammes. — Trouvée à Biban el-Molouk, cachette d'objets aux noms de Séti II et de Ta-usert (fouilles Th. Davis, 1908) (pl. LIV).

Une bague extrêmement petite dont le corps est fait d'un fil de 1 mill. 1/2 de grosseur maximum. Le fil se prolonge en perdant son épaisseur et les deux extrémités viennent s'enrouler sur la partie opposée du corps, comme la bague précédente.

Ce dispositif indique que la bague possédait un chaton comme celle décrite au numéro précédent; ce chaton a disparu.

XIX° dynastie.

Bibl. : *Journal d'entrée du Musée*, n° 39700, en commun avec la bague précédente; Th. Davis, *Excavations at Bibân el Molûk*, 1908, p. 42, n° 27, pl. 17, B.

52692. Deux mouches. — Or et argent. — Long. o m. o44 mill., largeur maximum o m. o34 mill., largeur minimum o m. o10 mill., hauteur du corps o m. o10 mill.; poids 9 grammes (ensemble). — Trouvées à Gournah, trésor de la reine Aah-hotpou, janvier 1859 (pl. LI).

Deux mouches; plus exactement deux schémas réduits à la plus simple expression.

Une feuille d'argent mince et unie a reçu la forme générale; cette feuille porte à la partie supérieure une petite plaque d'or qui joue le rôle du corps de la mouche. Sur le bord supérieur cette plaque d'or porte deux traits transversaux, et entre le bord et le premier trait, quatre petits traits verticaux.

Un trou est réservé à la partie supérieure qu'il traverse entre la feuille d'argent et celle d'or, pour permettre d'enfiler un cordon de suspension.

On suppose que ces mouches étaient des décorations.

Bibl. : *Journal d'entrée du Musée*, n°ˢ 19511-19512; *Catalogue Mariette*, 1864, p. 223, n° 10; 1872, p. 267, n°ˢ 820-821; 1874, p. 261, n°ˢ 820-821; 1876, p. 248, n°ˢ 220-221; *Catalogue Grébaut*, 1892, p. 125, n° 3617; *Catalogue de Morgan*, 1892, p. 214, n° 959; 1894, p. 222, n° 959; 1895, même indication; 1897, même indication; *Catalogue Maspero*, 1902, p. 428, n° 959; 1912, p. 422, n° 4058; 1915, p. 434, n° 4058; *Catalogue Maspero*, traduction anglaise de Quibell, 1903, p. 519, n° 959; 1905, p. 430, n° 959; 1906, même numéro; Maspero et Roeder, *Führer durch das ägyptische Museum Cairo*, 1912, p. 112, n° 959; Mariette, *Album du Musée de Boulaq*, 1871, pl. XXIX; von Bissing, *Ein thebanischer Grabfund*, Tafel VI, 3-3.

52693. Deux pendeloques. — Or. — 1. Haut. o m. o3o mill., larg. o m. o21 mill. — 2. Haut. o m. o22 mill., larg. o m. o19 mill. — Trouvées à Gournah, trésor de la reine Aah-hotpou, janvier 1859 (pl. LII).

1. Pendeloque. Une tête de la desse Bast de face, surmontée de la sphère et portant le large collier, composé de cinq rangs de perles.

2. Pendeloque semblable à la précédente, en plus mauvais état. La tête de chat est presque entièrement disparue. Sur le collier, les rangs de perles sont alternés avec des rangs de traits maladroitement faits.

Ces bijoux possèdent, au revers, un anneau permettant de les fixer.

XVIII° dynastie.

Bibl. : *Journal d'entrée du Musée*, n° 4725, qui comprend tous les fragments.

52694. Pendeloques. — Cornaline. — Haut. o m. o37 mill., larg. o m. o32 mill., épaiss. o m. oo6 mill.; poids 7 grammes. — Trouvées à Biban el-Molouk, fouilles Th. Davis, 1908 (pl. LVII).

Un ibis silhouetté avec des ajours : 1° entre le cou et le bec; 2° entre les pattes; 3° entre la patte de devant et une plume formant support entre le bec et le sol.

Cette pendeloque est modelée sur les deux faces; sur la tête, une portion de disque est percée horizontalement pour permettre la suspension.

XIX° dynastie.

Bibl. : *Journal d'entrée du Musée*, n° 39706; Th. Davis, *Excavations at Bibân el Molûk*, 1908, p. 44, n° 33, pl. 18.

52695. Pendeloque. — Cornaline. — Haut. o m. o35 mill., larg. o m. o21 mill., épaiss. o m. oo6 mill.; poids 7 grammes. — Trouvée à Biban el-Molouk, fouilles Th. Davis, 1908 (pl. LVII).

Une tête d'Hathor, de face, entre deux uræus surmontés du disque.

Entre la tête et les uræus la pierre est ajourée en deux endroits de chaque côté, silhouettant la partie postérieure des uræus qui, par ailleurs, font partie du contour général.

Un trou est ménagé dans la partie supérieure pour permettre le passage du fil de suspension.

Cette pièce est belle et en état parfait. Le revers est plat.

XIX° dynastie.

Bibl. : *Journal d'entrée du Musée*, n° 39709; Th. Davis, *Excavations at Bibân el Molûk*, 1908, p. 44, n° 34, pl. 18.

52695 *bis*. Pendeloque. — Cornaline. — Mêmes dimensions, même poids et même provenance que le numéro précédent.

Une pièce en tout semblable à la première, mais en moins bon état : la partie supérieure est brisée, l'anneau de suspension a disparu et à sa place un trou a été creusé pour placer un tenon, mais le bijou n'est pas défiguré.

XIX° dynastie.

Bibl. : *Journal d'entrée du Musée*, n° 39707; Th. Davis, *Excavations at Bibân el Molûk*, 1908, p. 44, n° 34, pl. 18.

52696. Pendeloque Amon. — Cornaline. — Haut. o m. o3o mill., larg. o m. o18 mill., épaiss. o m. oo4 mill.; poids 3 grammes. — Trouvée à Biban el-Molouk, fouilles Th. Davis, 1908 (pl. LVII).

Une figure d'Amon, assis profil à gauche et coiffé des longues plumes. Il y a des ajours : 1° entre le torse, le bras et la jambe; 2° entre la jambe et le siège; 3° entre la jambe et l'objet (?) sur lequel il s'appuie.

Le revers est plat.

La cornaline est très claire.

XIX° dynastie.

Bibl. : *Journal d'entrée du Musée*, n° 39708; Th. Davis, *Excavations at Bibân el Molûk*, 1908, p. 44, n° 35, pl. 18.

52697. Pièce de collier. — Or. — Haut. o m. o15 mill. et o m. o10 mill., larg. o m. o11 mill. et o m. oo6 mill. — Trouvée à Biban el-Molouk, fouilles Th. Davis, 1908 (pl. LIV).

Trois têtes d'Hathor, une plus grande que les deux autres. Elles sont munies à la partie supérieure d'un anneau cylindrique. Elles sont exécutées à l'embouti et doublées d'une plaque plate.

Travail médiocre.

XIX° dynastie.

Bibl. : *Journal d'entrée du Musée*, n° 39684; Th. Davis, *Excavations at Bibân el Molûk*, 1908, p. 39, n° 11, pl. 17, B.

52698. Pièce de collier. — Or. — Haut. o m. oo8 mill. 1/2, larg. o m. oo8 mill. 1/2. — Trouvée à Biban el-Molouk, fouilles Th. Davis, 1908 (pl. LIV).

Une petite pièce symbolique «éternité» repercée à jour et munie, à l'arrière, d'un anneau plat et fixe.

XIX⁰ dynastie.

Bibl. : *Journal d'entrée du Musée*, n° 39685; Th. Davis, *Excavations at Bibân el Molûk*, 1908, p. 39, n° 12, pl. 16, A.

52699. Pièces de collier. — Or. — Haut. o m. o18 mill., larg. o m. oo7 mill. — Trouvées à Biban el-Molouk, fouilles Th. Davis, 1908 (pl. LIV).

Six petites Thouéris, munies à la partie supérieure d'un anneau cylindrique horizontal. Ces petites pièces ont été exécutées à l'embouti; elles sont très déformées, le métal étant très mince. Elles sont doublées d'une plaque plate au revers.

XIX⁰ dynastie.

Bibl. : *Journal d'entrée du Musée*, n° 39683 (le *Journal* dit *cinq*); Th. Davis, *Excavations at Bibân el Molûk*, 1908, p. 38, n° 10, pl. 17, B.

52700. Pièce de collier. — Or. — Haut. o m. o11 mill., larg. o m. oo5 mill. — Trouvée à Biban el-Molouk, fouilles Th. Davis, 1908 (pl. LIV).

Une petite Thouéris de même composition que les précédentes, d'une dimension beaucoup plus petite, à part cela tout à fait semblable.

XIX⁰ dynastie.

Bibl. : *Journal d'entrée du Musée*, n° 39683, se confond avec les pièces précédentes; Th. Davis, *Excavations at Bibân el Molûk*, 1908, p. 38, n° 10, pl. 17, B.

52701. Tête de faucon. — Or et obsidienne. — Hauteurs : partie antérieure o m. 100 mill., partie postérieure o m. o65 mill.; largeurs : de l'extrémité du bec derrière la tête o m. 125 mill., de face o m. 100 mill.; longueur des plumes o m. 23o mill., largeur maximum o m. 123 mill., largeur minimum o m. 107 mill.; diamètre de la couronne o m. o72 mill., largeur du bandeau o m. o23 mill.; hauteur de l'uræus o m. o51 mill.; poids global 636 grammes, poids de la tête 36o grammes, couronne et uræus 76 grammes, plumes 200 grammes. — Trouvée à Kom el-Ahmar (Hiéraconpolis), fouilles Quibell, 1897-1898 (pl. LVIII, LIX, LX et LXI).

Faucon trouvé sous le dallage du temple d'Hiéraconpolis. Il se composait d'un épervier en cuivre avec tête et coiffure en or, les yeux en obsidienne. Devant l'épervier se tenait une statue du roi, également en cuivre, coiffé d'un *klaft* arrondi et vêtu de la *shenti*.

L'épervier était monté sur une longue tige creuse en bronze, placée dans un cylindre de terre cuite terminé par un petit vase.

Le corps du faucon était de bois, revêtu de plaques de cuivre *clouées*. Toute cette partie tomba en poussière quand on la débarrassa de sa gangue; seule la petite statue du roi subsiste et figure dans le Musée.

Le tour du cou du faucon est percé de vingt-deux trous : onze d'entre eux retiennent encore les clous qui fixaient la tête au corps; ces clous sont d'or et ils sont maintenus dans les trous par une grande abondance d'oxyde de cuivre.

Le monument est d'une beauté, d'une grandeur et d'une simplicité véritablement émouvantes : il est impossible d'imaginer un art d'une noblesse supérieure.

L'œuvre se compose de la façon suivante : 1° la tête; 2° une couronne avec un uræus qui lui appartient; 3° deux longues plumes, et enfin d'un bâton d'obsidienne qui traverse la tête et dont les deux extrémités forment les yeux.

Technique. La tête a été exécutée au martelage, à la rétreinte, travail bien connu, puisque c'est celui des chaudronniers, mais d'une difficulté très grande à expliquer. J'ai tenté de le faire [1], sans me donner satisfaction. Le travail a été terminé en ciselure. Pour le bec, la faculté plastique de l'or n'étant pas illimitée, il a fallu le rapporter; l'artisan, très sagement, a employé pour cela un métal beaucoup plus épais que celui dont la tête est faite. En effet, ce prolongement aigu est plus exposé aux chocs et à toutes les autres causes de détérioration. La soudure du bec à la tête est faite avec une très grande habileté.

Le bâton d'obsidienne a 0 m. 130 mill. de long. Les extrémités venant dans les orbites, où elles se trouvent admirablement encadrées, font un effet extraordinaire.

La couronne n'appelle aucune remarque technique; l'uræus, qui est rivé dessus, semble avoir été martelé de façon à obtenir des reliefs inégaux; quant aux longues plumes, elles sont faites de bandes d'or découpées dans une plaque d'épaisseur constante (5/10 de millimètre). Un clou d'or de 0 m. 03 cent. de long est engagé dans un trou à 5 centimètres environ de l'extrémité supérieure. Il n'est pas inutile de faire observer que la technique de ces objets (longues plumes et couronne) est aussi médiocre que celle de la tête est magnifique. Il ne semble pas possible que ces ornements soient contemporains avec la tête; à coup sûr ce n'est pas le même artisan qui a fait ce travail, lequel se présente assez gauchement. Les photographies avec et sans couronne montrent combien la tête perd à posséder ces accessoires et combien ceux-ci lui sont reliés maladroitement.

VIe dynastie.

Bibl. : *Journal d'entrée du Musée*, n° 32158; *Catalogue Maspero*, 1912, p. 414, n° 4010; 1915, p. 427, n° 4010; *Catalogue Maspero*, traduction anglaise de Quibell, 1906, p. 378; Maspero et

[1] É. Vernier, *La bijouterie et la joaillerie égyptiennes*, p. 75 et suiv.

Rœder, *Führer durch das ägyptische Museum Cairo*, 1912, p. 110, Schrank IV, Teil E; Maspero, *Égypte* (collection *Ars Una*), p. 96, fig. 171; É. Vernier, *La bijouterie et la joaillerie égyptiennes*, p. 120, fig. 147 et pl. XVI; Quibell, *Hierakonpolis*, Part I, *Plates of discoveries in 1898*, by J. E. Quibell, B. A., p. 11, pl. XLI, XLII, XLIII; Part II, p. 45 et pl. XLVII de 1 à 4; Quibell, *Catalogue général des Antiquités égyptiennes du Musée du Caire, Archaic objects*, t. I, 1905, p. 315, n° 14717, et t. II, pl. 65 [1]; G. Bénédite, *Recueil Piot, Faucon ou Épervier*, extrait des *Monuments et mémoires publiés par l'Acad. des Inscriptions et Belles-Lettres*, t. XVII, 1er fasc., p. 8 et 15, fig. 8; H. Fechheimer, *Die Plastik der Ägypter*, pl. 43 (Berlin, 1920).

52702. **Uræus.** — Or et pierres. — Hauteur de la partie antérieure o m. 050 mill., hauteur de la partie postérieure o m. 066 mill., largeur maximum o m. 021 mill., largeur minimum o m. 011 mill.; poids 19 grammes. — Trouvé à Illahoun, dans le tombeau pillé d'une princesse de la XIIe dynastie (fouilles Petrie, 1920) (pl. XLVII).

L'uræus est replié dans une forme coutumière; il est fait d'une feuille d'or travaillée au marteau. Dans les replis de la queue, laquelle est largement ouverte au revers, on a placé deux anneaux qui permettent de fixer le bijou.

La partie antérieure est décorée richement; la tête est en lapis, d'une très belle exécution; les yeux en obsidienne cernés d'un fil d'or. Un de ces yeux manque.

Sous la tête, le milieu du bijou est fait d'une bande d'or striée horizontalement. En trois endroits les stries étaient des pierres; une seule, de lapis, est encore en place.

Le capuchon est décoré d'un disque d'amazonite (ou émail) bordé d'une bande de lapis en forme de croissant.

Les deux parties qui finissent le capuchon sont faites de cornaline. Ce décor est placé dans la plaque d'or qui constitue le bijou lui-même; cette plaque, travaillée au marteau, comme il est dit plus haut, est légèrement incurvée et les pierres y sont ajustées. La plaque est faite de plusieurs morceaux soudés ensemble.

Ce bijou est d'un très bel aspect et d'une excellente exécution.

XIIe dynastie.

Bibl. : *Journal d'entrée du Musée*, n° 46694.

52703. **Tête de lion.** — Or. — Haut. o m. 032 mill.; largeur de la tête, de face o m. 023 mill., de profil o m. 024 mill.; largeur de la base, de face o m. 027 mill. 1/2, de profil o m. 027 mill.; poids 42 grammes. — Trouvée à Gournah, trésor de la reine Aah-hotpou, janvier 1859 (pl. XXXIX).

Une tête de lion en or, exécutée en rétreinte à l'aide d'une plaque d'or martelée et ciselée; l'ouverture du cou a été ensuite fermée par une plaque rapportée.

[1] Le numérotage n'est pas fait en chiffres romains dans ce second volume, bien qu'il soit indiqué en chiffres romains dans le volume I et même avec une erreur LXIV.

Ce travail est d'une bonne exécution, la ciselure en est très ferme et très simple.
XVIII⁰ dynastie.

Bibl. : *Journal d'entrée du Musée*, n° 4713; *Catalogue Mariette*, 1864, p. 225, n° 20; 1872, p. 268,
n° 830; *Catalogue de Morgan*, 1892, p. 216, n° 965; *Catalogue Maspero*, 1912, p. 420,
n° 4047; 1915, p. 432, n° 4047; Vassalli, *Monumenti istorici*, 1867, p. 130; Mariette, *Album
du Musée de Boulaq*, 1871, pl. XXX; *Revue générale de l'Architecture*, XVIII, 1860, pl. 1 à 3;
von Bissing, *Ein thebanischer Grabfund*, Tafel XI.

52704. **Tête de lion.** — Bronze. — Haut. o m. o35 mill.; largeur de la tête, de
face o m. o3o mill., de profil o m. o21 mill. 1/2; largeur de la base,
de face o m. o26 mill., de profil o m. o25 mill.; poids 1o5 grammes. — Trouvée à Gournah, trésor de la reine Aah-hotpou, janvier
1859 (pl. XXXIX).

Une tête de lion en bronze fondu. L'exécution de cette fonte est extrêmement mauvaise, tellement que l'on ne pourrait pas faire de rapprochement utile entre cette
tête et celle d'or cataloguée précédemment. Cependant, en prenant les dimensions,
une observation s'impose : c'est que toutes les mesures marquent sur celles de la
tête d'or une diminution qui correspondrait au « retrait » de la fonte. On sait qu'un
exemplaire fondu sur un modèle est de dimensions plus restreintes que ce modèle,
dans des proportions qui peuvent varier selon les masses de métal employées, mais
qui sont inévitables. Il est donc probable que la fonte de ce bronze a été moulée
soit sur la tête d'or que nous possédons, soit sur une autre de mêmes dimensions,
le moulage défectueux pouvant être responsable de la difficulté d'identification par
rapport au modèle.

Bibl. : *Journal d'entrée du Musée*, n° 4713. Cette tête a toujours été cataloguée avec la tête d'or
n° 52703.

52705. **Éventail.** — Or et bois. — Longueur totale o m. 41o mill., longueur
du manche o m. 323 mill.; hauteur de la partie centrale de l'éventail
o m. o87 mill., larg. o m. 162 mill.; épaisseur du manche, corps
o m. o15 mill., partie inférieure o m. o22 mill.; poids 3oo grammes. — Trouvé à Gournah, trésor de la reine Aah-hotpou, janvier
1859 (pl. XLVI).

Un manche d'éventail en bois de cèdre presque complètement recouvert de feuilles
d'or. Il se compose : 1° du manche; 2° d'une partie ornée qui a la forme d'un
lotus épanoui et qui relie le manche à l'éventail; enfin 3° l'éventail ou, plus exactement, la partie centrale, de laquelle partaient les plumes.
Le manche, de forme arrondie, est un simple bâton dont l'extrémité inférieure est
élargie; il est recouvert de feuilles d'or qui sont striées assez fortement de traits,
faits au ciselet, ayant entre eux un écart de 3 à 4 millimètres.

Le haut du manche, où le bois est visible, est orné d'une bague d'or découpée en
feuilles à pointes aiguës. Les extrémités sont enveloppées d'or et le bois est visible au
milieu. Une tête de clou demi-sphérique apparaît des deux côtés du manche au-dessus de la bague d'or; ils servent à marquer la monture de l'éventail sur le manche.

Sur l'épaisseur de la partie centrale on voit les cavités disposées sur trois rangs où
les plumes étaient fixées. Sur les plats de chaque côté le recouvrement en or nous
montre des scènes ou le dieu Khonsou, debout, suivi d'un uræus dressé (sur un
côté seulement), reçoit une offrande du roi Kamès.

Le travail est médiocre, les feuilles d'or sont en mauvais état et déchirées en de nombreux endroits.

XVIIIe dynastie.

Bibl. : *Journal d'entrée du Musée*, n° 4672; *Catalogue Mariette*, 1864, p. 225, n° 25; 1872, p. 269,
n° 835; *Catalogue Grébaut*, 1892, p. 124, n° 3607; *Catalogue Maspero*, 1892, p. 210, n° 948;
1912, p. 419, n° 4042; 1915, p. 432, n° 4042; von Bissing, *Ein thebanischer Grabfund*,
Tafel IV, n°° 8, 8ª, 8ᵇ; *Revue générale de l'Architecture*, XVIII, 1860, pl. 4 à 6; Vassalli, *Monumenti istorici*, 1867, p. 130.

52706. Tête de serpent. — Cornaline. — Long. 0 m. 045 mill., épaiss. de
0 m. 011 mill. à 0 m. 014 mill.; poids 14 grammes. — Trouvée à
Biban el-Molouk, fouilles Th. Davis, 1908.

Un bâton de cornaline, d'épaisseur légèrement décroissante, est terminé du côté le
plus volumineux par une tête de serpent indiquée avec une grande simplicité.

La forme de ce bâton fait penser qu'il devait être serti dans une bague, une monture
quelconque possédant une tubulure dans laquelle il pénétrait. Il y a encore des
traces d'une substance agglutinative dans la partie inférieure, où, du reste, il y a
des imperfections qui n'ont pas été masquées. Ce qui renforce l'hypothèse d'une
monture cachant une partie de la pièce.

XIXe dynastie.

Bibl. : *Journal d'entrée du Musée*, n° 39709; Th. Davis, *Excavations at Bibân el Molûk, The tomb of
Siphtah*, p. 44, n° 36, pl. 18.

52707. Pendeloque perle longue. — Cornaline. — Long. 0 m. 035 mill., larg. :
milieu 0 m. 015 mill., extrémités 0 m. 010 mill., épaiss. 0 m. 006
mill. 1/2; poids 5 grammes. — Trouvée à Biban el-Molouk, fouilles
Th. Davis, 1908.

Une perle longue d'une épaisseur médiocre, ne paraissant pas terminée; elle a un côté
complètement plat et non poli. Il est donc infiniment probable que cette perle était
préparée pour recevoir une monture métallique. Elle n'est pas percée.

XIXe dynastie.

Bibl. : *Journal d'entrée du Musée*, n° 39710; Th. Davis, *Excavations at Bibân el Molûk, The tomb of
Siphtah*, p. 44, n° 37, pl. 18.

52708-52709. Deux mains. — Argent. — Long. o m. 145 mill., larg. o m. 075 mill.; poids global 114 grammes. — Trouvées à Biban el-Molouk, fouilles Th. Davis, 1908.

Deux mains faites de la façon la plus sommaire. Une feuille d'argent mince est repliée sur elle-même, et les bords, pincés ensemble, sont repliés en bordure; l'indication des doigts est extrêmement sommaire. Manifestement ces mains n'ont pas été traitées avec un but artistique.

L'état actuel est mauvais, mais l'argent mince a été serré par le forgeage et il garde un aspect métallique.

XIXe dynastie.

BIBL. : *Journal d'entrée du Musée*, n° 39704; *Catalogue Maspero*, 1912, p. 430, n°° 4194-4195; 1915, p. 441, mêmes numéros; TH. DAVIS, *Excavations at Bibân el Molûk, The tomb of Siphtah*, p. 43, n° 31, pl. 12.

52710. Une sandale. — Argent. — Long. o m. 125 mill., larg. o m. 047 mill., haut. o m. 038 mill.; poids 54 grammes. — Trouvée à Biban el-Molouk, fouilles Th. Davis, 1908.

Une petite sandale en très mauvais état : elle est en quatre morceaux. La plaque formant la sandale est de forme arrondie à la partie postérieure et, à la partie antérieure, elle est pointue et recourbée vers le pied.

Une bride est faite d'une bande d'argent de o m. 012 mill. de largeur maximum. Cette bande est repliée des deux côtés à angles droits pour rejoindre la sandale, et les deux extrémités, qui sont roulées en tubes, pénètrent à travers la sandale et forment pieds au-dessous.

Du milieu de la bride part une tubulure faite d'une bande d'argent repliée. Ce tube vient à l'avant de la sandale, la traverse et fait au-dessous le troisième point d'appui avec les deux déjà fournis par les extrémités de la bride. Cette tubulure représente l'obstacle que le pied doit saisir entre le gros orteil et le voisin.

L'arrière de la sandale est brisé; l'extrémité avant, pointue et recourbée, est brisée également. Le métal est attaqué gravement partout.

Le décor consiste en des traits transversaux sur la sandale et des stries sur les parties en tubes qui pénètrent dans la sandale.

XIXe dynastie.

BIBL. : *Journal d'entrée du Musée*, n° 39705; TH. DAVIS, *Excavations at Bibân el Molûk, The tomb of Siphtah*, p. 44, n° 32, pl. 21.

52711. Pied postérieur de bovin (fragment). — Or. — Longueur maximum o m. 069 mill., largeur du grand axe o m. 019 mill., du petit axe o m. 015 mill. 1/2; poids 26 grammes.

Un pied postérieur de bovin, coupé de biais au-dessus du talon après que la pièce a été aplatie à l'endroit où fut faite la coupure; celle-ci est très nette, les deux épaisseurs sectionnées comme une feuille unique.

La statuette à laquelle appartenait ce fragment devait offrir un certain intérêt, le peu qui reste témoigne de l'habileté de l'artisan qui fit ce travail.

XVIII⁰ dynastie.

BIBL. : *Journal d'entrée du Musée*, n° 46989, numéro donné en avril 1921, quoique l'objet figure dans les collections depuis de longues années.

52712. Pectoral. — Or et pierres. — Largeur maximum o m. 082 mill., largeur minimum o m. 041 mill., haut. o m. 047 mill.; poids 33 grammes. — Trouvé à Illahoun, dans le tombeau pillé d'une princesse de la XII⁰ dynastie (fouilles Petrie, 1914) (pl. XLVII).

Un pectoral en forme de trapèze. Au milieu, en haut, le cartouche d'Amenemhat III; à droite et à gauche, des uræus dont la queue passe par l'anneau d'un ☥ et va s'enrouler autour d'un disque en cornaline; au-dessous, une figure de l'éternité, de profil à droite.

De chaque côté, deux grands faucons qui tiennent d'une patte un ☉ et appuient de l'autre sur le cadre de la petite figure agenouillée. Leurs yeux sont en améthyste.

Toute la composition est cloisonnée et a reçu des pierres diverses. Les faucons sont garnis de lapis-lazuli, de cornaline et d'une autre substance dans un état qui rend impossible son identification.

La plinthe est décorée par de petites plaques de cornaline taillées en dents de scie et séparées par de petits rectangles de lapis-lazuli. Le revers est tout or; son décor est la répétition de celui de la face, sauf que derrière les disques de cornaline qui surmontent sur la face les têtes de faucon, nous voyons deux anneaux verticaux, robustes, striés horizontalement.

Ce bijou, à part le mauvais état d'un des éléments du décor coloré, est dans un état parfait de conservation et d'une exécution de tout point remarquable.

XII⁰ dynastie.

BIBL. : *Journal d'entrée du Musée*, n° 44922.

52713. Pendeloque. — Cornaline. — Haut. o m. 016 mill., larg. o m. 009 mill.; poids 1 gramme. — Trouvée à Gournah, trésor de la reine Aahhotpou, février 1859.

Un petit uræus silhouetté à jour. Le revers est plat.

BIBL. : *Journal d'entrée du Musée*, n° 4725. Faisait partie des objets disparates groupés sous ce numéro sur le même plateau que les pièces de collier n° 52673.

52714. Couronne. — Or. — Longueur totale o m. 200 mill., larg. o m. 145 mill.; hauteur de l'uræus o m. 047 mill., larg. o m. 022 mill.; poids 58 grammes. — Trouvée à Tell Moqdam, février 1915 (pl. LXII).

Une couronne constituée par un fil rond de 2 millimètres de diamètre et par une bande d'or de 2 millimètres de large et de 1 millimètre d'épaisseur. Cette bande a la forme d'une anse qui vient se souder sur le fil aux extrémités du grand axe.

Un uræus sur le devant de la couronne, à la façon habituelle; sa queue couvre la bande sur la plus grande partie (o m. 17 cent.).

L'uræus est en mauvais état. Les alvéoles préparées pour recevoir les pierres indiquent combien l'objet était riche, bien que très simple; mais aujourd'hui les cloisons sont vides complètement, sans laisser soupçonner quelles pierres elles ont pu renfermer. L'uræus a été faussé et légèrement tordu au point d'attache avec la couronne. La queue est ornée sur le dessus, depuis le point où l'uræus est en contact avec la couronne, d'un rang de graines qui suit la ligne médiane; ces graines, comme du reste la queue elle-même, ont été exécutées au repoussé, c'est-à-dire que l'artisan a fait saillir dans cette partie médiane une petite nervure, qu'il a ensuite divisée en petites graines en travaillant à l'endroit.

XXIIe dynastie.

Bibl. : *Journal d'entrée du Musée,* n° 45339; H. Gauthier, *Annales du Service des Antiquités,* XXI, p. 21.

52715. Pectoral. — Or et lapis-lazuli. — Haut. o m. 117 mill., larg. o m. 098 mill.; poids : avant la réparation 137 grammes, depuis 121 grammes. — Trouvé à Tell Moqdam par M. Edgar, février 1915 (pl. LXIII-LXIV).

Un pectoral or, argent et lapis-lazuli. Il se compose d'une plaque centrale de lapis-lazuli représentant le dieu Khnoum, assis, profil à droite, porté par un groupe de lotus encadré de deux boutons. Fleurs et boutons sont en or cloisonné, trois pétales et un bouton sont encore garnis de leurs pierres de lapis.

Le bas-relief de Khnoum est surmonté du disque d'or posé exactement sur la tête du dieu, ce qui le place en dehors de l'axe de la composition. Un uræus, posé profil à droite et surmonté d'un disque solaire entre les cornes de vache, est placé sur le disque de façon que le soleil qu'il a sur la tête forme le centre de celui qu'il décore.

De chaque côté sont les déesses Hathor à droite du bijou et Maât à gauche. Elles sont debout, se regardant. Hathor tient son sceptre, fait d'un fil d'or, dont la partie supérieure est en contact avec l'encadrement du dieu Khnoum, et dont la partie inférieure repose sur la plinthe qui sert de base à l'ensemble de la composition. Sa chevelure à disparu.

La déesse Maât fait un geste d'offrande, ses deux mains placées à la même hauteur. Elle devait tenir deux vases, ce qui est habituel dans ce genre de représentations.

Des traces de contact restent sur le cadre de Khnoum. Sa chevelure a également disparu.

Ces chevelures étaient indépendantes du bijou, leur emplacement est nettement déterminé.

Les deux déesses portent chacune le disque solaire : celui d'Hathor est encadré dans les cornes de vache et celui de Maât est orné d'une plume faite d'un fil d'or soudé à même le disque.

La plinthe est décorée d'une série de neuf rectangles, séparés par de petites cloisons verticales groupées par trois. Toutes les cloisons sont vides de leurs pierres.

Le revers, sauf le groupe de lotus qui est d'or cloisonné et où quatre pétales subsistent, est entièrement d'or et répète la composition de la face. Le dieu Khnoum est exécuté en ciselure avec une grande perfection; les chevelures sont de ce côté également d'or, le groupe de fleurs était donc la seule note polychrome.

Deux anneaux horizontaux, faits chacun de trois fils ronds, sont soudés à l'endroit où les têtes des déesses sont en contact avec les disques qui les surmontent.

Le travail de ce pectoral, ensemble et détails, est d'une grande perfection et fait songer aux œuvres des plus belles époques.

XXIIe dynastie.

Remarques. Ce pectoral, quand il fut trouvé, était envahi par un foisonnement d'apparence stannifère. De plus, un voleur, au courant de la fouille, a brisé le bijou, tordant la plinthe et séparant du pectoral la déesse Maât. Ce n'est qu'en 1918 que ce fragment fut retrouvé chez un antiquaire et racheté. L'état du bijou à ce moment est celui que montrent les planches LXIII et LXIV aux nᵒˢ 1.

En 1924, le rédacteur du *Catalogue,* avec l'aide très précieuse de M. Lucas, chimiste, put remettre l'objet dans l'état que montrent les photographies mises en comparaison avec les premières.

C'est au cours de cette opération qu'il fut établi que les Égyptiens pratiquaient le travail du «doublé» et qu'ils superposaient, dans certains cas, des plaques d'or à des plaques d'argent, soit pour parer à une pénurie d'or, soit pour rendre le bijou moins pesant.

Bibl. : *Journal d'entrée du Musée,* nᵒ 45337; H. Gauthier, *Annales du Service des Antiquités,* XXI, p. 21 et pl. I, nᵒˢ 1 et 2; A. Lucas, *Note on the cleaning of certain objects in the Cairo Museum, Annales du Service des Antiquités,* XXIV, p. 15; A. Lucas, la même note mais en français, *Bulletin de l'Institut français d'Archéologie orientale du Caire,* XXV, p. 175; É. Vernier, *L'or chez les anciens Égyptiens, Bulletin de l'Institut français d'Archéologie orientale du Caire,* XXV, p. 167.

52716. Médaillon. — Électrum. — Grand axe o m. 029 mill., petit axe o m. 025 mill., épaiss. o m. 004 mill.; poids 9 grammes. — Trouvé à Tell Moqdam, février 1915 (pl. LIV).

Un médaillon ovale, composé de deux plaques d'électrum réunies par une bâte du même métal; cette bâte est percée, de chaque côté du grand axe, de sept trous qui se font face et qui indiquent ainsi que le médaillon était un milieu de bijou composé de sept rangs de pièces d'enfilages.

Ce bijou pouvait être un collier, mais la dimension du médaillon fait plutôt penser à un bracelet.

Le décor de ce médaillon est riche. Sur l'avers nous remarquons d'abord qu'une place vide au centre devait être garnie d'une pierre. Le reste du décor est fait au cloisonné : d'abord quatre ellipses concentriques encadrent la place vide au centre, puis un rang d'ornements procédant du lotus stylisé, enfin un dernier rang de feuilles lancéolées.

La matière qui garnissait ces cloisons est dans un état qui ne permet pas de la déterminer avec sûreté; toutefois on voit quelques traces d'amazonite.

Le revers est orné de dessins au trait. Le décor procède comme pour la face : des ellipses concentriques plus deux rangs de motifs répétés, feuilles aiguës placées méthodiquement, leur axe passant par le milieu du médaillon et feuilles lancéolées faisant le cercle excentrique. Tout ce travail est exécuté au tracé à l'outil de ciseleur et non coupé à l'échoppe de graveur.

L'état est très mauvais, les plaques bossuées.

XXII⁰ dynastie.

Bibl. : *Journal d'entrée du Musée*, n° 45349; H. Gauthier, *Annales du Service des Antiquités*, XXI, p. 25 et pl. I, n° 6.

52717-52718. Bracelet en deux parties. — Or et pierres. — Haut. o m. o59 mill.; largeur du devant : haut o m. o50 mill., bas o m. o6o mill.; largeur de la pièce arrière, diamètre maximum o m. o64 mill.; poids global des deux pièces 45 grammes. — Trouvé à Tell Moqdam, février 1915 (pl. LXII).

Un bracelet en très mauvais état. Il est construit en deux parties réunies par deux charnières : dans l'une on passait une goupille fixe et dans l'autre la goupille mobile qui faisait fermoir. Les deux parties étaient décorées au cloisonné.

Sur la pièce où est le décor principal, la moins grande, mais la plus importante, on voit au centre un scarabée qui portait un disque; il est posé sur le signe 𓎟. De chaque côté du scarabée, un *oudja* puis deux uræus ailés, posés sur des naos; ils sont coiffés de l'*atef* et tiennent le sceau. La composition est encadrée par des bandes qui sont divisées en cloisons, lesquelles contenaient de minces filets de pierre. Ce monument offre un aspect lamentable : la plaque qui sert de substratum à toute la composition est extrêmement mince et n'a pu assurer une rigidité suffisante à l'ensemble; une grande partie des détails ont disparu, ceux qui restent ne tiennent presque plus, il manque : le disque, un naos presque entièrement, un *oudja*, et la moitié environ des cloisons d'encadrement.

Les cloisons des naos ont conservé quelques bribes de pierre, amazonite, turquoise (?).

Le revers est décoré au trait : c'est la répétition de la composition de la face, mais elle est moins abîmée. Au-dessus des uræus on lit ⟨hiéroglyphes⟩ et ⟨hiéroglyphes⟩.

La seconde pièce nous montre à l'endroit, en haut et en bas, des bordures cloisonnées et, entre ces bordures, des cloisons allant de l'une à l'autre divisent cette partie du bracelet en dix compartiments. Il ne reste que des vestiges du décor cloisonné qui décorait ces compartiments, mais le revers, comme dans la première pièce, représente, au trait, le cloisonné de la face et nous voyons successivement ⟨hiéroglyphes⟩ Les charnières sont disposées à raison pour chacune de deux maillons à la pièce de face et trois à la pièce de revers ; elles forment des cylindres continus et sont striées transversalement.

XXIIe dynastie.

Bibl. : *Journal d'entrée du Musée*, n°s 45340, 45352 ; H. Gauthier, *Annales du Service des Antiquités*, XXI, p. 24 et pl. I, n°s 3 et 4.

52719-52720. Bracelet en deux parties. — Or et pierres. — Trouvé à Tell Moqdam, février 1915.

Bracelet en tout semblable au précédent, mais dans un état encore plus mauvais. Il ne reste sur la face que les naos, un uræus ailé et quelques cloisons d'encadrement. Au revers, semblable également, une légère variante dans les inscriptions ⟨hiéroglyphes⟩, ⟨hiéroglyphes⟩.

XXIIe dynastie.

Bibl. : *Journal d'entrée du Musée*, n°s 45341-45343 ; H. Gauthier, *Annales du Service des Antiquités*, XXI, p. 24 et pl. I.

52721. Pendeloque. — Lapis-lazuli. — Haut. 0 m. 075 mill., largeur maximum 0 m. 027 mill., épaiss. 0 m. 013 mill.; poids 21 grammes. — Trouvée à Tell Moqdam, février 1915 (pl. LVII).

Une grosse pendeloque en forme de TAT, d'un travail très bon et très simple. La partie formant anneau de suspension est rayée de façon à simuler trois anneaux juxtaposés.

XXIIe dynastie.

Bibl. : *Journal d'entrée du Musée*, n° 45345 ; H. Gauthier, *Annales du Service des Antiquités*, XXI, p. 24.

52722. Pendeloque. — Lapis-lazuli. — Long. 0 m. 029 mill., larg. 0 m. 024 mill., épaiss. 0 m. 008 mill. 1/2 ; poids 17 grammes. — Trouvée à Tell Moqdam, février 1915.

Une pendeloque de forme cubique, sans aucun ornement. Elle est percée dans sa longueur de part en part d'un trou de o m. oo3 mill. de diamètre.

XXIe dynastie.

BIBL. : *Journal d'entrée du Musée*, n° 45346 ; H. GAUTHIER, *Annales du Service des Antiquités*, XXI, p. 24.

52723. Pendeloque. — Pierre. — Haut. o m. o17 mill., larg. o m. oo6 mill. ; poids 15 décigrammes. — Trouvée à Tell Moqdam, février 1915 (pl. LVII).

Breloque. C'est une figure marchant dont le masque est brisé. La jambe gauche est postée en avant.

L'objet est d'une exécution grossière.

La matière même, une espèce de croûte de lapis-lazuli, contribue à donner à cette pièce minuscule un aspect fruste.

Le trou qui permettait de passer le fil de suspension est fait dans une partie saillante derrière la tête.

XXIIe dynastie.

BIBL. : *Journal d'entrée du Musée*, n° 45351 ; H. GAUTHIER, *Annales du Service des Antiquités*, XXI, p. 25.

52724. Pendeloque. — Lapis-lazuli. — Long. o m. o19 mill., larg. o m. o10 mill. ; poids 2 grammes. — Trouvée à Tell Moqdam, février 1915 (pl. LVII).

Une petite breloque en forme de grenouille ; elle repose sur une base formant cachet.

Sur le plat on voit [figure gravée] . La breloque est percée de part en part dans le sens de la longueur, entre le corps et la base.

XXIIe dynastie.

BIBL. : *Journal d'entrée du Musée*, n° 45348 ; H. GAUTHIER, *Annales du Service des Antiquités*, XXI, p. 24.

52725. Pendeloque. — Agate. — Diam. o m. o22 mill., épaiss. o m. oo8 mill. ; poids 6 grammes. — Trouvée à Tell Moqdam, février 1915.

Une agate blanche avec une large tache brune au centre ; dans cette tache, des différences de nuances donnent l'image d'une feuille de vigne. Il semble qu'elle a été affirmée par quelques dépolissages, mais l'effet existe réellement.

La pierre est percée de part en part dans le sens du travers de la feuille de vigne.

XXIIe dynastie.

Bibl. : *Journal d'entrée du Musée,* n° 45352; H. Gauthier, *Annales du Service des Antiquités,* XXI, p. 25.

52726. Scarabée (?). — Or et agate. — Longueur maximum o m. o35 mill., largeur maximum o m. o3o mill., hauteur maximum o m. o23 mill.; poids 19 grammes. — Trouvé à Tell Moqdam, février 1915 (pl. LXII).

Un bijou en forme générale assez indéfinissable qui fait penser au scarabée et au scorpion. Il est ainsi constitué : 1° le corps, fait d'une sardoine ovale dont le centre est une tache brune et le tour gris légèrement lilacé. La pierre est sertie dans une monture qui laisse voir le dessous; cette monture est une simple bâte sur laquelle sont soudées les pattes de l'animal (cinq de chaque côté); ces pattes sont repliées et se rejoignent toutes. C'est là une obligation pour le bijoutier afin d'éviter les cassures et pour ne pas faire un objet trop «accrochoir».

Sur le devant est une tête d'Hathor, inattendue sur l'animal; elle est dressée verticalement. Sa coiffure n'est plus complète : il reste un uræus au milieu et, de chaque côté, des alvéoles, où l'on voit encore trace d'un lut, montrent qu'il y avait des pierres complétant le bandeau, sans doute du lapis-lazuli.

La coiffure se termine par le disque entre les cornes de vache.

L'usage de ce bijou est difficile à déterminer : il possède sous la tête un anneau, composé de trois fils ronds, qui fait penser à un élément de suspension; mais le bon sens repousse cette solution, car un tel objet ne serait pas portable. A la partie antérieure, deux fragments qui restent fixés par des rivets et un trou creusé dans la pierre nous mettent sur la voie d'une hypothèse plus satisfaisante en nous montrant la charnière d'un couvercle (cassolette, drageoir?).

Cette solution nous donnerait l'explication de la position de la tête, s'élevant verticalement au-dessus du bijou. Cette position deviendrait logique, au contraire, en donnant des facilités pour ouvrir une boîte; les cornes, si agressives pour un bijou porté, ne donnent plus prétexte aux mêmes observations. Quant à l'anneau, qui faisait d'abord penser à la suspension, il interviendrait comme une partie d'un fermoir dans laquelle une clavette pourrait venir passer.

Malgré la sympathie pour cette solution, nous nous bornerons à nommer «scarabée» ce bijou, car une certitude nous manque pour lui donner le nom de couvercle.

L'exécution est bonne, mais sans rien de particulièrement remarquable.

XXIIᵉ dynastie.

Bibl. : *Journal d'entrée du Musée,* n° 45338; H. Gauthier, *Annales du Service des Antiquités,* XXI, p. 24 et pl. I, n° 5.

52727. Scarabée. — Lapis-lazuli. — Long. o m. o82 mill., larg. o m. o54 mill., épaisseur maximum o m. o18 mill.; poids 148 grammes. — Trouvé à Tell Moqdam, février 1915.

Un scarabée de fortes dimensions et d'un travail assez précieux. La tête est silhouettée

dans la partie antérieure en forme de créneaux; le corps est méplat, doucement
arrondi vers les bords; le corselet et les élytres sont indiqués simplement par des
traits.

L'enduit de scellement adhère presque tout autour.

XXII° dynastie.

Bibl. : *Journal d'entrée du Musée*, n° 45344; H. Gauthier, *Annales du Service des Antiquités*, XXI,
p. 24.

52728. **Scarabée.** — Plâtre teinté. — Long. 0 m. 080 mill., larg. 0 m. 048
mill., épaisseur maximum 0 m. 019 mill. — Trouvé à Tell Moqdam,
février 1915.

Un scarabée. La tête silhouettée, sans beaucoup de détails, est un peu abîmée sur les
bords.

Le corps est franchement arrondi, l'indication du corselet et des élytres est faite d'un
trait simple.

Cette pièce est percée de trois trous : deux à la tête et un dans la ligne médiane près
de la partie postérieure; ce dernier est le seul bien visible, quoique bouché; les
deux autres sont remplis de terre au point de pouvoir être méconnus.

XXII° dynastie.

Bibl. : *Journal d'entrée du Musée*, n° 45347; H. Gauthier, *Annales du Service des Antiquités*, XXI,
p. 23.

52729. **Scarabée.** — Céramique blanche. — Long. 0 m. 044 mill., larg. 0 m.
030 mill., épaiss. 0 m. 020 mill.; poids
40 grammes. — Trouvé à Tell Moqdam,
février 1915.

Un scarabée reposant sur une base. Les détails sont
soigneusement traités, sa forme est fortement bombée, le corselet et les élytres sont délimités par des
traits sèchement indiqués. Il est percé de part en
part dans le sens du grand axe. Sur le plat, l'inscription ci-contre.

XXII° dynastie.

Bibl. : *Journal d'entrée du Musée*, n° 45350; H. Gauthier, *Annales du Service des Antiquités*, XXI, p. 25.

52730. **Scarabée.** — Plâtre teinté. — Long. 0 m. 072 mill., larg. 0 m. 056
mill., épaiss. 0 m. 021 mill.; poids 16 grammes. — Trouvé à Tell
Moqdam, février 1915 (pl. LVII).

Un scarabée de plâtre teinté, moulé à une très faible épaisseur. Sa fragilité est extrême; mais bien qu'il ait été cassé et que la tête manque, le travail est bon et mérite d'être examiné avec intérêt. Les rencontres du corselet et des élytres, ainsi que la forme et la disposition des parties ajourées entre le corps et les pattes, montrent du goût, presque un peu maniéré.

XXII° dynastie.

52731. **Statuette funéraire.** — Céramique. — Haut. o m. 125 mill., largeur maximum o m. 037 mill., largeur minimum o m. 013 mill., épaisseur maximum o m. 018 mill.; poids 37 grammes. — Trouvée à Tell Moqdam, février 1915.

Une statuette funéraire en céramique gris clair. Elle est coiffée du *klaft,* les mains sont rapprochées sans se joindre.

Des inscriptions et des signes sont peints en brun; sur les bras, des houes, et sur le bas du corps une inscription prise dans le *Livre des Morts;* au dos, le sac à grain.

Cette statuette est d'une exécution très vulgaire.

XXII° dynastie.

Bibl. : *Journal d'entrée du Musée,* n° 45362; H. Gauthier, *Annales du Service des Antiquités,* XXI, p. 26.

52732. *Statuette funéraire.* — Céramique. — Haut. o m. 125 mill., largeur maximum o m. 037 mill., largeur minimum o m. 015 mill., épaiss. o m. 018 mill.; poids 35 grammes. — Trouvée à Tell Moqdam, février 1915.

Une statuette semblable à la précédente.

XXII° dynastie.

Bibl. : *Journal d'entrée du Musée,* n° 45362; H. Gauthier, *Annales du Service des Antiquités,* XXI, p. 26.

52733. **Pièces de collier.** — Or. — Trouvées à Gournah, trésor de la reine Aah-hotpou, janvier 1859 (pl. LXV).

Sur un plateau sont réunies cent trente-neuf pièces de collier; ces pièces sont ainsi réparties :

1° Dix-sept coquilles, ronde bosse, possédant face et revers : treize ont, en moyenne, 14 millimètres de large, 9 millimètres de haut et 5 millimètres d'épaisseur;

les quatre autres, plus petites, ont 10 millimètres sur 6 et 4 millimètres d'épaisseur. Toutes ces pièces peuvent être réunies par deux fils : des trous préparés à cet effet existent de chaque côté sur leur épaisseur.

2° Quatre croissants ayant 29 millimètres d'écartement entre les pointes et 5 millimètres de largeur maximum; ils sont montés sur des tubulures qui épousent leur forme.

3° Deux pièces d'or mince découpées en fer de lance et munies, à l'extrémité opposée à la pointe, d'un anneau de charnière.

4° Un rang de huit vautours semblables à ceux du collier *ouaskhit,* pl. LII.

5° Trois clochettes semblables à celles du même collier.

6° Trois perles   —

7° Huit petites croix   —

8° Un uræus ailé   —

9° Onze ornements   —

10° Quatre uræus, de profil. Ils ont chacun, en haut et en bas, un anneau plat. Haut. o m. 016 mill., larg. o m. 009 mill.

11° Dix-sept pendeloques en forme de demi-poire, n'ayant qu'une face, et la cavité postérieure restant ouverte. Un anneau plat est à la partie pointue. Haut. o m. 010 mill., larg. o m. 007 mill.

12° Vingt-quatre vautours. Plus grande dimension o m. 012 mill.

13° Trente-sept faucons de profil. Plus grande dimension o m. 014 mill.

Ces deux dernières séries munies d'anneaux à l'arrière.

BIBL. : *Journal d'entrée du Musée,* n° 4725, qui comprend toutes les pièces dispersées.

52734. Collier. — Or. — Longueur totale o m. 50 cent.; poids 8 gr. 60. — Trouvé à Saqqarah, dans la pyramide de Pépi Ier (fouilles Firth, 1922).

Un fragment de collier composé de fuseaux d'or alternés avec des groupes de perles plates aux bords arrondis.

Les fuseaux sont au nombre de vingt. Chacun a de 12 à 13 millimètres de long et 3 millimètres d'épaisseur en moyenne à la partie la plus développée; chaque groupe de perles en compte huit. Il y a dix-neuf de ces groupes. Les deux groupes des extrémités ne comptent que quatre perles.

Le diamètre des perles est de o m. 003 mill. 1/2.

XII° dynastie.

BIBL. : *Journal d'entrée du Musée,* n° 47853.

52735. Enfilage de perles. — Électrum. — Long. o m. 182 mill., épaiss. o m. 001 mill. 5; poids 2 gr. 35 décigr. — Trouvé à Saqqarah, fouilles Firth, 1922.

Un enfilage de petites perles d'électrum sensiblement égales entre elles, de forme cylindrique très arrondie aux angles.

XIIe dynastie.

BIBL. : *Journal d'entrée du Musée*, n° 47850.

52736. Collier. — Or. — Longueur totale o m. 3o cent.; poids 16 gr. 4o. — Trouvé à Saqqarah, fouilles Firth, 1922.

Un fragment de collier composé de plaquettes d'or. Ces plaquettes, qui ont pour dimensions maxima o m. 012 mill. de haut sur o m. 015 mill. de large, sont au nombre de vingt-trois; elles sont faites d'or mince poussé dans un moule en creux. Ce moule était probablement en pierre. Ce procédé de l'« embouti » était très employé à cette époque.

Chaque plaquette est munie, au revers, d'un anneau cylindrique fait d'une mince bande d'or et posé transversalement, de façon que les pièces se présentent les unes à côté des autres dans le sens de la largeur; ces anneaux ont une ouverture d'environ o m. 003 mill., la largeur de la bande est de o m. 002 mill.

Pour augmenter la solidité, très précaire, de ces objets et pour pouvoir fixer l'anneau de suspension, chacune de ces plaquettes a été doublée d'une autre, de mêmes dimensions, laquelle a été fixée par la soudure employée à profusion, de façon que certaines de ces plaquettes ont l'aspect d'objets fondus.

XIIe dynastie.

BIBL. : *Journal d'entrée du Musée*, n° 47851.

52737. Collier. — Or. — Long. o m. 3o cent.; poids 21 gr. 35. — Trouvé à Saqqarah, fouilles Firth, 1922.

Un collier composé de petites perles d'or cylindriques de o m. 002 mill. de diamètre, auxquelles se joignent, à intervalles sensiblement égaux, de petites coquilles qui forment pendeloques. Les perles qui séparent ces coquilles sont en nombre irrégulier : 7, 8 ou 9 et, aux extrémités, 12 et 13. Les coquilles sont au nombre de vingt-huit et sont d'une simplicité schématique, unies, sans aucun détail. Elles ont o m. 014 mill. de haut et o m. 012 mill. de large. Elles sont garnies, au revers, d'une plaquette d'or qui ne masque la cavité qu'en partie — à peine la moitié. C'est cette plaquette, terminée à son extrémité supérieure par une mince bande d'or, qui fournit, en se repliant, l'anneau de la coquille, lequel prend sa place au milieu des perles du collier sans que l'œil voie de différence entre ces attaches et les autres perles.

XIIe dynastie.

BIBL. : *Journal d'entrée du Musée*, n° 47852.
Catal. du Musée, n° 52001.

52738. Fragment de collier. — Or. — Longueur totale o m. 265 mill., grosseur des perles o m. 008 mill.; poids 20 grammes. — Trouvé à Saqqarah, fouilles Firth, 1922.

Fragment de collier composé de trente perles d'or faites de deux hémisphères soudés ensemble et traversés par une petite tubulure qui fait de chaque côté de la perle une saillie d'environ 1 millimètre. Ces perles sont de section légèrement ovoïde, et alors que le diamètre transversal est de o m. 008 mill., celui dans le sens de l'enfilage n'est que de o m. 007 mill. 3/10.

XII⁰ dynastie.

Bibl. : *Journal d'entrée du Musée*, n° 47854.

52739. Abeille. — Or. — Haut. o m. 014 mill., largeur maximum o m. 012 mill.; poids 1 gr. 3. — Trouvée à Saqqarah, dans la pyramide de Pépi Iᵉʳ (fouilles Firth, 1922).

Une abeille d'or faite de deux plaques découpées et soudées l'une à l'autre en ménageant un intervalle, ce qui permet de laisser complètement à jour les pattes, les ailes et les antennes. Une troisième petite plaquette, posée sous les pattes, donne une base à cette pièce.

XII⁰ dynastie.

Bibl. : *Journal d'entrée du Musée*, n° 47859.

52740. Perle. — Cornaline. — Long. o m. 014 mill., épaisseur maximum o m. 008 mill. 5/10. — Trouvée à Saqqarah, fouilles Firth, 1922.

Une perle ovoïde en cornaline.

XI⁰ dynastie.

Bibl. : *Journal d'entrée du Musée*, n° 47898, qui est partagé par une perle en stéatite avec laquelle elle était attachée et qui est cataloguée au n° 52741.

52741. Perle. — Long. o m. 012 mill., diam. o m. 004 mill. 8/18. — Trouvée à Saqqarah, fouilles Firth, 1922.

Perle cylindrique en stéatite.

XI⁰ dynastie.

Bibl. : *Journal d'entrée du Musée*, n° 47898, partagé avec la perle en cornaline qui est décrite au numéro précédent.

52742. Boucle d'oreille. — Or. — Diam.[1] o m. o3o mill. et o m. o31 mill., épaiss. o m. oo2 mill. 1/2; poids 7 gr. 6o. — Trouvée à Saqqarah.

Boucle d'oreille composée de six tubulures à section triangulaire soudées les unes aux autres et courbées en forme d'anneau. Les deux tubulures du milieu, celles qui sont destinées à pénétrer dans le trou de l'oreille, sont continuées isolément sur une longueur de 13 à 14 millimètres environ. Ces boucles d'oreilles ont été déjà décrites au n° 52378; il y a ici une petite différence : c'est que dans le numéro cité les ouvertures des tubulures sont masquées par de petites plaquettes qui sont seulement percées d'un petit trou d'air, alors que pour les boucles d'oreilles que nous examinons ici, les ouvertures sont franchement visibles.

XVIIIᵉ dynastie.

Bibl. : *Journal d'entrée du Musée*, n° 47852.

52743. Boucle d'oreille. — Or. — Diam. o m. o34 mill. et o m. o29 mill., épaiss. o m. oo2 mill. 1/2; poids 8 grammes. — Trouvée à Saqqarah.

Mêmes observations que pour le numéro précédent.

XVIIIᵉ dynastie.

Bibl. : *Journal d'entrée du Musée*, n° 47857.

52744. Boucle d'oreille. — Or. — Diam. o m. o36 mill. et o m. o32 mill., épaiss. o m. oo2 mill. 7; poids 8 gr. 3. — Trouvée à Saqqarah.

Mêmes observations que pour les deux numéros précédents.

XVIIIᵉ dynastie.

Bibl. : *Journal d'entrée du Musée*, n° 47855.

52745. Boucle d'oreille. — Or. — Diam. o m. o35 mill. et o m. o31 mill., épaiss. o m. oo2 mill. 7; poids 7 gr. 7o. — Trouvée à Saqqarah.

Mêmes observations que pour les trois numéros précédents.

XVIIIᵉ dynastie.

Bibl. : *Journal d'entrée du Musée*, n° 47856.

52746. Collier. — Or et cornaline. — Longueur du fil d'or o m. 49 cent., épaiss. 5/1o de millimètre, longueur de la perle de cornaline o m.

---

[1] Ce bijou et les trois suivants sont très ouverts ou resserrés; leurs formes sont donc très variables, quoique les objets aient été très sensiblement semblables lors de leur fabrication. Les dimensions indiquées ici soulignent ces déformations.

0 2 1 mill., épaisseur au milieu 0 m. 0 0 7 mill. 2/10. — Trouvé à
Saqqarah, dans la pyramide de Pépi Ier (fouilles Firth, 1922).

Ce collier, qui a appartenu à la reine Apouit, mère de Pépi Ier, est composé d'un fil
d'or traversant une perle de cornaline qui a la forme d'une olive très allongée.
Les extrémités du fil sont réunies par simple torsion, sans autre fermoir.
VIe dynastie.

BIBL. : *Journal d'entrée du Musée*, n° 47840.

52747. Bracelet. — Or. — Long. 0 m. 175 mill., larg. 0 m. 020 mill., épaiss.
3/10 de millimètre; poids 9 gr. 6 décigr. — Trouvé à Saqqarah, dans
la pyramide de Pépi Ier (fouilles Firth, 1922).

Bracelet fait d'une bande d'or mince et unie. Les extrémités sont arrondies et un petit
trou percé à chacune permet de fermer le bracelet en passant un fil par ces trous.
Ce bijou appartenait à la reine Apouit, mère de Pépi Ier.
VIe dynastie.

BIBL. : *Journal d'entrée du Musée*, n° 47839.

52748. Bracelet-collier. — Or, cornaline, céramique. — Longueur du fil d'or
0 m. 22 cent., épaiss. 1/2 mill. — Trouvé à Saqqarah, dans la pyramide de Pépi Ier (fouilles Firth, 1922).

Un fil d'or, dont les extrémités se croisent et se fixent par la simple torsion, traverse
sept perles cylindriques : une en or, une en électrum, une en cornaline, une en
lapis, une en pâte de verre de couleur verte et enfin deux en céramique.
Ces perles sont de longueurs et de grosseurs variant de 8 à 12 millimètres de longueur et de 3 à 4 mill. 1/2 de diamètre.
VIe dynastie.

BIBL. : *Journal d'entrée du Musée*, n° 47841.

52749. Fragment de collier. — Or, pierres, pâte de verre. — Longueur totale
0 m. 15 cent. — Trouvé à Saqqarah, fouilles Firth, 1922.

Fragment de collier composé de perles cylindriques d'or, de lapis et d'une pâte de
verre vert. Ces perles sont de longueurs inégales et de grosseurs variées; elles sont
au nombre de trente-quatre. Leur épaisseur varie entre 3 mill. 2 et 2 mill. 5.
Six sont d'or, trois de 9 à 11 millimètres de long et trois de 2 millimètres.
Quatorze en lapis de 4 à 9 millimètres de long.
Quatorze en pâte de verre vert.

Le collier comporte également deux pendeloques plates en forme d'olives. Ces pendeloques sont en or; leur mode de suspension est un anneau à une des extrémités, ce
qui lui permet de prendre place dans l'enfilage; l'autre extrémité est garnie également d'un anneau, peut-être est-ce l'indication qu'un autre motif venait s'ajouter
à la pendeloque.

Ces pendeloques sont décorées d'un motif cloisonné divisant la surface en trois parties,
lesquelles sont, ou étaient, garnies de lapis. Une des pendeloques possède encore
ses pierres, l'autre n'a de lapis que dans un de ses cloisonnages. Ces ornements
ont pour dimensions : longueur totale o m. 027 mill. (sans les anneaux des extrémités : o m. 023 mill.), largeur maximum o m. 006 mill.

Ce bijou a appartenu à la reine Apouit, mère de Pépi Ier.

VIe dynastie.

Bibl. : *Journal d'entrée du Musée*, n° 47842.

52750. **Fragment de collier.** — Or et céramique. — Trouvé à Saqqarah, fouilles Firth, 1922.

Une extrémité de collier, de forme demi-circulaire, que l'on rencontre très fréquemment. Elle est composée de deux plaques d'or de forme semblable; une bande d'or
les sépare et fait de l'objet une boîte d'une épaisseur totale de o m. 003 mill. La
plaque fermant la boîte du côté où sortaient les rangs de perles est percée de sept
trous; cette plaque est mobile et séparée du bijou. L'épaisseur du métal employé
est de 3/10 de millimètre.

Les dimensions de ce demi-disque, que forme le bijou, sont de o m. 029 mill. pour
le diamètre et de o m. 016 mill. pour le rayon; le poids total est de 2 gr. 3.

Ce fragment est complété par un groupe de six rangs de perles de céramique grise
et gris-brun. Ces perles cylindriques sont au nombre de soixante-dix; leur dimension va de 3 mill. 1/2 à 12 millimètres.

Ce bijou a appartenu à la reine Apouit, mère de Pépi Ier.

VIe dynastie.

Bibl. : *Journal d'entrée du Musée*, n° 47843.

52751. **Fragment de collier.** — Pierre et pâte de verre. — Long. o m. 08 cent.,
largeur maximum des perles o m. 005 mill. — Trouvé à Saqqarah,
fouilles Firth, 1922.

Un fragment de collier composé de dix-sept perles de formes variées, les unes cylindriques ou baroques, les autres, les plus importantes, plates et en forme de losanges légèrement incurvés.

Sept de ces perles sont en cornaline, trois en lapis, sept en pâte de verre, peut-être quelques-unes en amazonite.

XII⁰ dynastie.

BIBL. : *Journal d'entrée du Musée*, n° 47849.

52752. Collier. — Or, cornaline, amazonite et pâte de verre. — Long. o m. 335 mill. — Trouvé à Saqqarah, fouilles Firth, 1922.

Un collier composé de coquilles et de petits motifs rappelant l'*oudja* en or, de perles en cornaline, en amazonite et pâte de verre.

Seize coquilles d'or font partie d'un enfilage de perles et d'autres motifs, dont dix en or donnent la forme schématique de l'*oudja*.

Les coquilles ont pour dimensions : dans l'axe vertical o m. o16 mill., et o m. o14 mill. de largeur.

Les petits *oudja* ont de 5 à 9 millimètres de long et de 3 à 5 millimètres à la partie la plus large.

Les perles dont le diamètre varie de 1 à 1 mill. 1/2 sont le plus souvent en forme sphérique ou de portions de cylindres très arrondis; il y en a six en or, dix-neuf en amazonite ou en pâte de verre et soixante-treize en cornaline.

XII⁰ dynastie.

BIBL. : *Journal d'entrée du Musée*, n° 47847.

52753. Bracelet-collier. — Or et pierres. — Long. o m. 19 cent. — Trouvé à Saqqarah, fouilles Firth, 1922.

Un bracelet composé de perles et terminé à chaque extrémité d'un petit lion d'or couché.

Les dimensions des lions sont de o m. o20 mill. à la partie la plus grande de la base, o m. o10 mill. de large et o m. o11 mill. à la plus grande hauteur. Ils sont construits à l'aide de trois plaques d'or, dont deux font chacune une moitié de lion et la troisième fait la base.

Le fil sur lequel les perles prennent place traverse le corps des lions et se termine par une perle qui l'arrête à l'arrière de l'animal; ces perles sont en lapis. Le fil, ayant traversé le corps du lion, sort par une tubulure qui est placée dans l'axe entre les pattes; cette tubulure n'est intacte que chez l'un des lions, elle a été arrachée dans l'autre.

Le rang de perles est ainsi constitué : sept groupes de chacun quatre perles alternent entre eux, quatre groupes sont composés de perles en amazonite et trois en perles de lapis. Les perles, sensiblement sphériques, ont des diamètres variables qui vont de 4 mill. 1/2 à 6 millimètres.

XII⁰ dynastie.

BIBL. : *Journal d'entrée du Musée*, n° 47848.

52754. Collier. — Perles d'améthyste. — Long. o m. 34 cent. — Trouvé à Saqqarah, fouilles Firth, 1922.

Un collier composé de perles d'améthyste claire; la tonalité est du reste irrégulière. La grosseur de ces perles varie depuis 4 jusqu'à 7 millimètres; leur forme est celle d'une sphère resserrée aux pôles. Leur nombre est de soixante-dix-sept.

XIIe dynastie.

Bibl. : *Journal d'entrée du Musée,* n° 47846.

52755. Collier. — Perles de cornaline. — Longueur du collier o m. 41 cent. 1/2.

Un collier composé d'un rang de perles de cornaline. La forme de ces perles est celle de deux cupules accouplées, le tout très arrondi.

Le diamètre des perles varie de 4 mill. 1/2 à 7 millimètres; leur nombre est de quatre-vingts.

XIIe dynastie.

Bibl. : *Journal d'entrée du Musée,* n° 47845.

52756. Collier. — Grenat (?). — Long. o m. 30 cent. — Trouvé à Saqqarah, fouilles Firth, 1922.

Un collier composé de perles de grenat. La plupart des perles sont altérées, d'où le doute quant à l'identification de la matière : grenat, pâte de verre (?).

La grosseur de ces perles va de 4 à 5 mill. 1/2.

XIIe dynastie.

Bibl. : *Journal d'entrée du Musée,* n° 47844.

52757. Bracelet. — Diamètre extérieur o m. o6o mill., diamètre intérieur o m. o5o mill. — Trouvé à Deir-el-Bahari, tombe d'Aashait (fouilles Winlock, juin 1906).

Un bracelet en mauvais état et dont la matière, très atteinte, est difficile à déterminer : ivoire (?), albâtre (?).

Bibl. : *Journal d'entrée du Musée,* n° 47312.

52758. Collier. — Améthyste et cornaline. — Long. o m. 63 cent.; poids 71 grammes. — Trouvé à Dendérah, fouilles Fisher, mai 1916.

Un très beau collier composé de perles d'améthyste et de cornaline.

On compte : trente-six perles rondes d'améthyste, dont la grosseur varie de 5 mill. 1/2 à 8 mill. 1/2 de diamètre;

Trente-sept perles rondes de cornaline, dont les dimensions sont les mêmes;

Une perle en forme de losange, le trou percé selon le plus grand axe. Les dimensions sont o m. o16 et o m. o15 mill., l'épaisseur est de o m. o07 mill., et la forme générale est doucement coussinée.

Enfin deux grandes perles d'améthyste, également en forme de losange, ayant :

L'une, o m. o28 mill. de grand axe (celui selon lequel est percé le trou) et o m. o25 mill. de petit axe; l'épaisseur maximum est de o m. o11 mill.

La plus grande a pour dimensions o m. o32 mill. de grand axe (celui de l'enfilage) et o m. o27 mill. pour le plus petit; l'épaisseur maximum est de o m. o13 mill.

Chacune de ces perles porte, gravé dans un cartouche, horizontal et placé selon le grand axe, l'une, la plus petite, le prénom de Senousret Ier, ⊙ 𓃀 ▯, l'autre, la plus grande, le nom 𓅭 𓏏𓏥 𓈖.

XIIe dynastie.

Bibl. : *Journal d'entrée du Musée,* n° 45583.

52759. Perles. — Argent. — Trouvées à Deir-el-Bahari, fouilles Winlock, juin 1922.

Deux rangs de petites perles argent.

L'un de quatre-vingt-onze perles, qui ne sont que des fragments de cylindre de o m. o01 mill. 8/o de grosseur et environ o m. o01 mill. 2/10 de longueur.

L'autre compte trente perles cylindriques de même épaisseur, mais d'une longueur moyenne de o m. o03 mill.; dans ce même rang on compte quatre petites perles semblables à celles décrites pour le premier rang et deux beaucoup plus rondes et d'un diamètre de o m. o02 mill. 1/2.

Bibl. : *Journal d'entrée du Musée,* n° 47313, en commun avec le suivant.

52760. Perles. — Argent.

Même enfilage de perles qu'au numéro précédent. Le nombre des petites perles est le même; celui des plus longues est de trente-deux. La même particularité de deux perles plus rondes et un peu plus grosses au milieu des perles cylindriques allongées.

Bibl. : *Journal d'entrée du Musée,* n° 47313, en commun avec le précédent.

52761. Collier. — Or, pierres et pâtes de verre. — Long. o m. 5o cent.; poids total 22 gr. 6. — Trouvé à Barnugi, fouilles Edgar, 1907.

Un collier composé d'un mélange de sujets et de matières. On voit une perle d'or légèrement ovoïde.

Trente perles assez plates en cornaline et, dans la même matière, trois sujets : deux
perles accolées, un *oudja* et un autre sujet mal défini.

Dix-neuf perles en lapis, plus un *oudja* et un faucon de la même matière.

Enfin trente-trois perles en pâtes de verre bleu ou verdâtre et vingt-quatre sujets,
faucons, *oudja,* etc.

Soit cent onze perles ou sujets.

Les perles ont des circonférences qui varient de 4 à 4 mill. 1/2.

Les sujets ont pour grandeur principale de 12 à 16 millimètres.

BIBL. : *Journal d'entrée du Musée,* n° 38883.

52762. Collier. — Or et pierres. — Long. 0 m. 52 cent.; poids total 6 gr.
70. — Trouvé à Tell el-Roba.

Un collier composé d'un enfilage de deux cent dix-sept perles et portant une pendeloque d'or de forme fuselée, qui possède trois cloisons vides des pierres qui les
garnissaient.

On compte neuf perles cylindriques d'or : ce sont de simples portions de tubes.

Vingt-quatre perles cylindriques de dimensions très variées, allant de 5 à 8 millimètres de longueur pour 0 m. 003 mill. 1/2 de diamètre.

Cent vingt-deux perles très minces; elles sont en mauvais état : la matière dont
elles ont été faites et qui jouait le lapis est aujourd'hui presque entièrement blanchâtre.

Trente perles sphériques d'or; diamètre moyen 0 m. 003 mill. 1/2.

Trente-deux perles plates de cornaline; même diamètre.

Enfin une pendeloque cloisonnée et portant aux extrémités un anneau. Cette pièce
était décorée au cloisonné, mais les cloisons sont vides.

Ancien Empire.

BIBL. : *Journal d'entrée du Musée,* n° 35195.

52763. Collier. — Or, pierres et pâtes de verre. — Long. 0 m. 86 cent.; poids
24 gr. 65. — Trouvé à Mahasna, 1901.

Un collier composé de perles de pierres, de pâte de verre et d'or. Le milieu est fait
d'une large perle losange de cornaline, dont les contours et les surfaces sont adoucis, et percée, selon son grand axe, du trou nécessaire à l'enfilage. Cette perle a :
grand axe 0 m. 020 mill. 1/2, petit axe 0 m. 016 mill., épaisseur maximum 0 m.
007 mill.

De chaque côté de cette perle et symétriquement on voit trois perles d'or, dont celle
du milieu est sensiblement plus forte que les deux autres, puis une perle de cornaline en forme de fuseau (elle a 0 m. 015 mill. de long et 0 m. 006 mill. 1/2

d'épaisseur maximum), puis une perle d'or, une nouvelle perle de cornaline également en forme de fuseau, une perle d'or, une troisième perle de cornaline, six perles d'or dont quatre sphériques et deux cylindriques, une perle en olive (amazonite?), deux perles sphériques d'or, une perle amazonite cylindrique, puis vingt perles d'or dont quatorze sphériques et six en fuseau, une perle de cornaline, puis un rang de petites perles de o m. oo2 mill. 1/2 de diamètre. Le rang a o m. 13 cent. de long.

La seule différence d'un côté à l'autre est que dans le second la dernière perle en forme d'olive est d'amazonite au lieu de cornaline, et que le rang de petites perles de pâte de verre a o m. 16 cent. de long.

Le tout se termine par une perle cylindrique de forme arrondie qui tient la place du fermoir dans un collier ordinaire. Cette perle, dont la substance est très altérée, est de lapis ou de pâte de verre imitant le lapis; ses dimensions sont : long. o m. o22 mill., épaiss. o m. oo8 mill.

Ancien Empire.

Bibl. : *Journal d'entrée du Musée*, n° 34903.

52764. Bracelet. — Or et pierres. — Long. o m. 14 cent.; poids 2 gr. 95. — Trouvé à Mahasna, 1901.

Un fragment de bracelet composé de vingt et une perles de formes diverses, dont sept d'or, cinq de lapis et les dernières de matière très altérée, sans doute pâte de verre.

Plus six perles plus volumineuses, ayant en moyenne o m. oo8 mill. de long et de 5 à 6 mill. 1/2 d'épaisseur maximum. Ces perles sont trois en cornaline et trois en substance douteuse, amazonite ou pâte de verre.

Bibl. : *Journal d'entrée du Musée*, n° 34903 B.

52765. Bracelet. — Or, pierres et pâtes de verre. — Long. o m. 22 cent.; poids 5 grammes. — Trouvé à Mahasna, 1901.

Bracelet, enfilage de cinquante-trois perles, dont vingt-quatre en or, vingt rondes et quatre en forme d'olives;

Onze en forme d'olives, dont une en lapis (cette perle est striée dans le sens de la longueur);

Une en cristal de roche;

Six en cornaline;

Deux en amazonite;

Une en lapis.

Ces perles sont de longueurs variées, allant de 11 à 8 millimètres.

Bibl. : *Journal d'entrée du Musée*, n° 34903 C.

Enfin dix-huit petites perles : on en reconnaît huit en lapis; la matière des autres n'est pas certaine.

52766. Collier. — Or et améthyste. — Longueur totale o m. 78 cent.; dimensions du motif or : long. o m. 027 mill., larg. o m. 023 mill., grosseur des perles de 4 mill. 2 à 11 millimètres de diamètre; poids 64 grammes. — Achat.

Un collier de cent onze perles d'améthyste, dont cent dix sphériques sont enfilées, à raison de cinquante-sept d'une part et cinquante-trois de l'autre, de chaque côté d'un motif en or de la forme d'un losange dont deux angles seraient arrondis. Ce motif d'or est constitué par deux plaques minces embouties et soudées. Les deux rangs de perles partent de ce motif, en commençant de chaque côté par les plus grosses et en allant aux plus petites; ces deux rangs aboutissent à une perle fuselée de o m. 009 mill. de long et de o m. 005 mill. de diamètre dans la partie la plus forte.

Bibl. : *Journal d'entrée du Musée*, n°' 37926 et 37927. La pièce d'or a été ajoutée après coup au collier et porte au *Journal d'entrée* le n° 37926. Les perles sont inscrites au n° 37927.

52767. Collier. — Or et pierres. — Long. o m. 495 mill.; poids 52 gr. 30. — Trouvé à Barnugi, fouilles Edgar, 1907.

Un collier composé de tubes et de perles d'or, séparés par des groupes de perles de lapis, d'améthyste et de pâte de verre, en tout quarante et un objets. Nous trouvons d'abord deux tubes d'or : l'un a o m. 055 mill. de long et o m. 006 mill. 1/2 de diamètre; l'autre a o m. 050 mill. de long et o m. 006 mill. de diamètre. Le métal employé a 3/10 de millimètre d'épaisseur.

Ensuite, quatre longues perles d'or en forme de larmes qui ont o m. 025 mill. de long, de 4 mill. 1/2 à 5 millimètres de grosseur à une extrémité et de 2 à 3 millimètres à l'autre.

Puis quatre perles en forme de poires, ayant o m. 010 mill. de long et o m. 006 mill. de grosseur maximum.

Enfin deux perles d'or sphériques ayant o m. 009 mill. de diamètre.

Ces perles sont réparties de façon à former des groupements dont les points importants sont fournis par six perles de lapis (les diamètres de celles-ci varient de 14 à 16 millimètres), et par une perle de cornaline en forme de cylindre qui a o m. 022 mill. de long et o m. 007 mill. de diamètre.

Seize perles d'améthyste de formes variées et dont la diamètre varie de 7 à 9 millimètres. Quatre perles de lapis, également de formes variées, et enfin de deux perles en pâte de verre.

Moyen Empire.

Bibl. : *Journal d'entrée du Musée*, n° 38882; *Le Musée égyptien*, II, p. 111 et pl. LVI.

52768. Poignard. — Électrum et bronze. — Longueur totale o m. 352 mill., longueur de la poignée o m. 114 mill., largeurs de la poignée : haut o m. 047 mill., milieu o m. 017 mill. 1/2, près la lame o m. 038 mill.; épaiss. : haut de la poignée o m. 019 mill., réunion à la lame o m. 015 mill. 1/2, milieu de la lame o m. 006 mill.; poids 290 grammes. — Trouvé à Saqqarah, fouilles Loret, 24 juin 1898.

Un poignard de bronze dont la poignée et la lame sont fondues d'un seul jet. La poignée est décorée de deux plaques d'électrum sur lesquelles on voit : d'un côté, [hiéroglyphes], de l'autre, dans le haut, un chasseur poursuivant un lion et un chevreuil. Inscription : [hiéroglyphes]

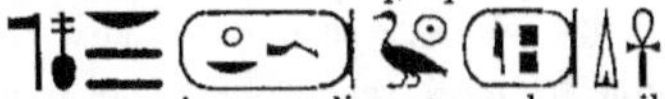

Ces plaques d'électrum, extrêmement minces, sont appliquées sur des morceaux de bois. Le décor a pu être sculpté sur le bois et la forme donnée aux plaques d'électrum en imprimant ces feuilles sur la sculpture, ce qui est le procédé du «coquillé», exactement le contraire de l'«embouti», qui consiste à pousser dans un creux. Dans le cas examiné ici le coquillé serait resté en place sur le bois, et la plaque sertie tout autour est maintenue de cette façon.

XVIIe dynastie.

Bibl. : *Journal d'entrée du Musée*, n° 32735; *Catalogue général du Musée du Caire*, Lacau, *Sarcophages antérieurs au Nouvel Empire*, II, n° 28108; *Bulletin de l'Institut égyptien*, 1899, p. 97; Sayce, *Proceedings*, 1902, p. 86; *Catalogue Maspero*, 1902, p. 431; 1912, p. 414, pupitre F; *Catalogue Maspero*, traduction anglaise de Quibell, 1903, p. 522, n° 968; Budge, *Book of the Kings*, I, p. 97; Lieblein, *Recherches sur l'histoire et la civilisation*, p. 134-135³; H. Gauthier, *Livre des Rois d'Égypte*, II, p. 144.

52769. Faucon. — Or. — Haut. o m. 088 mill., largeur maximum o m. 058 mill.; poids 21 gr. 35. — Achat, 20 mai 1905.

Un faucon de profil; il est coiffé de la double couronne et est posé sur une natte.

L'exécution a été faite au repoussé, ou plus probablement «embouti», c'est-à-dire imprimé dans un moule de pierre. La forme est belle et d'une grande noblesse d'exécution. Le métal employé est extrêmement mince. La pièce une fois exécutée a été doublée d'une plaque plate, qui ferme les cavités. On voit à la gorge du faucon un trou assez important (o m. 003 mill. 1/2 de diamètre). La couronne est trouée également; mais ces *deux* trous sont bien moins importants. Ces trous indiquent la présence d'un mode de suspension, d'un fil quelconque; mais ils ont certainement été aussi pratiqués pour une cause déjà souvent signalée, c'est-à-dire que, lorsqu'on ferme une pièce et qu'on la soumet au feu, l'air chaud qui n'a pas d'issues fait éclater cette pièce : les trous que l'on peut voir à toutes les pièces fermées et soudées sont là pour ce motif.

Bibl. : *Journal d'entrée du Musée*, n° 37919.

52770. Ceinture. — Or. — Longueur du bandeau o m. 58 cent., larg. o m. o33 mill., longueur maximum de la plaque du milieu o m. 18 cent.; poids 82 gr. 70. — Trouvé à El-Robaï, 1901.

Une bande d'or décorée avec une extrême barbarie de traits verticaux formant des encadrements dans lesquels on voit des traits horizontaux. A chaque extrémité du bandeau on voit un petit trou qui servait évidemment à la réunion des deux parties à l'aide d'un fil. Le métal est replié sur les bords et forme ourlet.

Au milieu de ce bandeau on voit une plaque importante qui lui est fixée par trois attaches : une en haut au centre et une de chaque côté aux extrémités de la partie la plus large de cette plaque (o m. 14 cent.) qui est au sommet sous la forme d'une bande.

Sous cette bande, la plaque réduite a la largeur de o m. o93 mill., va en s'élargissant en deux pointes selon une ligne incurvée; à 15 centimètres du bandeau les deux pointes sont entre elles à une distance de o m. 155 mill., au milieu de la plaque le point de départ des deux pointes est à o m. 105 mill. du bandeau.

Le décor de cette plaque est fait de stries incurvées partant du milieu de la plaque pour aboutir aux bords. La plaque est «ourlée» elle aussi.

Le long du bord *intérieur* des deux pointes on voit sept trous.

Ancien Empire.

BIBL. : *Journal d'entrée du Musée,* n° 35188 *bis.*

52771. Plaque. — Or. — Haut. o m. 122 mill., largeur à la base o m. o62 mill., largeur près du sommet o m. o35 mill.; poids 16 gr. 34. — Trouvée à El-Robaï, 1901.

Plaque or, contrepoids de collier. Le trou percé au sommet indique le sens où elle se présentait. Elle est décorée de bandes indiquées par des traits horizontaux et décorées de motifs sans aspect bien déterminé (des oves, des cylindres?), sauf la rangée inférieure, où il est permis de voir, très schématiquement indiqués, un rang d'uræus vus de face.

Les bandes horizontales sont au nombre de onze, disposées ainsi en partant du sommet : 3, 1, 1, 3, 1, 1, 1.

Le décor est très sommaire et très grossier.

Les bords de la plaque sont repliés, ce qui donne une certaine rigidité à l'ensemble, rigidité que l'épaisseur du métal (2/10 de millimètre) n'aurait pu assurer.

Ancien Empire.

BIBL.: *Journal d'entrée du Musée,* n° 35194.

52772. Ornement (collier). — Or. — Largeur maximum o m. 242 mill., plus grande largeur entre l'ouverture et la périphérie o m. 119 mill.; poids 62 gr. 70. — Trouvé à El-Robaï, 1901.

Un ornement imitant un collier. Il est de forme circulaire et figure une série de huit rangs concentriques de perles cylindriques; un onzième rang est décoré de façon informe, qui laisse supposer qu'il s'agit d'uræus vus de face.

Le travail est très sommaire, les indications grossièrement indiquées, ce qui était facilité par le peu d'épaisseur du métal (2/10 de millimètre).

Pour donner de la tenue à cette feuille d'or si large et si mince, on a ourlé le tour de cette plaque ainsi que l'ouverture intérieure en introduisant un fil d'or dans le métal replié; l'un des points de départ est arraché et une large déchirure se remarque sur le bord externe. L'état général est très mauvais.

Ancien Empire.

Bibl. : *Journal d'entrée du Musée,* n° 35193.

52773. Débris rassemblés. — Argent et cornaline. — Trouvés à Deir-el-Bahari, fouilles Winlock, 1922.

Une tête de sphinx en argent, vue de face, emboutie dans un creux. Le métal est très mince. Une plaque plate ferme le derrière de la tête; une petite bande d'argent sort à la partie inférieure : elle est prise entre les deux parties, la tête et la plaque d'arrière.

La tête a 0 m. 012 mill. de haut et 0 m. 009 mill. de large; la bande a 0 m. 006 mill. de long sur la même largeur; l'épaisseur maximum de la tête est de 0 m. 007 mill.

Un petit tube d'argent posé transversalement derrière la tête, à demi-hauteur, assure la possibilité de suspension.

Le seul fragment que l'on ait pu reconstituer est composé de : six perles en forme d'olives et posées horizontalement, elles sont séparées par de petites perles plates; deux perles en forme de poires et possédant à la partie supérieure un anneau, sont montées en pendeloques, puis viennent cinq perles semblables en forme de poires, mais privées de l'anneau qui a permis d'enfiler les deux premières, l'enfilage n'a pu être fait qu'à cause du mauvais état de ces objets; enfin une petite perle longue cylindrique, en cornaline, est mêlée à ces débris.

Toute la partie métallique est à l'état pulvérulent.

XIe dynastie.

Bibl. : *Journal d'entrée du Musée,* n°s 47311-47314.

52774. Quatre petits faucons. — Argent. — Haut. 0 m. 011 mill., largeur maximum 0 m. 011 mill., épaiss. 0 m. 003 mill.; poids des quatre réunis 0 gr. 65. — Trouvés à Dendérah, fouilles Fisher, 1917.

Quatre petits faucons, profils à droite. Ils sont emboutis, estampés dans un creux, et une petite plaque plate ferme le revers. L'exécution est médiocre.

Ces objets sont des fragments de collier ou de bracelet. Un trou transversal, perçant les faucons à la hauteur du cou, indique le sens de la présentation.

Bibl. : *Journal d'entrée du Musée,* n° 46044, commun aux quatre faucons.

52775. Chaîne. — Or. — Long. 1 m. 90 cent., gross. o m. 004 mill.; poids 30 grammes.

Une chaîne d'or faite d'un fil de 3/10 1/2 de millimètre. C'est la forme la plus simple du type appelé par les modernes «chaîne colonne»[1]; les mailles ne sont pas serrées. Il y a deux solutions de continuité où la chaîne vient se loger dans une boîte, laquelle porte un anneau recouvert d'un fil enroulé. Ces motifs sont à o m. 20 cent. de distance, mesurés au milieu de chacun d'eux. Ils pouvaient être le point de départ d'une ou deux suspensions.

52776. Chaîne. — Or. — Long. o m. 311 mill., épaiss. o m. 002 mill.; poids 1 gr. 35. — Trouvée à Barnugi, fouilles Edgar, mars 1907.

Une petite chaîne en fil très fin (2/10 de millimètre). Elle est du même type de construction que la précédente.

Moyen Empire.

Bibl. : *Journal d'entrée du Musée,* n° 38880 (n° 5).

52777. Collier. — Or. — Long. o m. 29 cent.; poids 7 gr. 65 décigr.

Un enfilage de vingt-quatre perles de forme sphérique, mais à section hexagonale. Le diamètre est de o m. 013 mill.
Le métal employé est très mince, ainsi du reste que le révèle le poids total.

52778. Bracelet. — Or. — Long. o m. 18 cent.; poids 13 gr. 35 décigr.

Seize perles sphériques réunies par un fil; leur diamètre moyen est de o m. 012 mill., mais l'état de ces perles est trop mauvais pour avoir une mensuration exacte.

52779. Bracelet. — Or. — Long. o m. 115 mill.; poids 6 gr. 30 décigr. — Trouvé à Barnugi, fouilles Edgar, 1907.

Un bracelet constitué par un fil tordu comme un ressort à boudin qui aurait o m.

---

[1] Voir É. Vernier, *La bijouterie et la joaillerie égyptiennes,* dans les *Mémoires de l'Institut français d'Archéologie orientale du Caire,* t. II, p. 94, *Les chaînes.*

002 mill. de diamètre; la grosseur du fil est de 4/10 de millimètre. Cet objet est
rompu à quatre endroits; les cinq morceaux sont reliés par un fil.

Moyen Empire.

Bibl. : *Journal d'entrée du Musée*, n° 38882/3.

52780. Lion. — Or. — Longueur de la base 0 m. 022 mill., largeur de la base
0 m. 009 mill., hauteur du sujet 0 m. 013 mill.; poids 3 grammes.
— Achat.

Un petit lion en or, couché. Il est fait de deux plaques d'or pour la face et le dos;
une troisième plaque, plate, ferme le sujet et fait la base.

Deux trous percés, l'un entre les pattes de devant, l'autre à la naissance de la queue,
indiquent que ce sont des pièces destinées à être réunies à d'autres par un fil.

Bibl. : *Journal d'entrée du Musée*, n° 37921.

52781. Lion. — Or. — Longueur de la base 0 m. 022 mill., largeur de la base
0 m. 009 mill.; poids 2 gr. 70. — Achat.

Un petit lion or, couché, en tout semblable au précédent, sauf qu'il est en moins bon
état : la tête a été légèrement écrasée, et sa hauteur, de ce fait, est de 1/2 millimètre
de moins.

Bibl. : *Journal d'entrée du Musée*, n° 37921.

52782. Bague. — Or et améthyste. — Poids 1 gr. 3. — Trouvée à El-Bercheh,
fouilles Garstang.

Une bague composée d'un fil dont les extrémités sont repliées l'une sur l'autre, traverse une améthyste taillée en cachet affectant grossièrement la forme d'un scarabée,
sans aucune gravure sur le plat.

52783. Poisson. — Électrum. — Long. 0 m. 027 mill., plus grande largeur
0 m. 016 mill.; poids 1 gramme. — Achat.

Un petit poisson en électrum. Il est fait de plusieurs plaques de métal mince. D'abord
le corps est fait de deux plaques pour les deux côtés, ensuite une petite plaque,
prise entre les deux principales, forme la queue; enfin une quatrième forme une
nageoire qui est placée sur le dos; le tout est terminé par un petit anneau sortant
de la bouche et qui nous permet de qualifier ce bijou de motif de suspension.

Bibl. : *Journal d'entrée du Musée*, n° 37923.

52784. Lions. — Or. — Trouvés à Béni Hassan, fouilles Garstang, 1904.

Deux lions semblables aux deux catalogués aux n°s 52780-52781, mais dans un état tel qu'ils sont presque méconnaissables, écrasés et déchirés.

Bibl. : *Journal d'entrée du Musée,* n° 43318.

52785. Collier. — Électrum. — Long. 0 m. 21 cent.; poids 5 gr. 70.

Un fragment de collier fait de vingt-deux coquillages ayant chacun 1 centimètre de long, 12 millimètres de large et 4 mill. 1/2 d'épaisseur (environ). Les coquilles sont exécutées en deux parties de métal mince.

52786. Perles. — Or, cornaline, lapis, amazonite, pâte de verre. — Longueur totale 0 m. 20 cent. — Trouvées à Béni Hassan, fouilles Garstang, 1907.

Un rang de perles, dont six en forme de larmes et trente-quatre sphériques. Les matières des perles en forme de larmes sont : une en or, trois en cornaline et deux en amazonite ou en pâte de verre.

Les perles sphériques se divisent en huit en or, six en lapis, dix en cornaline et dix en amazonite (?) ou en pâte de verre.

La longueur moyenne des perles en forme de larmes est de 0 m. 013 mill. et la grosseur maximum de 0 m. 005 mill.

Les grosseurs des perles sphériques varient de 6 millimètres à 3 mill. 1/2.

52787. Faucon. — Argent. — Haut. 0 m. 068 mill., largeur à la base 0 m. 046 mill., épaisseur moyenne 0 m. 003 mill. 1/2; poids 6 grammes. — Trouvé à Dendérah, fouilles Fisher, 1917.

Un faucon coiffé du *pschent,* profil à gauche. Il est exécuté au repoussé (probablement poussé dans un moule), puis doublé d'une plaque plate, le tout très mince. En mauvais état.

Bibl. : *Journal d'entrée du Musée,* n° 46045.

52788. Poisson. — Argent. — Long. 0 m. 071 mill. sans l'anneau, largeur maximum 0 m. 027 mill., épaiss. 0 m. 012 mill.; poids 18 gr. 30. — Trouvé à Béni Hassan, fouilles Garstang, 1904.

Un poisson. Le corps est fait de deux plaques repoussées et soudées; la queue est une plaque plate prise entre les deux plaques du corps et le tout solidement lié. Vers le nez on voit un anneau.

Ce poisson est à double face.

Le petit morceau attaché après le poisson était une nageoire placée sur le dos.
Le tout en très mauvais état.

Bibl. : *Journal d'entrée du Musée*, n° 43314.

52789. Poisson. — Argent. — Long. o m. o73 mill., largeur maximum o m. o27 mill., épaisseur maximum o m. o13 mill.; poids 15 grammes. — Trouvé à Béni Hassan, fouilles Garstang, 1904.

Poisson d'argent de même nature que le précédent; celui-ci possède sa nageoire dorsale.
Même fabrication.
Même mauvais état.

Bibl. : *Journal d'entrée du Musée,* n° 43314, en commun avec le numéro précédent.

52790. Deux pectoraux (?). — Argent et pierres. — Trouvés à El-Bercheh, fouilles Garstang.

Fragments à l'aide desquels on a fait un essai de reconstitution en les collant sur une planchette.
On peut se rendre compte que ces bijoux avaient une réelle beauté; l'exécution en est excellente, mais l'état de ces œuvres est déplorable.
Les débris indiquent suffisamment que le contour des bijoux était triangulaire. Ces triangles, arrêtés avant le sommet, étaient cernés par une bordure cloisonnée de o m. oo4 mill. de large; à l'intérieur, deux bandes horizontales également cloisonnées divisent le bijou en trois parties inégales : la plus importante, celle du bas, est décorée d'un faucon de profil accompagné du signe de la pensée et d'un flabellum; le signe, le flabellum et la queue du faucon sont décorés de pierres cloisonnées. Dans la partie médiane on voit une figure à genoux, sur un seul genou, et les bras levés (Génie des millions d'années); la coiffure et le collier de la figure, plus le signe ⚑ qui est placé derrière, sont décorés de pierres cloisonnées. Enfin la partie du haut nous montre un uræus dont la tête seule est cloisonnée.
Les dimensions sont : hauteur totale o m. o78 mill., largeur à la base o m. o46 mill., largeur au sommet o m. o15 mill. La hauteur des compartiments est de o m. o29 mill. pour celui du bas, de o m. o21 mill. pour le milieu et de o m. o12 mill. pour celui du haut, ce qui, en ajoutant les quatre bandes du haut, du bas et des séparations, donne la hauteur totale. Ces mesures, faites sur des fragments en mauvais état, ne sont pas d'une rigueur absolue, mais approchent de beaucoup l'exactitude.

XIIe dynastie.

52791. Collier. — Perles or. — Long. o m. 26 cent., diamètre des perles de 14 à 16 millimètres; poids 29 grammes. — Trouvé à Saqqarah.

Un rang de perles d'or; ces perles sont creuses et faites de deux calottes soudées.

Bibl. : *Journal d'entrée du Musée*, n° 41588.

52792. Fragment de bracelet. — Or. — Long. o m. 10 cent., grosseurs des perles de 4 à 7 mill. 1/2; poids 3 gr. 35.

Un rang de vingt perles de forme générale sphérique, mais à six pans. Le métal est extrêmement mince et l'état des perles est médiocre.

52793. Perles. — Argent. —Long. o m. 090 mill., grosseur des perles o m. 004 mill. 4/10; poids 1 gr. 80. — Trouvées à El-Bercheh.

Un rang de vingt-six perles sphériques à l'état pulvérulent. A ce rang sont ajoutés deux fragments de perles cylindriques groupées par quatre.

52794. Collier. — Or. — Long. o m. 295 mill.; poids 20 grammes. — Achat.

Un fragment de collier composé de douze oies troussées ayant chacune o m. 022 mill. de long, o m. 015 mill. de large, et o m. 007 mill. d'épaisseur moyenne. Ces oies sont faites de deux plaques embouties dans deux moules communs à chacune. Les extrémités sont percées chacune de deux trous; ces quatre trous indiquent le sens de l'enfilage, qui est celui de la longueur de l'animal.

Bibl. : *Journal d'entrée du Musée*, n° 37922.

52795. Collier (fragment). — Or et argent. — Poids 4 gr. 50. — Trouvé à Biban el-Molouk, fouilles Th. Davis.

Un fragment de collier composé de sept coquillages, dont quatre en or, de forme bivalve, et trois en argent en forme de conque. Les coquillages d'or ont o m. 014 mill. 1/2 de long, sur o m. 009 mill. 1/2 de large; leur épaisseur est de o m. 006 mill. Ceux d'argent, qui sont en très mauvais état, ont en moyenne o m. 016 mill. de long, o m. 009 mill. de large et o m. 005 mill. d'épaisseur.

52796. Collier. — Or. — Poids 104 grammes. — Trouvé à Biban el-Molouk, fouilles Th. Davis.

Un collier composé de trente-deux perles d'aspect sphérique, bien qu'en mesurant les diamètres on trouve une différence assez sensible selon que l'on prend l'épaisseur

selon la longueur du collier ou selon sa largeur, la variation est d'au moins 1 millimètre. Les dimensions sont en moyenne environ 15 millimètres sur 14 millimètres, le moindre diamètre est celui dans le sens duquel la perle est percée; à
chaque entrée de trou elle possède une tubulure d'environ o m. oo3 mill. de
long pour un diamètre de o m. oo3 mill. 1/2.
Ces perles sont faites de deux cupules soudées.

52797. Motif de suspension. — Poids 4o centigrammes. — Trouvé à Barnugi,
fouilles Edgar, 1907.

Un petit objet rectangulaire de o m. oo9 mill. de haut sur o m. o1o mill. de large.
Une figurine, un genou en terre, tient de chaque côté les bords du rectangle dans
lequel elle s'inscrit.
La petite figure est très sommairement exécutée : le corps est découpé, les bras sont
faits d'un fil d'or qui passe derrière la figure et vient rejoindre le cadre de chaque
côté.
L'anneau de suspension est placé derrière la figure.

Bibl. : *Journal d'entrée du Musée*, n° 3888o.

52798. Lion (motif de suspension). — Or. — Long. o m. o16 mill., largeur
maximum o m. oo8 mill.; poids o gr. 65. — Trouvé à Barnugi,
fouilles Edgar, 1907.

Une petite plaque d'or découpée en forme de lion couché; des traits pratiqués assez
grossièrement indiquent quelques détails : patte, crinière.
Derrière sont soudés deux anneaux posés dans le sens de la longueur.
Moyen Empire.

Bibl. : *Journal d'entrée du Musée*, n° 3888o (n° 2).

52799. Plaque. — Or. — Haut. o m. o31 mill., largeur du haut o m. o34 mill.,
largeur du bas o m. o24 mill., épaisseur du métal 1 dixième 1/2 de
millimètre; poids 1 gr. 9o. — Trouvée à Licht, 1883.

Une plaque d'or dont la forme est celle d'un trapèze dont les côtés seraient légèrement incurvés intérieurement. La partie la plus large est percée de plusieurs trous,
répartis en trois groupes et destinés évidemment à coudre la plaque, sans doute
sur une étoffe.
Les bords, sur trois côtés, sont repliés en ourlet de façon à donner un peu de rigidité à la plaque.

Bibl. : *Journal d'entrée du Musée*, n° 254o2.

52800. Plaque. — Or. — Haut. o m. o31 mill., largeur du haut o m. o35 mill. 1/2, du bas o m. o23 mill., épaiss. 1 dixième 1/2 de millimètre; poids 1 gr. 34. — Trouvée à Licht, 1883.

Une plaque de la même nature que celle décrite au numéro précédent.

Bibl. : *Journal d'entrée du Musée,* n° 25402.

52801. Motif de suspension. — Or. — Haut. o m. o11 mill., largeur maximum.o m. o06 mill. 1/2; poids o gr. 35. — Trouvé à Barnugi.

Une petite pièce en mauvais état et dont le sujet n'est pas reconnaissable. Elle possède un fil en spirale semblable à celui qui est placé devant le *pschent* .

Elle est exécutée au repoussé, et sur la face postérieure la cavité est masquée par une petite plaque plate.

Deux trous percés de chaque côté, dans le sens de la largeur, assuraient la possibilité de la suspension.

Moyen Empire.

Bibl. : *Journal d'entrée du Musée,* n° 38880.

52802. Motif de suspension. — Or. — Haut. o m. o20 mill. 1/2, diam. o m. o14 mill. 1/2. — Trouvé à Abydos.

Une pièce cylindrique unie, fermée à une de ses extrémités par une plaque, également unie. Sur cette pièce un anneau est soudé; cet anneau est fait à l'aide d'une petite bande d'or striée de o m. o03 mill. de large, il a o m. o04 mill. 1/2 dans son plus grand diamètre.

Cette pièce est remplie d'une substance qu'il n'est pas possible de déterminer. Sa forme indique qu'elle était le point de départ d'autres motifs : ce pourrait être le haut d'un flabellum.

Bibl. : *Journal d'entrée du Musée,* n° 34449.

52803. Collier (fragment). — Or et argent. — Trouvé à Barnugi, fouilles Edgar, 1907.

Un fragment de collier composé de deux perles d'or et trois d'argent.

Les perles d'argent sont dans un état de décomposition qui les fait confondre avec de la pâte de verre.

Les perles d'or sont en forme de larmes très allongées : l'une a o m. o43 mill. de longueur et o m. o07 mill. 1/2 de grosseur maximum, l'autre a o m. o23 mill. 1/2 de longueur et o m. o03 mill. de grosseur maximum.

Les perles d'argent ont o m. o47 mill., o m. o23 mill. et o m. o16 mill. de long,

deux ont une forme cylindrique et une est, comme celles d'or, en forme de larme :
c'est celle qui a o m. o23 mill. de long.

Moyen Empire.

Bibl. : *Journal d'entrée du Musée,* n° 38882 (n° 2).

52804. Collier. — Or et céramique. — Long. o m. 5o cent. — Trouvé à El-
Robaï, 1901.

Sur un fil d'or de 8/1o de millimètre de grosseur, sont enfilées vingt-quatre perles
dans un état très mauvais; leur aspect blanchâtre ne laisse deviner aucune nuance.
Ces perles sont cylindriques, sauf une, qui occupait sans doute le milieu et qui est
légèrement en olive. Une des plus grandes perles cylindriques est brisée sur la
moitié de sa longueur. Les dimensions de ces perles varient de 28 à 8 millimètres
pour la longueur et de 8 à 5 millimètres pour le diamètre.

Bibl. : *Journal d'entrée du Musée,* n° 35195.

52805. Boucle d'oreille. — Albâtre et pâtes de verre. — Diamètre de la pièce
de face o m. o3o mill. 1/2, diamètre de celle d'arrière o m. o26
mill. 1/2. — Trouvée à Saqqarah, fouilles Firth, 1921.

Une boucle d'oreille composée de deux disques d'inégale dimension. Ces disques sont
en albâtre légèrement coussinés; ils sont munis, celui de face d'un manchon cylindrique creux également en albâtre, et celui d'arrière d'un tenon qui pénètre
dans le cylindre d'avant, lequel passe au travers du lobe de l'oreille. L'appareil se
trouve ainsi fixé. Nous avons vu nombre de ces bijoux en métal, notamment le
n° 52397. Le diamètre du manchon qui passe au travers du lobe est de o m.
oo9 mill.
Le décor du disque de face est ainsi fait : au centre, une demi-perle en pâte de verre
rouge est posée sur une petite plaque mince aux bords striés qui forme à la demi-
perle comme une collerette. Ce motif est posé sur un ensemble de rayons formant
une étoile multicolore en pâte de verre; les quatre principaux rayons sont : deux
de couleur bleu lapis et deux légèrement lilacés, quatre rayons un peu moins importants sont couleur turquoise, enfin huit rayons plus petits à peu près de la
même couleur ivoirine que l'albâtre qui sert de substratum à l'ensemble. Les espaces que laissent les entre-deux de ces huit derniers rayons sont garnis par de
petits triangles de couleur de vieil ivoire, le tout est fixé par une substance agglutinative dont il est difficile de dire la composition, d'autant plus que l'état de ces
bijoux est encore assez bon et qu'il n'est guère possible, sans les compromettre,
de prélever de cette substance.
Le revers est décoré de la même façon, mais plus sobrement. Il y a quatre rayons
principaux de la substance lilacée déjà indiquée, puis quatre rayons secondaires

de couleur verte ayant à leur point de départ un petit triangle jaune, enfin les espaces restants sont remplis par huit triangles de la substance vieil ivoire déjà indiquée pour la pièce de face.

L'ensemble du bijou complet donne une épaisseur de o m. o35 mill.

Bibl. : *Journal d'entrée du Musée*, n° 47o54.

52806. Boucle d'oreille. — Albâtre et pâtes de verre.

Bijou en tout semblable à celui qui porte le numéro précédent.

Bibl. : *Journal d'entrée du Musée*, n° 47o54.

52807. Pendeloque. — Or. — Long. o m. o45 mill., diamètre aux extrémités o m. oo8 mill., au milieu o m. oo6 mill.; poids 3 grammes. — Trouvée à Béni Hassan, fouilles Garstang, 1 9o4.

Une pendeloque en forme de bâtonnet. Cette forme est assez fréquente dans le bijou égyptien; elle n'est pas bien définie. C'est un cylindre décoré de dents faites en grènetis. Ces dents ont pour relief la grosseur même de la grenaille dont elles sont composées.

Aux deux extrémités de ce bâtonnet, des portions de tubes fermés par une plaquette plate terminent le bijou comme des couvercles; ceux-ci sont légèrement coniques, la partie la plus large étant aux extrémités. Une de ces extrémités est munie d'ordinaire d'un anneau; ici l'anneau, dont la place est visible, a été arraché. C'est la présence de l'anneau dans les bijoux de ce genre qui autorise à les nommer pendeloques, en l'absence de toute certitude quant à leur emploi.

Bibl. : *Journal d'entrée du Musée*, n° 433 17.

52808. Pendeloque. — Or et pierres. — Long. o m. o51 mill., diam. o m. oo5 mill. 1/2; poids 2 gr. 7o. — Trouvée à Béni Hassan, fouilles Garstang, 1 9o4.

Une pendeloque de la même nature que la précédente, mais elle est composée différemment : le corps est fait de dix perles sensiblement sphériques, bien que leur diamètre extérieur soit un peu plus grand que le diamètre pris dans le sens de l'enfilage.

Il y a deux perles d'or, quatre en lapis et quatre en amazonite ou peut-être en pâte de verre. Les portions de tubes qui terminent ce bijou aux extrémités sont cylindriques; celui du bas est fermé par une plaque plate soudée, celui du haut a seulement ses bords repliés, et l'anneau de suspension qui se trouve à sa place semble plutôt appartenir au fil de métal qui traverse le tout et par lequel les perles et les tubes sont réunis.

Bibl. : *Journal d'entrée du Musée*, n° 433 1 6.

52809. Pendeloque. — Or et pierres. — Long. o m. o45 mill., diam. o m.
oo5 mill. 1/2; poids 2 gr. 3o. — Trouvée à Béni Hassan, fouilles
Garstang, 19o4.

Une pendeloque semblable à celle du numéro précédent; elle possède neuf perles :
quatre en or, trois en grenat et deux en amazonite ou pâte de verre.

Bibl. : *Journal d'entrée du Musée*, n° 43316, en commun avec le numéro suivant.

52810. Pendeloque. — Or et pierres. — Long. o m. o53 mill., diamètre des
perles o m. oo6 mill. 1/2; poids 3 gr. 25. — Trouvée à Béni Hassan,
fouilles Garstang, 19o4.

Une pendeloque de la même composition que les deux précédentes; elle est composée de neuf perles, dont quatre d'or, trois de grenat et deux en amazonite ou verre.

Bibl. : *Journal d'entrée du Musée,* n° 43316, en commun avec le n° 52808.

52811. Collier. — Pierres et céramique. — Long. o m. 78 cent.; poids 46
grammes. — Trouvé à Dahchour, fouilles de Morgan, 1894.

Collier composé de 123 perles ou motif de plusieurs formes. Le dispositif est celui-
ci : vingt groupes de quatre perles et un de trois perles, dont la longueur varie
de 6 mill. 1/2 à 8 mill. 1/2. Ces groupes sont faits de perles cylindriques du
diamètre moyen 4 millimètres. Chacun d'eux a deux perles en cornaline et deux
en amazonite ou pâte de verre; entre chacun de ces groupes, et placées en pendeloques, sont des perles cylindriques de céramique de o m. o25 mill. de long,
suivies de motif également de céramique et qui ont la forme d'une fleur de papyrus. La longue perle imite l'amazonite, mais la fleur de papyrus est d'une couleur
brune qui n'imite aucune pierre naturelle; elle a o m. o13 mill. de haut et autant
de large. Ces perles sont actuellement enfilées et sur un fil de cuivre et sur un
fil végétal qui est utilisé pour la suspension des pendeloques.

Technique. Quand on examine différents petits objets, parmi lesquels les perles de
différentes formes, on remarque qu'il y a toujours une substance à l'intérieur;
cette substance est presque toujours impossible à déterminer au simple examen.
Quand les pièces ont été fermées «à froid», c'est-à-dire quand les parties ont été
rapprochées et fixées par sertissure au rivage, c'est le plus souvent du bois qui
est le «substratum»; souvent même quand il y a décoration, c'est le bois qui a été
décoré au préalable et l'or est modelé dessus par pression, ce qui ne se peut que
parce que le métal est très mince et *très pur,* ce qui revient à dire «très mou».
Mais quand les deux parties d'un objet fermé sont fixées l'une à l'autre par la soudure, le bois ne peut plus jouer de rôle, et c'est alors une pâte, séchée ou cuite,
mais dans tous les cas une pâte assez durcie pour recevoir et soutenir les deux

parties à reunir, assez sèche pour ne pas fournir sous la flamme du chalumeau une vapeur qui déchirerait l'enveloppe d'or.

Dans le plus grand nombre des cas ce noyau devait être ou non cuit ou mal cuit, car presque chaque fois qu'on peut l'atteindre par quelques déchirures, c'est une matière friable que l'on rencontre; cependant on trouve aussi des noyaux en céramique dure : le collier factice n° 52890 en possède un dépouillé de son revêtement d'or.

Le bijoutier frappait d'abord les deux côtés dans des creux préparés *ad hoc,* puis les présentait et les liait : c'est alors seulement qu'il pouvait soûder les deux parties. XII* dynastie.

NOTE A PROPOS DE CE COLLIER
ET DE BEAUCOUP D'AUTRES QUI VONT SUIVRE.

Si l'on met à part les compositions, colliers, bracelets, résilles, etc., dont les éléments sont réunis par des fils d'or, les perles ou tous autres motifs primitivement réunis par des fils végétaux ne sont plus retenus au moment où on les découvre; de là les précautions infinies que prennent les chercheurs : photographies, notes, etc., prises avant d'avoir porté la main sur les objets; observations de toutes sortes, etc. Malgré cela, il y a beaucoup de cas où les objets dont le mode de réunion est l'enfilage se retrouvent souvent plus ou moins en vrac, et ce sont les représentations graphiques ou plastiques déjà connues qui sont les seuls guides pour les reconstitutions. La quantité de ces objets retrouvés dans les tombeaux de Dahchour fait penser qu'ils constituaient des ornements importants, tels que les réseaux formant vêtements. Quoi qu'il en soit, les bijoux que nous voyons en ce moment sont des colliers facti- ces, constitués après la trouvaille, parce que c'était un moyen simple et élégant de présenter ces éléments. Ces colliers n'ont donc pas de numéro au *Journal d'entrée.* Dans celui-ci on rencontre fréquemment la mention : «un lot de perles», au fur et à mesure des trouvailles; c'est tout. Mais cette lacune ne saurait constituer un grief contre l'authenticité de ces objets, dont la provenance est indiscutable.

52812. Collier. — Perles lapis et céramique. — Long. 0 m. 92 cent.; poids 43 grammes. — Trouvé à Dahchour, fouilles de Morgan, 1894.

Un collier composé de quatre-vingts perles en forme d'olives. Ces perles sont en lapis pour la plupart (75) et cinq en céramique; leur longueur varie de 9 mill. 1/2 à 14 mill. 1/2, et leur grosseur, mesurée au centre, de 4 mill. 1/2 à 7 millimètres. XII* dynastie.

Voir la note au n° 52811.

52813. Collier. — Amazonite. — Long. 0 m. 80 cent.; poids 32 grammes. — Trouvé à Dahchour, fouilles de Morgan, 1894.

Un collier de soixante-neuf perles en forme d'olives; elles sont en amazonite, mais les

Égyptiens ont fait de telles imitations, particulièrement dans ces couleurs, que le doute est justifié.

La longueur de ces perles varie de 10 mill. 1/2 à 16 mill. 1/2, leur grosseur, mesurée au centre, de 5 millimètres à 6 mill. 1/2.

XIIe dynastie.

Voir la note au n° 52811.

52814. Collier. — Perles amazonite. — Long. 0 m. 80 cent.; poids 31 grammes. — Trouvé à Dahchour, fouilles de Morgan, 1894.

Un collier de perles d'amazonite au nombre de soixante-sept, tout semblable à celui décrit au numéro précédent.

XIIe dynastie.

Voir la note au n° 52811.

52815. Collier. — Perles amazonite. — Long. 0 m. 90 cent.; poids 34 gr. 70. — Trouvé à Dahchour, fouilles de Morgan, 1894.

Un collier de soixante-dix-sept perles d'amazonite semblable aux deux numéros précédents.

XIIe dynastie.

Voir la note au n° 52811.

52816. Collier. — Cornaline et céramique. — Long. 0 m. 245 mill.; poids 10 gr. 60. — Trouvé à Dahchour, fouilles de Morgan, 1894.

Un collier composé de seize perles de cornaline en forme d'olives, ayant une grandeur moyenne de 0 m. 014 mill. et 0 m. 005 mill. de grosseur au milieu. Ces perles sont groupées par deux et les groupes séparés par des fleurs de papyrus en céramique grossière de couleur gris noir; ces fleurs sont suspendues de façon à faire pendeloques; elles sont au nombre de sept, et leurs dimensions sont : haut. 0 m. 010 mill. 1/2, long. 0 m. 014 mill.

XIIe dynastie.

Voir la note au n° 52811.

52817. Collier. — Cornaline. — Long. 0 m. 82 cent.; poids 27 grammes. — Trouvé à Dahchour, fouilles de Morgan, 1894-1895.

Un collier composé de quatre-vingts perles de cornaline. Ces perles, bien qu'affectant toutes la forme d'olives, sont de dimensions très variées, les unes longues et minces, d'autres courtes et grosses. Les dimensions en longueur varient entre 10 mill. 1/2 et 18 millimètres, et en grosseur de 3 mill. 1/2 à 6 millimètres, mais les plus grosses ne sont pas régulièrement les plus longues.

XII° dynastie.

Voir la note au n° 52811.

52818. Collier. — Cornaline. — Long. o m. 84 cent.; poids 24 gr. 60. — Trouvé à Dahchour, fouilles de Morgan, 1894-1895.

Un collier de quatre-vingt-trois perles qui présentent les mêmes caractéristiques que celui du numéro précédent.

XII° dynastie.

Voir la note au n° 52811.

52819. Collier. — Or et cornaline. — Long. o m. 705 mill.; poids 22 grammes. — Trouvé à Dahchour, fouilles de Morgan, 1894-1895.

Un collier de cent trente et une perles de cornaline et de substance céramique recouverte d'une feuille d'or.

Huit de ces perles ont une forme d'olive et sont de grandeurs variées : la plus grande, qui termine le rang, a o m. 025 mill. de long et o m. 012 mill. 1/2 d'épaisseur au milieu; les autres ont en moyenne o m. 014 mill. de long pour o m. 005 mill. d'épaisseur au milieu. Toutes les perles longues sont à une extrémité du rang; elles sont séparées par des perles cylindriques qui ont en moyenne o m. 008 mill. 1/2 de longueur, pour o m. 004 mill. 1/2 de diamètre.

La seconde partie du rang est alternée : perle céramique dorée et une ou deux perles cylindriques de cornaline.

Au début du rang les perles dorées sont séparées par une perle tubulaire de cornaline; les longueurs varient, mais ne dépassent pas o m. 007 mill. Vingt et une perles dorées ont cette alternance; à partir de là les perles dorées sont séparées par des groupes de deux perles plus courtes et ne faisant à elles deux que la longueur des premières. Il y a vingt et un groupes ainsi constitués; les deux derniers de ce second groupe se retrouvent avec une seule perle.

Voir la note au n° 52811.

52820. Collier. — Or et cornaline. — Long. o m. 53 cent.; poids 21 grammes. — Trouvé à Dahchour, fouilles de Morgan, 1894-1895.

Un collier composé de perles de cornaline en forme d'olives. Elles sont au nombre de trente-quatre : au centre il y en a douze grandes, dont la longueur moyenne est de o m. 020 mill., et la grosseur au milieu de o m. 006 mill.; ensuite viennent vingt perles beaucoup plus courtes, qui ont comme dimension moyenne o m. 010 mill.

de longueur et o m. oo5 mill. 1/2 de grosseur; enfin deux de ces perles sont en
forme de larmes; elles ont o m. o14 mill. de longueur et o m. oo5 mill. 1/2 de
grosseur à l'extrémité la plus forte.

Ces perles sont séparées par des portions de tubes d'or qui ont une longueur moyenne
de o m. oo5 mill. et un diamètre de o m. oo4 mill.; ces cylindres sont au nombre de trente-trois.

Les matières sont belles et la conservation remarquable.

XIIᵉ dynastie.

Voir la note au n° 52811.

52821. Collier. — Or. — Long. o m. 84 cent.; poids 28 grammes. — Trouvé
à Dahchour, fouilles de Morgan, 1894.

Un collier composé d'olives d'or, faites en deux parties soudées. Ces olives, qui sont
au nombre de soixante-sept, ont pour longueur moyenne o m. o13 mill. 1/2 et
pour grosseur o m. oo6 mill. Elles sont en assez bon état.

XIIᵉ dynastie.

Voir la note au n° 52811.

52822. Collier. — Or. — Long. o m. 85 cent.; poids 29 grammes. — Trouvé
à Dahchour, fouilles de Morgan, 1894-1895.

Un collier en tout semblable au précédent numéro. Il compte soixante-neuf perles.
XIIᵉ dynastie.

Voir la note au n° 52811.

52823. Collier (fragment). — Or, pierres et céramique. — Trouvé à Dahchour,
fouilles de Morgan, 1894-1895.

Diverses pièces de collier groupées en un petit fragment de o m. 10 cent. de long.
Il comprend : deux longues perles en forme de larmes de céramique recouverte
d'une mince feuille d'or; trois petites pendeloques également de céramique dorée,
mais suspendues à un anneau d'or; un autre anneau sans emploi; enfin deux
perles fuselées de cornaline, semblables à celles décrites au n° 52820, et deux autres
perles de même forme en céramique d'un vert noirâtre.

XIIᵉ dynastie.

Voir la note au n° 52811.

52824. Aiguilles. — Or. — Longueur variant de o m. o86 mill. à o m. o92
mill., grosseur maximum 16/10 de millimètre; poids ensemble 20
grammes. — Trouvées à Dahchour, fouilles de Morgan, 1894-1895.

Dix aiguilles d'or de la forme normale qui a été conservée à travers les siècles. Elles n'étaient pas faites pour exercer des efforts considérables, de même que leurs pointes ne sont pas très aiguës : ce sont manifestement des outils de parade. Leur construction offre cette particularité qu'elles sont, sinon creuses, du moins d'un métal peu homogène : ce sont des feuilles d'or roulées; aussi les pointes se présentent parfois en tubes, du reste leur poids moyen ne correspondrait pas à une substance massive.

XIIe dynastie.

52825. Collier. — Or, cornaline, lapis, turquoise (ou pâte de verre). — Long. o m. 3o cent., grosseur moyenne 7/1o de millimètre; poids o gr. 6o. — Trouvé à Dahchour, fouilles de Morgan, 1894-1895.

Un fragment de collier composé de perles cylindriques d'une ténuité extrême jusqu'à l'invraisemblance : le poids par rapport au nombre de perles l'indique suffisamment. On a disposé ces perles par groupes de trois et on a alterné ces groupes de la façon suivante : d'abord une perle de lapis, ronde (c'est la seule de l'enfilage), puis trois perles lapis, trois de cornaline et trois d'amazonite ou de pâte de verre. Il y a soixante-huit groupes, soit deux cent cinq perles en comptant la perle sphérique qui commence le rang, pour un poids de o m. 6o cent. Nous avons là un nouvel échantillon du travail patient et minutieux des artisans de ces époques.

XIIe dynastie.

Voir la note au n° 52811.

52826. Collier (fragment). — Or, cornaline, lapis, pâte de verre. — Long. o m. o77 mill.; poids o gr. 25. — Trouvé à Dahchour, fouilles de Morgan, 1894-1895.

Un rang de petites perles semblables à celles décrites au numéro précédent; elles sont au nombre de quatre-vingt-dix-huit, groupées de façon alternée : deux en pâte de verre ou amazonite, dix-neuf en or, une seule de lapis et le reste cornaline et pâte de verre.

XIIe dynastie.

Voir la note au n° 52811.

52827. Bracelets (fragments). — Or. — Poids 14 gr. 65. — Trouvés à Dahchour, fouilles de Morgan, 1894-1895.

Neuf fragments de bracelets, composés de portions de tubes d'or ayant chacun o m. oo7 mill. de long en moyenne, et un diamètre de o m. oo4 mill.

Ces fragments comprennent 7, 8, 9, 9, 9, 9, 9, 11 et 10 tubes.

XIIe dynastie.

OBSERVATION. Ce qui a été dit pour les perles en vrac est souvent vrai aussi pour les fragments disséminés qui ne figurent pas isolément au *Journal d'entrée du Musée*, mais sous la rubrique : *quelques débris trouvés*, etc.

52828. Perles. — Améthyste, cornaline, amazonite ou pâte de verre, céramique. — Long. 0 m. 145 mill.; poids 5 gr. 35. — Trouvées à Dahchour, fouilles de Morgan, 1894-1895.

Un rang de perles rondes de grosseurs variées au nombre de trente-trois, dont vingt-cinq en améthyste; quatre ont pour diamètre 0 m. 006 mill. 1/2, sept ont 0 m. 006 mill., et quatorze ont 0 m. 004 mill. 1/2;

Une en cornaline du diamètre de 0 m. 005 mill.;

Cinq en amazonite ou pâte de verre de 0 m. 004 mill. à 0 m. 004 mill. 1/2 de diamètre;

Deux en céramique, l'une unie de ton légèrement rosé, l'autre décorée de traits peints; leur diamètre est de 0 m. 005 mill.

XIIe dynastie.

Voir la note au n° 52811.

52829. Perles. — Lapis, cornaline, pâte de verre. — Long. 0 m. 145 mill.; poids 2 gr. 68. — Trouvées à Dahchour, fouilles de Morgan, 1894-1895.

Un rang de perles au nombre de vingt-huit. La forme générale est celle du cylindre, une seule a la forme de larme.

On compte neuf perles de cornaline : huit ont une longueur de 0 m. 004 mill. 1/2 et un diamètre de 0 m. 003 mill. 1/2, une est plus longue et plus grosse, 0 m. 011 mill. de long et 0 m. 004 mill. 1/2 de diamètre.

Neuf perles de lapis, dont huit sont de même dimension que les perles de cornaline, et la neuvième, qui a la forme de larme, a 0 m. 011 mill. de long et 0 m. 004 mill. 1/2 de grosseur maximum.

XIIe dynastie.

Voir la note au n° 52811.

52830. Perles. — Or. — Long. 0 m. 045 mill., diam. 0 m. 004 mill. 1/2; poids 2 gr. 70. — Trouvées à Dahchour, fouilles de Morgan, 1894-1895.

Un rang de onze perles d'or sphériques, dont une mesure o m. oo5 mill. de diamètre et les dix autres o m. oo4 mill.

XIIe dynastie.

Voir la note au n° 52811.

52831. Uræus. — Or et lapis. — Longueur maximum o m. o26 mill., largeur maximum o m. o11 mill.; poids 5 gr. 3o. — Trouvé à Dahchour, fouilles de Morgan, 1894-1895.

Un uræus en or; il est vu de profil, des deux côtés.

Le bas de l'uræus est muni de deux maillons destinés à faire charnière; du même côté, à la hauteur de la partie renflée, on voit les orifices d'un trou destiné à recevoir un fil d'or qui fixerait le bijou, en plus de la charnière du bas, sur une partie de la parure, bandeau, etc.

XIIe dynastie.

Bibl. : *Journal d'entrée du Musée*, n° 3113o.

52832. Bracelet. — Or. — Fragment de fermoir. — Longueur sans l'anneau o m. o36 mill. 1/2, larg. o m. oo3 mill., épaiss. o m. oo4 mill. 1/2; poids 3 gr. 3o. — Trouvé à Dahchour, fouilles de Morgan, 1894-1895.

Moitié de fermoir. Ce bijou se rencontre souvent dans la parure égyptienne, il est le procédé employé quand l'objet est composé d'un certain nombre de rangs de perles, ou d'autres motifs enfilés. Les fils qui réunissent les éléments d'un rang viennent loger leurs extrémités dans une sorte de boîte qui réunit le tout et qui se conjugue ensuite avec une boîte semblable où les extrémités opposées des fils ont trouvé leur port d'attache.

La pièce, cette sorte de boîte, est fermée d'un côté par une plaque qui est percée d'autant de trous qu'il y a de rangs de perles. La partie opposée est munie d'un certain nombre de portions de tubes qui se présentent de façon à s'intercaler. Quand ils sont rapprochés, on passe une tige au travers des fractions de cylindres et le bijou est fermé; la tige qui sert à cet emploi est attachée par une chaînette au bijou, et l'anneau que l'on voit en haut du bijou sert de point d'attache à la chaîne (voir pl. IX, n°ˢ 5206g, 52070 et 52071).

XIIe dynastie.

Bibl. : *Journal d'entrée du Musée*, n° 31173.

52833. Bague. — Or. — Diam. o m. o17 mill., larg. o m. oo4 mill. 1/2; poids 2 gr. 3o. — Trouvée à Dahchour, fouilles de Morgan, 1894-1895.

Une bague faite d'une petite bande d'or de o m. oo4 mill. 1/2 de large sur laquelle il a été soudé six fils d'or parallèles, et dans les cinq sillons ainsi créés on a placé des grenailles d'or.

Ce modeste petit anneau est donc un échantillon assez intéressant de ce travail du grènetis ou filigrane dont il semble que la XII⁰ dynastie a vu la naissance; nous aurons l'occasion d'en revoir. Voici les hypothèses possibles à propos de ce travail [1]. On peut, prenant un fil fin, le passer dans la flamme de façon que ce fil, en fondant, forme une petite boule que son poids fait séparer bien vite du fil. On peut également découper du fil en de nombreux petits morceaux et, en passant le chalumeau sur une flamme que l'on dirige sur ces petits morceaux, les amener au point de fusion où ils se mettent naturellement en boule.

XII⁰ dynastie.

52834. **Boucle d'oreille avec pendeloque.** — Or et grenat. — Poids o gr. 3o. — Trouvée à Dahchour, fouilles de Morgan, 1894-1895.

Une petite boucle d'oreille, composée d'un anneau de forme irrégulière et d'une petite pendeloque ornée d'un grenat.

La boucle est ventrue à son centre, et les extrémités, filiformes, se replient et se nouent l'une sur l'autre. Cet anneau, fort bien construit, est *creux,* et seul son poids signale cette particularité.

La petite pendeloque est faite d'un fil qui forme d'abord l'anneau de suspension à la boucle, puis il traverse le chaton du grenat et se termine ensuite par une petite boucle à son extrémité.

XII⁰ dynastie.

52835. **Pendeloque.**—Cornaline.—Haut. o m. 012 mill., larg. o m. 011 mill., épaiss. o m. 004 mill.; poids o gr. 3o. — Trouvée à Dahchour, fouilles de Morgan, 1894-1895.

Une petite pendeloque de cornaline en forme de fiole plate; elle est percée dans le sens de la hauteur, de façon que la partie qui forme le goulot est traversée par le fil de suspension.

XII⁰ dynastie.

Voir la note au n° 52811.

52836. **Pièces de collier.** — Long. o m. 078 mill. 1/2 et o m. 071 mill., largeur maximum o m. 003 mill. 1/2; les deux poids ensemble 6 gr. 70. — Trouvées à Dahchour, fouilles de Morgan, 1894-1895.

Deux pièces de collier. Ce sont soit des pièces faisant partie de fermoirs, soit des

[1] Voir É. VERNIER, *La bijouterie et la joaillerie égyptiennes,* p. 126.

guides comme l'on en voit dans certains colliers ou bracelets composés de rangs de
perles, pour maintenir ces rangs à leur distance et conserver la forme du bijou.
La plus longue de ces pièces est percée de dix trous; l'autre, brisée à une de ses extrémités, n'en a plus que huit; mais les deux pièces placées à côté l'une de l'autre
montrent par la position des trous qu'elles appartenaient au même joyau.

XIIe dynastie.

OBSERVATION. La plupart de ces débris faisaient partie de lots et n'ont pas de désigna-
tion spéciale au *Journal d'entrée;* leur provenance n'en est pas moins certaine.

52837. **Pièce de bracelet.** — Long. o m. 029 mill. 1/2, larg. o m. 002 mill.
1/2; poids o gr. 95. — Trouvée à Dahchour, fouilles de Morgan, 1894-
1895.

Une petite pièce de bracelet de même nature que les deux pièces n° 52836. Toutefois il est plus probable que cette pièce appartenait au fermoir, car il y a une des
faces qui n'est pas polie, celle qui était tournée vers l'intérieur de la boîte.

XIIe dynastie.

52838. **Perles.** — Poids total 6 gr. 30. — Trouvées à Dahchour, fouilles de
Morgan, 1894-1895.

Des perles d'une substance indéfinissable, qui semble pourtant être de la pâte de
verre.
Les rangs sont *tressés* sur deux morceaux de bois ronds (cèdre?).
Le tout en très mauvais état.
Le plus grand fragment a, bois compris, o m. 069 mill. de long, le plus petit a o m.
037 mill.; les deux ont o m. 011 mill. de diamètre.
Le tout est dans une petite boîte de carton avec quelques autres perles de même
nature, en vrac.

XIIe dynastie.

52839. **Pierres et céramique.** — Un certain nombre de débris de cornaline,
de lapis et de céramique. — Trouvés à Dahchour, fouilles de Morgan,
1894-1895.

Douze de cornaline : 1° un motif ovale de o m. 014 mill. 1/2 de grand axe et de
o m. 012 mill. 1/2 de petit axe; 2° quatre perles cylindriques; 3° deux perles en
forme de larmes; 4° une perle en forme d'olive; 5° quatre débris informes.

Six de lapis : 1° une perle en forme de larme; 2° une perle cylindrique; 3° quatre
débris.

Trois de céramique verte : 1° un nœud; 2° fragment de scarabée; 3° un signe ⸕.

Vingt et un objets.

XII° dynastie.

Voir la note au n° 52811.

52840. Perles. — Or, grenats, lapis, cornaline, pâte de verre. — Trouvées à
Dahchour, fouilles de Morgan, 1894-1895.

Dans une petite boîte de carton, un lot de perles de très petites dimensions, parmi lesquelles se trouvent quelques-unes plus importantes, qui sont : une perle dorée
en forme de larme attachée à une autre de même nature, mais cylindrique;

Une autre perle céramique en forme d'olive;

Et quatre perles rondes en grenat. Ce lot pèse, réuni, 2 gr. 30. Le lot de petites
perles pèse, de son côté, 28 grammes. Le tout 30 gr. 30.

XII° dynastie.

Voir la note au n° 52811.

52841. Débris. — Or. — Poids 3 gr. 60. — Trouvés à Dahchour, fouilles de
Morgan, 1894-1895.

Dans une boîte de carton, des débris d'or *de dorure,* c'est-à-dire en feuilles extrêmement minces.

XII° dynastie.

52842. Débris de dorure. — Or. — Poids 3 grammes. — Trouvés à Dahchour,
fouilles de Morgan, 1894-1895.

Semblable au numéro précédent.

XII° dynastie.

52843. Débris de dorure. — Or. — Poids 5 gr. 30. — Trouvés à Dahchour,
fouilles de Morgan, 1894-1895.

Dans une boîte, or en débris très mince.

XII° dynastie.

52844. Médaillon (?). — Électrum. — Diam. 0 m. 026 mill.; poids 4 gr. 70.
— Trouvé à Dahchour, fouilles de Morgan, 1894-1895.

Un objet en cours de fabrication. C'est une sorte de médaillon rond qui est repoussé dans une plaque d'électrum, et qui n'est pas encore détouré, le surplus de la plaque faisant une marge inégale autour de l'objet commencé. L'état du travail ne permet pas d'affirmer qu'il s'agisse plutôt d'un couvercle que d'un récipient; l'opinion varie selon qu'on examine cet objet à l'extérieur ou à l'intérieur.

La même trouvaille nous montrant un médaillon rond, l'hypothèse d'un médaillon vient d'elle-même.

XIIᵉ dynastie.

52845. Coquille. — Argent. — Long. o m. 115 mill., largeur maximum o m. 030 mill., épaisseur maximum o m. 002 mill.; poids 29 gr. 80. — Trouvée à Dahchour, fouilles de Morgan, 1894-1895.

Une coquille oblongue légèrement creuse, les extrémités arrondies.
Cet objet est en très mauvais état.

XIIᵉ dynastie.

52846. Culot de creuset (?). — Argent. — Long. o m. 029 mill. 1/2, larg. o m. 024 mill., épaiss. o m. 002 mill. 1/2; poids 4 grammes. — Trouvé à Dahchour, fouilles de Morgan, 1894-1895.

Un objet qui paraît être un culot de creuset. La matière est dans un état de décomposition qui rend toutes suppositions problématiques, d'où le point d'interrogation qui accompagne le titre de la fiche.

XIIᵉ dynastie.

52847. Barbe. — Céramique. — Hauteur prise au milieu o m. 047 mill., largeur maximum o m. 063 mill. 1/2, épaisseur maximum o m. 023 mill. 1/2; poids 69 grammes. — Trouvée à Dahchour, fouilles de Morgan, 1894-1895.

Barbe en forme de trapèze. Le haut est légèrement incurvé et montre deux trous où prenaient place les goujons qui réunissaient la barbe au masque.
Le décor est constitué par des bandes verticales, légèrement ondulées, émaillées vert et séparées par des sillons profonds; quelques traces permettent de dire que ces sillons étaient dorés. Il y a huit bandes émaillées séparées par sept sillons, les côtés étaient également dorés, la partie arrière est elle-même émaillée vert, seule l'épaisseur du bas semble n'avoir reçu aucune décoration.

XIIᵉ dynastie.

52848. Œil droit avec le sourcil. — Cristal de roche et céramique. — Longueur de l'œil o m. o57 mill., du sourcil o m. o94 mill., largeur de l'œil o m. o23 mill., du sourcil o m. o11 mill. — Trouvé à Dahchour, fouilles de Morgan, 1894-1895.

> Un œil droit. L'ensemble est fait de céramique d'un blanc ivoirin. Une cavité est ménagée pour placer la prunelle, et un trou au centre joue le rôle d'iris. La prunelle est figurée par une lentille de cristal de roche à travers laquelle on voit le trou indiqué plus haut.
>
> Les paupières sont en céramique vert brun.
>
> Au-dessus de cet œil, mais n'y adhérant que par un agglutinatif, le sourcil qui est de céramique est recouvert en partie par le même émail brun verdâtre avec lequel sont faites les paupières.
>
> Le tout est posé sur un socle de bois.
>
> XIIe dynastie.

52849. Œil. — Albâtre et obsidienne. — Long. o m. o65 mill., haut. o m. o21 mill., diamètre de la prunelle : en hauteur o m. o19 mill. 1/2, en largeur o m. o22 mill. 1/2. — Trouvé à Dahchour, fouilles de Morgan, 1894-1895.

> Un œil gauche d'albâtre. La pupille en obsidienne, taillée en forme de petite coupe, vient se loger dans une cavité pratiquée dans l'albâtre et n'est que très peu saillante sur la cornée.
>
> Posé sur un socle.
>
> XIIe dynastie.

52850. Œil. — Albâtre et obsidienne. — Trouvé à Dahchour, fouilles de Morgan, 1894-1895.

> Œil droit, en tout semblable à celui qui porte le numéro précédent.
>
> XIIe dynastie.

52851 A et B. Fragments. — Céramique émaillée. — Trouvés à Dahchour, fouilles de Morgan, 1894-1895.

> Deux fragments de céramique émaillée vert foncé.
>
> Ces fragments sont en forme de trapèze dont la base est découpée selon une ligne courbe partant d'un angle inférieur et venant vers le milieu du côté opposé. Ils sont symétriques. Quelques traces de dorure se voient encore sur les deux.

Des traces montrent que ces fragments servaient de fond à un motif collé sur eux. La plus grande dimension de ces objets, mesurée en diagonale, est de o m. o4 1 mill. XIIe dynastie.

52852. Fragment. — Céramique émaillée. — Long. o m. o4o mill., largeur maximum o m. o1 1 mill., épaisseur maximum o m. o1 2 mill. — Trouvé à Dahchour, fouilles de Morgan, 1 8g4-1 8g5.

Un fragment de céramique en forme de pendeloque; à l'extrémité la plus étroite elle porte une encoche en V. XIIe dynastie.

52853. Fragment (sourcil). — Céramique. — Long. o m. o9 2 mill., larg. o m. o1 1 mill. 1/2, épaiss. o m. o1 7 mill. — Trouvé à Dahchour, fouilles de Morgan, 1 8g4-1 8g5.

Un sourcil droit en céramique émaillée vert sombre. XIIe dynastie.

52854. Aiguisoir. — Long. o m. o9o mill., larg. o m. o1 5 mill., épaiss. o m. oo9 mill. 1/2. — Trouvé à Dahchour, fouilles de Morgan, 1 8g4-1 8g5.

Un petit aiguisoir de forme rectangulaire. XIIe dynastie.

52855. Aiguisoir. — Long. o m. o8 2 mill. 1/2, larg. o m. o1 4 mill., épaiss. o m. oo8 mill. 1/2. — Trouvé à Dahchour, fouilles de Morgan, 1 8g4-1 8g5.

Un petit aiguisoir semblable au précédent. XIIe dynastie.

52856. Sept plaquettes. — Or. — 1. Haut. o m. o1 1 mill. 1/2, larg. o m. oo9 mill. 2/1 o. 2. Haut. o m. oo8 mill. 7/1 o, larg. o m. oo7 mill. 5/1 o. 3, 4, 5, 6. Haut. o m. oo8 mill., long. o m. oo6 mill. 5/1 o. 7. Haut. o m. oo7 mill., long. o m. oo5 mill. — Trouvées à Dahchour, fouilles de Morgan, 1 8g4-1 8g5.

Sept petites plaquettes réunies sur une feuille de carton. XIIe dynastie.

52857. Sandales. — Bois. — Long. o m. 25 cent., largeur maximum o m. 078 mill., largeur au talon o m. 058 mill. — Les deux sandales étaient évidemment de même dimension, mais l'une a travaillé plus que l'autre. Les mesures sont prises sur celle qui est le mieux conservée — la droite. — Trouvées à Dahchour, fouilles de Morgan, 1894-1895.

Une paire de sandales en bois devenu friable et d'une fragilité extrême; exactement il n'y a que des semelles. Deux trous de forme allongée, ayant une dizaine de millimètres de long pour deux de large, sont placés de chaque côté de la semelle à l'endroit utile pour qu'un ruban puisse être fixé et la maintienne sous le pied, c'est-à-dire à la partie arrière un peu en avant du talon. La forme des pieds est nettement indiquée et les sandales n'étaient pas interchangeables.

XIIe dynastie.

52858. Crayon à kohol. — Hématite. — Long. o m. 076 mill., largeur à l'extrémité renflée o m. 007 mill., largeur au milieu du corps o m. 003 mill., à l'autre extrémité o m. 003 mill. 1/2; poids 3 gr. 65. — Trouvé à Dahchour, fouilles de Morgan, 1894-1895.

Un petit bâton d'hématite dont une des extrémités est renflée de façon à donner l'aspect d'une massue très allongée. L'autre extrémité est légèrement plus forte que le milieu du corps. L'ensemble est tout uni.

XIIe dynastie.

52859. Couronne de la princesse Khnoumouît. — Or, pierres et pâte de verre. — Pourtour o m. 57 cent., la construction si délicate de la couronne ne permet pas de mesurer en diamètre; hauteur maximum o m. 025 mill.; poids 43 gr. 20. — Trouvée à Dahchour, fouilles de Morgan, 1894-1895 (pl. LXVI).

Une couronne en six parties. Les divisions sont faites par des rosaces en or cloisonné et garni de pierres; de ces rosaces partent des fils entrelacés qui retiennent dans leurs boucles des graines et des fleurettes.

Les rosaces sont construites en cloisons d'or. Au centre on voit une perle plate en cornaline, puis partent de ce centre quatre fleurs de papyrus disposées en croix et qui sont faites d'un petit culot en cornaline qui compte trois divisions et d'une pierre ou pâte de verre de couleur turquoise.

Ces fleurs sont percées dans leur épaisseur, qui est de o m. 002 mill. 2/10, et traversées par les fils qui se présentent en trois groupes : les groupes du haut et du bas sont de trois fils chacun, celui du milieu est de quatre fils [1].

***

[1] A propos des fils tirés, voir É. VERNIER, *La bijouterie et la joaillerie égyptiennes*, p. 58 : *Le tréfilage*.

Ces dix fils s'entrelacent et retiennent de petites fleurettes à cinq pétales faites d'or
cloisonné dont le centre est occupé par de la cornaline et les pétales par de la turquoise ou de la pâte de verre.

Sont également retenus dans les fils, de petites graines, en lapis, assemblées par deux.

Fleurettes et graines sont porteuses d'un anneau, et c'est en passant par ces anneaux
que le réseau trouve sa construction et sa solidité. Grâce à l'habileté des combi-
naisons, chaque section compte environ vingt-six fleurettes, soit : cent cinquante-
six, et dix-neuf groupes de graines, soit : environ cent quatorze groupes ou deux
cent vingt-huit graines.

Les fleurettes ont pour diamètre maximum o m. 007 mill.; les graines ont o m. 001
mill. 6/10 de grosseur; le fil a 4/10 de millimètre d'épaisseur.

Ce qu'il est difficile de dire, c'est le charme, la perfection, la délicatesse de cet objet;
la reproduction photographique elle-même ne peut en donner une idée suffisante.
La lapidairerie et la bijouterie atteignent ici la perfection du bon goût et de la
technique.

XIIᵉ dynastie.

Bibl. : *Journal d'entrée du Musée*, n° 31104; *Catalogue de Morgan*, 1895, supplément II, salle VII;
Liste sommaire, fascicule publié en 1894 par M. de Morgan; *Fouilles à Dahchour*, II; *Catalogue
de Morgan*, 1897, supplément III, p. 366, n° 1363; *Catalogue Maspero*, 1902, p. 423; 1912,
p. 408; 1915, p. 421; *Catalogue Maspero*, traduction anglaise de Quibell, 1905, p. 417; 1906,
p. 372; Maspero, *Égypte* (collection *Ars Una*), p. 126, fig. 230; É. Vernier, *La bijouterie et la
joaillerie égyptiennes*, p. 58 : *Le tréfilage*, et pl. XVII, n° 4.

52860. Couronne de la princesse Khnoumouît. — Or, pierre et pâte de verre.
— Pourtour, o m. 64 cent., hauteur des motifs verticaux o m. 042
mill. 1/2, largeur des motifs horizontaux o m. 063 mill.; poids 128
gr. 70 pour la couronne et le faucon, 7 gr. 30 pour les accessoires. — Trouvée à Dahchour, fouilles de Morgan, 1894-1895
(pl. LXVII).

Une couronne entièrement construite en or cloisonné, orné de pierres et de pâte de
verre.

L'ensemble se compose de seize motifs, huit verticaux et huit horizontaux. Ces motifs
possèdent chacun une rosace imitant une fleur faite d'une perle de cornaline au
centre et de douze pétales en turquoise; les fonds restants sont garnis de lapis.

Ces rosaces sont placées à égales distances les unes des autres et à la même hauteur;
elles forment l'ornement principal du bandeau de la couronne. Leur diamètre est
de o m. 014 mill.

Dans les motifs verticaux la rosace est à la base; sur elle s'élève un ornement en forme
de lyre se terminant par quatre fleurs de papyrus, deux en cornaline et deux en
lapis. Le corps de la lyre est orné de cloisons posées de biais où figurent trente et
une pierres alternées : cornaline, lapis, turquoise.

Les motifs horizontaux sont constitués ainsi : de la même rosace qui sert de base à l'ornement vertical, partent des ornements de la même forme que ce dernier et possédant comme lui les petites fleurs de papyrus. Ces ornements vont rejoindre une des rosaces (voir pl. LXVII).

L'assemblage de ces pièces est fait à l'aide de petites bandes d'or qui sont placées à droite et à gauche des motifs horizontaux et pénètrent dans la rosace des motifs verticaux. Ces petites bandes reçoivent une encoche dans laquelle passe un rivet placé à l'intérieur de la couronne au centre des rosaces; ces rivets, en pénétrant dans les encoches, fixent l'ensemble de la construction.

Le revers des motifs, c'est-à-dire l'intérieur de la couronne, est complètement en or. Le décor est gravé, ce qui ne fatigue pas le métal et a pu être fait quand les cloisons étaient posées. Le décor reproduit les cloisons que l'on voit à l'extérieur.

Entre les deux motifs verticaux et au-dessus du motif horizontal qui est au milieu de la couronne, on voit un petit vautour les ailes déployées et tenant dans chacune de ses serres un signe de la vie.

Le dos et les ailes du vautour sont faits d'une seule plaque d'or légèrement courbée et décorée en gravure au trait habilement faite, à l'extérieur et à l'intérieur.

La tête, le corps et les pattes sont faits à part en plusieurs morceaux; ces pièces sont creuses. Les yeux sont en obsidienne; un seul est en place. Les signes de vie ont leur anneau garni d'une perle de cornaline. Les dimensions de ce vautour sont : mesuré aux extrémités des ailes o m. 072 mill., largeur maximum o m. 013 mill. 1/2, de l'extrémité du bec à la queue o m. 030 mill.

La couronne possède à l'intérieur un petit tube d'or, de o m. 014 mill. de long et o m. 006 mill. de diamètre, placé à l'opposé du vautour. Dans ce tube prenait place un objet curieux et d'une conception qui nous paraît puérile : c'est un petit arbre composé d'un tube d'or de dimension décroissante comme diamètre. Cet objet a été brisé et il est en très mauvais état. Il portait de nombreuses feuilles; celles qui restent nous renseignent sur leur fabrication. Ce sont de petites lames d'or simplement découpées et dont la naissance vient se loger dans un trou percé dans le tube qui figure le tronc de l'arbre; il en reste dix-huit en place, trois sont séparées. En plus de ces feuilles on voit aussi des petits groupes de perles de couleurs : trois sont en place et deux sont détachés.

XIIe dynastie.

Bibl. : *Journal d'entrée du Musée*, n° 31105 (le vautour porte le n° 31112); *Catalogue de Morgan*, 1895, supplément II, salle VII; J. de Morgan, *Fouilles à Dahchour*, II, p. 61, n° 20, pl. X-XI; *Catalogue de Morgan*, 1897, supplément III, p. 366; *Catalogue Maspero*, 1902, p. 423; 1912, p. 408; 1915, p. 421; *Catalogue Maspero*, traduction anglaise de Quibell, 1905, p. 417; 1906, p. 372; Maspero, *Égypte* (collection *Ars Una*), p. 125, fig. 229.

52861. Faucon (fermoir de collier). — Or et pierres. — Haut. o m. 038 mill., larg. o m. 043 mill. 1/2, épaisseur maximum o m. 005 mill. 1/2;

poids 33 gr. 30. — Trouvé à Dahchour, fouilles de Morgan, 1894-1895 (pl. LXVII).

Une tête de faucon en or, profil à droite. La tête a été exécutée au repoussé et ciselée avec soin; l'envers est masqué par une plaque plate; l'œil est fait d'un grenat foncé incrusté dans les paupières; le bec et le tour des yeux sont en lapis. Sur le cou, une perle plate en forme de larme est de cornaline et surmonte un croissant en pâte de verre de couleur vert foncé.

La tête forme une boîte où pénètre, par le cou, la série des fils constituant le collier. Pour que ce but soit convenablement atteint on a employé ici le procédé déjà étudié à propos des bracelets, c'est-à-dire que le motif de fermoir, dans l'espèce la tête de faucon, est fermée au cou par une plaque d'or percée d'autant de trous que le collier possède de rangs; les fils venaient s'arrêter à l'intérieur de la tête en passant par les trous de la plaque (ici ils sont au nombre de sept), et le collier conserve sa forme et les rangs leur place. Cette plaque elle-même est munie d'une tige de métal en Λ qui lui est soudée, et c'est de la pointe de ce V renversé que part le fil qui doit lier les deux fermoirs.

La tête de faucon, qui a tant inspiré les Égyptiens, a rarement été mieux traitée que dans ce bijou et celui qui lui fait pendant; ce sont des échantillons d'une rare valeur au point de vue esthétique autant qu'au point de vue technique.

XIIᵉ dynastie.

BIBL. : *Journal d'entrée du Musée*, n° 31085, J. DE MORGAN, *Fouilles à Dahchour*, II, p. 58, n° 1, pl. V.

52862. Faucon (fermoir de collier). — Or, pierres et pâte de verre. — Mêmes dimensions, même poids que le précédent. — Dahchour.

Une tête de faucon en tout semblable à la précédente, sauf qu'elle est profil à gauche (voir pl. LXVIII).

Même description. L'incrustation du bec manque.

Même bibliographie que pour le numéro précédent.

XIIᵉ dynastie.

BIBL. : *Journal d'entrée du Musée*, n° 31085, en commun avec le précédent.

52863. Cercle. — Or. — Diam. 0 m. 24 cent.; poids 21 grammes. — Trouvé à Dahchour, fouilles de Morgan, 1894-1895.

Un cercle d'or. C'est une bande de métal repliée sur elle-même (ourlée), ce qui lui donne une certaine tenue. La largeur visible est 0 m. 004 mill. 1/2. Elle n'a aucun ornement.

Le métal est mince (2/10 de millimètre).

XIIᵉ dynastie.

BIBL. : *Journal d'entrée du Musée*, n° 31110.

52864. Cercle. — Or. — Diam. o m. 21 cent.; poids 24 grammes. — Trouvé à Dahchour, fouilles de Morgan, 1894-1895.

Cercle d'or semblable au précédent, un peu plus petit, mais le métal est un peu plus fort (3/10 de millimètre) et le repli de la plaque un peu plus large, ce qui explique que celui-ci possède 3 grammes de plus pour 3 centimètres de diamètre de moins. La largeur visible du cercle est de o m. 005 mill. 1/2 en moyenne.

XII⁰ dynastie.

Bibl. : *Journal d'entrée du Musée,* n° 31111.

52865. Collier. — Or. — Long. o m. 54 cent.; poids 26 gr. 30. — Trouvé à Dahchour, fouilles de Morgan, 1894-1895 (pl. LXX).

Un collier composé de perles d'or de provenances diverses et de types différents.
Il est composé de perles de dimensions variées :
Neuf olives unies;
Quatorze perles rondes unies;
Dix perles rondes garnies de grènetis;
Quatre perles rondes côtelées;
Onze formant motifs doubles et ornées de grènetis;
Douze perles en forme de larmes côtelées;
Deux enfin sont en forme de chapiteaux quadrangulaires.
Parmi ces perles, celles présentées en 3 et en 5 millimètres sont ornées de grènetis.
C'est la XII⁰ dynastie qui a vu l'apparition ou, du moins, la diffusion de ce travail [1]; les recherches nous donneront des certitudes à cet égard.

XII⁰ dynastie.

Voir la note au n° 52811.

52866. Collier. — Or. — Long. o m. 68 cent.; poids 21 gr. 35. — Trouvé à Dahchour, fouilles de Morgan, 1894-1895.

Un rang de perles d'or en forme d'olives dont les dimensions varient de 5 à 8 millimètres de longueur et de 2 mill. 1/2 à 4 mill. 1/2 de grosseur maximum.

XII⁰ dynastie.

Voir la note au n° 52811.

---

[1] Voir É. Vernier, *La bijouterie et la joaillerie égyptiennes.*

52867. Collier. — Or. — Long. o m. 555 mill.; poids 8 grammes. — Trouvé à Dahchour, fouilles de Morgan, 1894-1895.

Un rang de petites perles d'or en forme d'olives. Leurs dimensions moyennes ne dépassent pas o m. oo5 mill. 1/2 pour la longueur et o m. oo3 mill. 1/2 pour la grosseur maximum.

XIIᵉ dynastie.

Voir la note au nᵒ 52811.

52868. Collier. — Or. — Long. o m. 90 cent.; poids 23 gr. 5o. — Trouvé à Dahchour, fouilles de Morgan, 1894-1895.

Un collier composé de perles, sphériques, en forme d'olives, en forme de larmes, de dimensions extrêmement variées. Celles en forme d'olives vont de 17 à 4 mill. 1/2 de longueur et de 5 mill. 1/10 à 3 millimètres de grosseur maximum.

Celles en forme de larmes ont o m. oo8 mill. de longueur et o m. oo4 mill. de grosseur maximum; le diamètre des perles rondes varie de 6 mill. 1/2 à 2 mill. 1/2.

XIIᵉ dynastie.

Voir la note au nᵒ 52811.

52869. Collier. — Or. — Long. o m. 5o cent.; poids 21 grammes. — Trouvé à Dahchour, fouilles de Morgan, 1894-1895 (pl. LXX).

Un rang de perles avec lesquelles on a fait des essais de groupement. Une sphère est à côté de deux petits culots entre lesquels un motif prend place, qui n'appartient pas nécessairement à l'un ou à l'autre des groupes : c'est une espèce de losange à angles très atténués.

Tous les groupes ne sont pas faits rigoureusement de cette façon, quelques-uns ont des culots avec des divisions et d'autres en ont qui ont du filigrané.

Il y a : vingt-deux perles sphériques; trente-six petits culots (des deux genres); trente motifs d'entre-deux; deux perles en poires godronnées; cinq motifs en forme de chapélins; un formant deux côtés à répétition et décoré au grènetis. Quatre-vingt-seize objets [1].

Voir la note au nᵒ 52811.

52870. Collier. — Or. — Long. o m. 94 cent.; poids 22 grammes. — Trouvé à Dahchour, fouilles de Morgan, 1894-1895.

Un collier de cent trente-neuf perles d'or en forme d'olives; les perles ne diffèrent entre elles que par la dimension.

---

[1] Les bijoutiers disent *des œuvres*.

Au centre, cinq perles ventrues dont le diamètre maximum est de o m. 007 mill.
pour o m. 012 mill. de longueur, de chaque côté cinq longues perles dont la
longueur est de o m. 015 mill. 1/2 et la grosseur maximum o m. 004 mill. 1/2,
et enfin cent vingt-quatre perles allant de 10 à 4 millimètres pour la longueur et
de 4 à 2 mill. 1/2 pour l'épaisseur maximum.

XIIe dynastie.

Voir la note au n° 52811.

52871. Collier. — Or. — Long. o m. 61 cent.; poids 20 gr. 35. — Trouvé à
Dahchour, fouilles de Morgan, 1894-1895.

Un rang de cinquante-deux perles d'or en forme d'olives. Les proportions varient peu ;
seules quatre perles sont sensiblement plus longues que les autres : elles ont
o m. 016 mill. de long, alors que la moyenne est de o m. 010 mill. 1/2. Quant
à la grosseur maximum, la moyenne est la même pour toutes : o m. 004 mill. 1/2.
Quatre de ces perles sont percées transversalement, dont l'usage ne nous est pas connu :
on peut supposer que l'on suspendait à ces perles de petites pendeloques, ou que,
placées dans un réseau, leur écartement était assuré par un guide passant par ces
trous ou, beaucoup plus simplement que cela, permettait de les coudre sur la partie
du vêtement qu'elles décoraient.

XIIe dynastie.

Voir la note au n° 52811.

52872. Collier. — Or. — Long. 1 m. 20 cent.; poids 40 gr. 33. — Trouvé à
Dahchour, fouilles de Morgan, 1894-1895.

Un rang de perles d'or en forme d'olives; leur nombre est de cent trois. Leur longueur varie de 11 à 13 millimètres, leur grosseur de 4 mill. 1/2 à 6 millimètres.
Treize d'entre elles sont trouées de la façon indiquée au collier précédent.

XIIe dynastie.

Voir la note au n° 52811.

52873. Collier. — Or. — Long. o m. 70 cent.; poids 26 grammes. — Trouvé
à Dahchour, fouilles de Morgan, 1894-1895.

Un rang de cinquante-huit perles d'or en forme d'olives; leur aspect et leurs dimen-
sions sont semblables, o m. 013 mill. de longueur et o m. 006 mill. de grosseur.
Dix-neuf sont percées de la même façon que celles indiquées aux numéros précédents.
XIIe dynastie.

Voir la note au n° 52811.

52874. Collier. — Or. — Long. o m. 55 cent.; poids 15 gr. 35. — Trouvé à Dahchour, fouilles de Morgan, 1894-1895.

Un rang de cinquante et une perles en forme d'olives; sept d'entre elles sont nettement plus longues que les autres, de 15 à 18 millimètres, alors que la moyenne de celle qui reste est de 9 à 11 millimètres.

Les grosseurs n'offrent pas de différence sensible, o m. 004 mill. 1/2 en moyenne les unes comme les autres, sauf une qui a près de o m. 006 mill.

XII⁰ dynastie.

Voir la note au n° 52811.

52875. Collier. — Or. — Long. o m. 94 cent.; poids 30 grammes. — Trouvé à Dahchour, fouilles de Morgan, 1894-1895.

Un rang de quatre-vingt-une perles en forme d'olives.

Quatre-vingts sont sensiblement de mêmes dimensions, o m. 012 mill. 1/2 et o m. 005 mill. 1/2 de grosseur maximum, et une extrêmement petite, o m. 005 mill. 1/2 de longueur et o m. 002 mill. 1/2 de grosseur.

Vingt-sept sont trouées de la même façon que celle dont il a été parlé déjà aux numéros précédents.

XII⁰ dynastie.

Voir la note au n° 52811.

52876. Collier. — Or. — Long. o m. 80 cent.; poids 30 grammes. — Trouvé à Dahchour, fouilles de Morgan, 1894-1895.

Un rang de soixante et onze perles d'or en forme d'olives.

On peut considérer soixante de ces perles comme sensiblement équivalentes comme longueur et comme grosseur. Les différences étant insignifiantes, la longueur moyenne est de o m. 011 mill. et la grosseur de o m. 005 mill. 1/2. Mais dix sont de dimensions supérieures en grosseur, o m. 008 mill.

Douze de ces perles sont trouées.

Voir la note au n° 52811.

52877. Collier. — Or. — Long. 1 m. 07 cent.; poids 29 gr. 25. — Trouvé à Dahchour, fouilles de Morgan, 1894-1895.

Un rang de cent une perles en forme d'olives, dont dix sont un peu plus grandes que les autres : elles ont o m. 017 mill. 1/2 de longueur pour o m. 005 mill. de

grosseur. Le reste est de proportions semblables entre elles, leur moyenne est
o m. o1o mill. pour la longueur et o m. oo4 mill. pour la grosseur.

Deux seulement sont trouées.

XII° dynastie.

Voir la note au n° 5a811.

**52878. Collier. — Or. — Long. o m. 5o cent.; poids 18 grammes. — Trouvé
à Dahchour, fouilles de Morgan, 1894-1895.**

Un rang de quarante-deux perles d'or en forme d'olives; elles sont toutes semblables.
Leurs dimensions moyennes sont : o m. o12 mill. 1/2 pour la longueur et o m.
oo5 mill. 1/2 pour la grosseur.

Il y en a deux qui portent les trous transversaux déjà signalés.

XII° dynastie.

Voir la note au n° 5a811.

**52879. Collier. — Or. — Long. o m. 71 cent.; poids a5 gr. 70. — Trouvé à
Dahchour, fouilles de Morgan, 1894-1895 (pl. LXX).**

Un rang de soixante perles en forme d'olives. Ces perles ont pour longueur moyenne
o m. o11 mill. et pour grosseur maximum o m. oo6 mill.

Quatre sont percées transversalement.

XII° dynastie.

Voir la note au n° 5a811.

**52880. Collier. — Or. — Long. 1 m. 91 cent.; poids 36 gr. 35. — Trouvé à
Dahchour, fouilles de Morgan, 1894-1895.**

Un rang de quatre-vingt-dix perles d'or en forme d'olives. Ces perles sont toutes
semblables. Leur grandeur moyenne est de o m. o13 mill., leur grosseur maximum
est de o m. oo5 mill. 1/2.

Sept sont percées.

XII° dynastie.

Voir la note au n° 5a811.

**52881. Collier. — Or. — Long. o m. 5o cent.; poids 17 gr. 6o. — Trouvé à
Dahchour, fouilles de Morgan, 1894-1895.**

Un rang de quarante perles d'or en forme d'olives; leur volume est légèrement varié.

Les dimensions en longueur vont de 11 à 13 millimètres. Leur grosseur maximum va de 6 mill. 1/2 à 4 mill. 1/2.

Deux sont percées.

XIIe dynastie.

Voir la note au n° 52811.

52882. Collier. — Or. — Long. 0 m. 80 cent.; poids 27 gr. 70. — Trouvé à Dahchour, fouilles de Morgan, 1894-1895.

Un rang de soixante-cinq perles d'or en forme d'olives et presque toutes de mêmes dimensions; deux seulement se distinguent suffisamment pour être notées : une a 0 m. 017 mill. de longueur, mais seulement 0 m. 004 mill. 1/2 de grosseur; l'autre a 0 m. 014 mill. de longueur et 0 m. 007 mill. de grosseur. Les autres perles ont des dimensions moyennes de 0 m. 012 mill. 1/2 de longueur et de 0 m. 005 mill. 1/2 de grosseur.

Dix sont percées transversalement.

XIIe dynastie.

Voir la note au n° 52811.

52883. Collier. — Or. — Long. 0 m. 54 cent.; poids 18 gr. 35. — Trouvé à Dahchour, fouilles de Morgan, 1894-1895.

Un rang de quarante-six perles d'or en forme d'olives. Ces perles sont très sensiblement semblables, et leurs dimensions moyennes sont de 0 m. 012 mill. de longueur et 0 m. 005 mill. 1/2 d'épaisseur maximum.

Douze de ces perles sont percées transversalement.

XIIe dynastie.

Voir la note au n° 52811.

52884. Collier. — Or. — Long. 0 m. 52 cent.; poids 17 gr. 35. — Trouvé à Dahchour, fouilles de Morgan, 1894-1895.

Un rang de quarante-quatre perles d'or en forme d'olives. Leurs dimensions moyennes sont de 0 m. 012 mill. 1/2 de longueur et 0 m. 005 mill. 1/2 de grosseur maximum.

Neuf de ces perles sont percées transversalement.

XIIe dynastie.

Voir la note au n° 52811.

52885. Collier. — Or. — Long. 1 m. 02 cent.; poids 34 grammes. — Trouvé
à Dahchour, fouilles de Morgan, 1894-1895.

> Un rang de cent une perles en forme d'olives. L'ensemble est de proportions assez
> constantes, o m. 012 mill. de longueur et o m. oo5 mill. 1/2 de grosseur maxi-
> mum; mais il y a six perles sensiblement plus longues, o m. o18 mill. pour o m.
> oo5 mill. d'épaisseur, et deux plus petites, o m. oo9 mill. de longueur et o m.
> oo4 mill. de grosseur.
>
> Neuf de ces perles sont percées transversalement.
>
> XIIe dynastie.
>
> Voir la note au n° 52811.

52886. Collier. — Or. — Long. o m. 96 cent.; poids 31 gr. 70. — Trouvé à
Dahchour, fouilles de Morgan, 1894-1895.

> Un rang de quatre-vingts perles d'or en forme d'olives, dont les dimensions sont, en
> moyenne, de o m. o13 mill. de longueur et de o m. oo5 mill. 1/2 de grosseur
> maximum.
>
> Trois de ces perles sont percées transversalement.
>
> XIIe dynastie.
>
> Voir la note au n° 52811.

52887. Collier. — Or. — Long. o m. 71 cent.; poids 19 gr. 35. — Trouvé
à Dahchour, fouilles de Morgan, 1894-1895.

> Un rang de soixante et une perles d'or en forme d'olives. Les dimensions oscillent entre
> o m. o1o mill. et o m. o13 mill. de longueur et o m. oo4 mill. et o m. oo6 mill.
> de grosseur maximum.
>
> Douze de ces perles sont percées transversalement.
>
> XIIe dynastie.
>
> Voir la note au n° 52811.

52888. Collier. — Or. — Long. o m. 82 cent.; poids 28 grammes. — Trouvé
à Dahchour, fouilles de Morgan, 1894-1895.

> Un rang de soixante-quatre perles d'or en forme d'olives. Leurs dimensions moyennes
> sont de o m. o11 mill. de longueur et o m. oo5 mill. 1/2 de grosseur.

Quinze de ces perles ont une forme beaucoup plus allongée, o m. o17 mill. environ,
pour une grosseur semblable.

Cinq de ces perles sont percées transversalement.

XIIe dynastie.

Voir la note au n° 52811.

52889. Collier. — Or. — Long. 1 m. 11 cent.; poids 38 gr. 75. — Trouvé
à Dahchour, fouilles de Morgan, 1894-1895.

Un rang de quatre-vingt-douze perles d'or en forme d'olives.

Ces perles ont pour dimensions moyennes o m. o12 mill. de longueur et o m. oo5
mill. 1/2 de grosseur maximum.

Douze de ces perles sont percées transversalement.

XIIe dynastie.

Voir la note au n° 52811.

52890. Collier. — Or. — Long. o m. 92 cent.; poids 31 grammes. — Trouvé
à Dahchour, fouilles de Morgan, 1894-1895.

Un rang de quatre-vingt-trois perles d'or en forme d'olives.

Elles sont de dimensions sensiblement semblables : o m. o11 mill. de longueur et
o m. oo5 mill. 1/2 de grosseur maximum. Toutefois il y en a quelques-unes dont
la grosseur est plus considérable (elle atteint o m. oo7 mill.), sans que ces perles
soient plus longues que les autres.

Vingt-deux sont percées transversalement.

Dans ce rang on voit une chose intéressante : c'est une perle où il ne reste que la céramique dépouillée de la feuille d'or.

XIIe dynastie.

Voir la note au n° 52811.

52891. Collier. — Or. — Long. o m. 93 cent.; poids 33 gr. 75. — Trouvé à
Dahchour, fouilles de Morgan, 1894-1895.

Un rang de soixante-seize perles d'or en forme d'olives, et une toute petite en anneau
plat.

Les dimensions sont de o m. o12 mill. de longueur pour o m. oo5 mill. 1/2 de grosseur maximum. Cependant deux de ces perles ont une grosseur maximum de
o m. oo7 mill. 1/2.

Treize de ces perles sont percées transversalement.

XIIe dynastie.

Voir la note au n° 52811.

52892. Collier. — Or et cornaline. — Long. o m. 34 cent.; poids 7 gr. 90. —
Trouvé à Dahchour, fouilles de Morgan, 1894-1895.

Un rang de cinquante-six perles de cornaline; elles sont cylindriques, sauf une excep-
tion : c'est une perle de même substance, mais en forme d'olive. Presque toutes
ces perles sont de même longueur, sauf cinq, qui sont variées comme dimensions.
Pour cinquante : longueur moyenne o m. oo6 mill., diamètre moyen o m. oo3 mill.
1/2;
Une cylindrique de o m. o15 mill. de longueur et o m. oo5 mill. de diamètre;
Deux cylindriques de o m. o1o mill. 1/2 de longueur et o m. oo4 mill. de diamètre;
Deux cylindriques de o m. oo9 mill. de longueur et o m. oo4 mill. de diamètre;
Une olive de o m. oo9 mill. de longueur et o m. oo5 mill. de grosseur maximum.
Au lieu de rencontre et de fermeture du collier, on voit une petite pièce d'or ayant la
forme hémisphérique et munie à l'intérieur d'un anneau où sont passés les fils
réunissant les perles du collier; son diamètre est de o m. oo4 mill.

XIIᵉ dynastie.

Voir la note au n° 52811.

52893. Collier. — Or et lapis. — Long. o m. 57 cent.; poids 5 gr. 35. —
Trouvé à Dahchour, fouilles de Morgan, 1894-1895 (pl. LXXII).

Un collier composé de cent une perles d'or en forme d'anneaux plats, et de cent perles
de lapis en forme d'olives.
Toutes ces perles sont de dimensions extrêmement modestes et composent un bijou
d'une délicatesse charmante.
Les perles d'or ont o m. oo1 mill. de largeur et o m. oo2 mill. de diamètre.
Les perles de lapis ont un peu de variété dans leur longueur, qui varie de 4 à 6 mill.
1/2, mais leur diamètre (o m. oo1 mill. 1/2) est sensiblement constant.

XIIᵉ dynastie.

Voir la note au n° 52811.

52894. Collier. — Or et turquoise ou pâte de verre. — Long. o m. 42 cent.;
poids 5 gr. 70. — Trouvé à Dahchour, fouilles de Morgan, 1894-
1895 (pl. LXXII).

Un rang de cent quarante et une perles, dont soixante-dix en forme d'olives et soixante
et onze sphériques.
Les perles en forme d'olives comptent dix-sept en or et cinquante-trois en turquoise.
Leurs dimensions sont o m. oo5 mill. de longueur et o m. oo2 mill. de grosseur maximum. Les perles sphériques sont toutes en or; leur diamètre est de o m. oo2 mill.

XIIᵉ dynastie.

Voir la note au n° 52811.

52895. Collier. — Or et turquoise ou pâte de verre. — Long. o m. 39 cent.; poids 4 gr. 36. — Trouvé à Dahchour, fouilles de Morgan, 1894-1895.

Un rang de quatre-vingt-quinze perles en forme d'olives, moins une qui est de forme sphérique.

Ces perles sont moitié or et moitié turquoise, plus la perle sphérique qui est en or.

La longueur moyenne de ces perles or et pierre est de o m. 004 mill., la grosseur maximum o m. 001 mill. 7/10.

Le diamètre de la perle d'or sphérique est de o m. 002 mill.

XII⁰ dynastie.

Voir la note au n° 52811.

52896. Collier. — Cornaline et turquoise ou verre. — Long. o m. 92 cent.; poids 5 gr. 70. — Trouvé à Dahchour, fouilles de Morgan, 1894-1895.

Un rang de deux cent vingt-six perles de cornaline et de turquoise ayant toutes la forme d'olives. Les perles de cornaline sont plus longues et un peu plus fortes. Elles sont en nombre égal dans chaque matière.

La longueur moyenne des perles de cornaline est de o m. 006 mill. et la grosseur maximum de o m. 002 mill. 2/10.

La longueur moyenne des perles turquoise est de o m. 004 mill. et leur grosseur maximum de o m. 002 mill.

XII⁰ dynastie.

Voir la note au n° 52811.

52897. Collier. — Lapis et turquoise (ou émail). — Long. o m. 77 cent.; poids 4 gr. 75. — Trouvé à Dahchour, fouilles de Morgan, 1894-1895.

Un rang de quatre-vingt-huit perles alternées de lapis et de turquoises; elles sont toutes en forme d'olives. La moyenne de la longueur des perles de lapis est supérieure à celle des perles turquoise, l'une est de o m. 005 mill., alors que l'autre n'est que de o m. 003 mill. 1/2; la grosseur est la même : en moyenne o m. 001 mill. 7/10.

XII⁰ dynastie.

Voir la note au n° 52811.

52898. Collier. — Or, cornaline, lapis, pâte d'émail. — Long. o m. 4o cent.;
poids 5 gr. 6o. — Trouvé à Dahchour, fouilles de Morgan, 1894-
1895.

Un rang de soixante perles plates en forme de losange aux angles émoussés, percés
d'angle en angle.

Deux sont en or, vingt-quatre en lapis, quinze en cornaline, dix-neuf en pâte d'émail.

Les dimensions sont les mêmes pour toutes les perles : o m. oo5 mill. 4/1o de haut
et o m. oo6 mill. 4/1o de large.

XIIe dynastie.

Voir la note au n° 52811.

52899. Collier. — Céramique. — Long. 1 m. 4o cent.; poids 19 gr. 3o. —
Trouvé à Dahchour, fouilles de Morgan, 1894-1895.

Un collier composé de perles de céramique gris verdâtre en forme, les unes d'olives,
les autres de petites croix (voir pl. LXIX, n° 52901).

Les perles en forme d'olives sont au nombre de quatre-vingt-une.

Leur grandeur moyenne est de o m. o14 mill. et leur grosseur maximum o m. oo3
mill. 1/2.

Les perles en forme de croix à quatre branches mesurent de 6 à 9 mill. 1/2 aux extrémités de ses branches.

Elles sont enfilées dans l'ordre alterné, chaque petite croix séparant deux olives; elles
sont donc en nombre égal avec les perles en olives, soit en tout cent soixante-deux.

XIIe dynastie.

Voir la note au n° 52811.

52900. Collier. — Céramique. — Long. 1 m. 1o cent.; poids 15 gr. 35. —
Trouvé à Dahchour, fouilles de Morgan, 1894-1895.

Un collier composé des mêmes éléments que le précédent; il compte soixante-quatre
perles en forme d'olives et soixante et une petites croix (voir pl. LXIX, n° 52901).

XIIe dynastie.

Voir la note au n° 52811.

52901. Collier. — Céramique. — Long. 1 m. 2o cent.; poids 16 gr. 35. —
Trouvé à Dahchour, fouilles de Morgan, 1894-1895 (pl. LXIX).

Un collier composé d'éléments identiques aux deux précédents. Le nombre des perles
en forme d'olives est de soixante-sept, et le nombre des petites croix est de même
de soixante-sept.

XIIe dynastie.

Voir la note au n° 52811.

52902. Collier. — Lapis. — Long. 1 m. 04 cent.; poids 46 grammes. — Trouvé à Dahchour, fouilles de Morgan, 1894-1895.

Un collier de quatre-vingt-dix-huit perles de lapis en forme d'olives.
Les perles sont toutes semblables dans leur forme, mais les dimensions varient : les longueurs vont de 10 à 14 millimètres; les grosseurs maxima, de 6 à 4 mill. 1/2.
XIIe dynastie.

Voir la note au n° 52811.

52903. Collier. — Cornaline. — Long. 0 m. 76 cent.; poids 15 gr. 30. — Trouvé à Dahchour, fouilles de Morgan, 1894-1895.

Un collier composé de cent cinq perles de cornaline ayant la forme d'olives, sauf pour six qui ont la forme de larmes. Les dimensions vont pour les longueurs de 15 à 7 millimètres, celles des grosseurs maxima de 3 mill. 1/2 à 5 mill. 1/2.
XIIe dynastie.

Voir la note au n° 52811.

52904. Collier. — Cornaline. — Long. 0 m. 78 cent.; poids 24 grammes. — Trouvé à Dahchour, fouilles de Morgan, 1894-1895.

Un collier composé de soixante-quatorze perles en cornaline, qui ont la forme d'olives, les unes longues et minces, les autres courtes et pansues; la plus longue a 0 m. 015 mill. 1/2 et n'a que 0 m. 003 mill. 1/2 de grosseur, la plus grosse a 0 m. 006 mill. 1/2 de grosseur et n'a que 0 m. 011 mill. de longueur.
XIIe dynastie.

Voir la note au n° 52811.

52905. Collier. — Cornaline. — Long. 0 m. 84 cent.; poids 22 gr. 60. — Trouvé à Dahchour, fouilles de Morgan, 1894-1895.

Un collier de soixante-dix-neuf perles de cornaline, semblable au numéro précédent. Là aussi la forme est en olives, mais les dimensions varient, les longueurs de 9 à 16 millimètres, les grosseurs de 3 à 5 mill. 1/2.
XIIe dynastie.

Voir la note au n° 52811.

52906. Collier. — Cornaline. — Long. o m. 65 cent.; poids 29 gr. 6o. — Trouvé à Dahchour, fouilles de Morgan, 1894-1895.

Un collier en tout semblable au précédent. Les perles sont plus égales et rentrent dans la moyenne, longueur o m. 012 mill., grosseur o m. 006 mill.; leur nombre est de soixante et une.

XIIᵉ dynastie.

Voir la note au n° 52811.

52907. Collier. — Cornaline. — Long. o m. 6o cent.; poids 23 grammes. — Trouvé à Dahchour, fouilles de Morgan, 1894-1895.

Un collier de cinquante-cinq perles, en tout semblable au précédent. Les dimensions moyennes sont de o m. 011 mill. 1/2 de longueur et o m. 006 mill. de grosseur, sauf une qui atteint plus de o m. 007 mill.

XIIᵉ dynastie.

Voir la note au n° 52811.

52908. Collier. — Cornaline. — Long. o m. 82 cent.; poids 34 grammes. — Trouvé à Dahchour, fouilles de Morgan, 1894-1895.

Un collier de soixante-quatorze perles semblable aux précédents. Les perles sont de dimensions très égales : o m. 012 mill. de longueur, o m. 005 mill. 1/2 de grosseur en moyenne.

XIIᵉ dynastie.

Voir la note au n° 52811.

52909. Collier. — Cornaline. — Long. o m. 82 cent.; poids 29 grammes. — Trouvé à Dahchour, fouilles de Morgan, 1894-1895.

Un collier de soixante-seize perles en forme d'olives, semblable aux précédents. Les dimensions des perles sont plus variées : elles vont de 14 à 17 millimètres pour la longueur et de 4 à 7 mill. 1/2 pour la grosseur.

XIIᵉ dynastie.

Voir la note au n° 52811.

52910. Collier. — Cornaline. — Long. o m. 71 cent.; poids 29 grammes. — Trouvé à Dahchour, fouilles de Morgan, 1894-1895.

Un collier de soixante-huit perles semblable aux précédents. Les dimensions moyennes sont de o m. 011 mill. et o m. 005 mill. 1/2 de grosseur.

XIIᵉ dynastie.

Voir la note au n° 52811.

52911. **Griffe de tigre (pendeloque).** — Or et pierres. — Longueur maximum
o m. 022 mill. 1/2, larg. o m. 016 mill. 1/2; poids 3 grammes. —
Trouvée à Dahchour, fouilles de Morgan, 1894-1895 (pl. LXXI).

Griffe de tigre, or cloisonné et incrusté de pierres calibrées.

Elle se présente de profil, la courbure se dirigeant de gauche à droite. Elle est faite
d'une plaque d'or légèrement cuvetté. En haut, une bande d'or horizontale est rapportée et une petite plaque réunit sur la tranche cette bande à la plaque qui forme
la griffe; c'est sur cette petite plaque que se trouve l'anneau plat, qui servira pour
suspendre la pendeloque.

La bande ainsi rapportée est décorée d'un quadruple rang de perles séparées par cinq
filets; perles et filets sont simplement simulés à la face comme au revers par un
travail de gravure : cela a son importance tout de même, car il est bien probable
que ce genre de décor n'aurait pas été adopté si l'on n'avait pas fait du décor en
fil et en graine autour de l'artisan qui fit ce bijou, et c'est en effet ce qui est établi
par de nombreuses pièces et dans le même trésor.

Le corps même de la griffe est décoré du côté face par des cloisons imitant des plumes disposées sur treize rangs horizontaux (le dernier n'ayant qu'une plume dans
la pointe). Le rang du haut est de lapis, le suivant d'amazonite ou d'émail, le troisième de cornaline, puis les séries recommencent. Au revers, les plumes sont dans
le même dispositif, mais gravées seulement sur l'or à plein.

En haut, à l'endroit où elle part de la bande décorée au grènetis, la griffe n'a que
o m. 012 mill.; il reste donc o m. 004 mill. 1/2 d'écart : ici vient se loger un
petit renflement qui vient jouer le rôle de la partie charnue de la patte, et c'est
une amazonite qui garnit la cloison.

XIIe dynastie.

Bibl. : *Journal d'entrée du Musée*, n° 31095; J. DE MORGAN, *Fouilles à Dahchour*, II, p. 59, n° 11,
pl. V.

52912. **Griffe de tigre.** — Or et pierres. — Dahchour (pl. LXXI).

Une griffe entièrement semblable à la précédente. La courbure est dans le sens inverse, la pointe à gauche, les deux griffes se faisant pendant.

Celle-ci est en moins bon état que la première : il manque une pierre dans le rang
du haut (lapis), une dans le deuxième rang, trois dans le cinquième, une dans le
sixième, une dans le huitième et une dans le douzième.

XIIe dynastie.

Bibl. : *Journal d'entrée du Musée*, n° 31095, en commun avec le n° 52911; J. DE MORGAN, *Fouilles à
Dahchour*, II, p. 59, n° 11, pl. V.

52913. **Pendeloque.** — Or et pierres. — Haut. o m. 022 mill., larg. o m.
034 mill. 1/2; poids 5 grammes. — Trouvée à Dahchour, fouilles de
Morgan, 1894-1895 (pl. LXXI).

Une pendeloque nous montre deux vautours affrontés (déesse Mout sur la corbeille)
ayant entre eux deux houes.

L'ensemble du bijou est cloisonné, seules les pattes des vautours sont faites en fils
d'or travaillés avec beaucoup d'habileté et de goût.

Les têtes, les cous et quelques rappels aux bords des ailes, les hauts des pattes du second plan et l'extrémité des queues sont faits en pâte d'émail turquoise.

Les corps des vautours sont de lapis, les houes et un très léger rappel à la naissance
des cous sont en cornaline. Les corbeilles sont faites de six traits horizontaux :
lapis, pâte d'émail, cornaline, deux fois. Enfin le bijou est terminé au sommet
par un anneau horizontal plat et strié qui a o m. oo3 mill. de large et o m. oo2
mill. 1/2 de diamètre.

XIIe dynastie.

B_{IBL}. : *Journal d'entrée du Musée*, n° 31113 ; J. _{DE} M_{ORGAN}, *Fouilles à Dahchour*, II, p. 64, n° 36, pl. V.

52914. ·**Breloque.** — Or et pierres. — Haut. o m. 17 cent., larg. o m. 16 cent.;
poids 1 gramme. — Trouvée à Dahchour, fouilles de Morgan, 1894-
1895 (pl. LXXI).

Une breloque or cloisonné formée de quatre symboles : au milieu, le signe de vie ☥ ;
à sa droite, une touffe de papyrus (nord); à sa gauche, le signe de protection *sa*.

L'exécution de ce bijou est des plus précieuses, les cloisons sont d'une délicatesse
exquise et le travail du lapidaire des plus remarquables. Le signe du milieu ☥
a le milieu de son anneau rempli d'une cornaline, le pourtour et les branches sont
faites de lapis, les papyrus du groupe de droite sont en amazonite ou en pâte d'émail
vert, le *sa* est fait de pâte d'émail vert avec quatre solutions de continuité très
discrètes en cornaline.

La corbeille est décorée de cinq cloisons horizontales contenant : en haut, raie de
lapis, puis de pâte d'émail vert, puis cornaline et enfin la quatrième et la cinquième
lapis et pâte d'émail.

L'arrière est ciselé finement au tracé et le décor est entièrement fait au trait.

Un anneau en métal plat et strié est accompagné d'une petite cornière destinée à permettre de fixer le bijou sur un autre.

XIIe dynastie.

B_{IBL}. : *Journal d'entrée du Musée*, n° 31114, en commun avec six autres ; J. _{DE} M_{ORGAN}, *Fouilles à
Dahchour*, II, p. 63, n°s 34 et 35, pl. V.

52915. Uræus. — Or, lapis et grenat. — Haut. o m. o18 mill., larg. o m.
o12 mill. 1/2; poids 2 grammes. — Trouvé à Dahchour, fouilles de
Morgan, 1894-1895.

Une tête d'uræus en lapis d'une exécution parfaite. Elle possède deux yeux de grenat foncé bordés d'or; les narines sont elles-mêmes bordées d'or. Le travail de cette pièce, aussi bien en bijouterie qu'en lapidairerie, ne saurait être surpassé.

XIIe dynastie.

Bibl. : *Journal d'entrée du Musée*, n° 31133; J. DE MORGAN, *Fouilles à Dahchour*, II, p. 65, n° 58.

52916. Fermoir de collier. — Or. — Haut. o m. o18 mill. 1/2, largeur maximum o m. o19 mill., largeur minimum o m. o11 mill.; poids 3 grammes. — Trouvé à Dahchour, 1894-1895 (pl. LXXI).

Le signe ⚥ encadré dans un trapèze, dont chacun des côtés latéraux est muni d'une glissière; cette glissière possède du côté extérieur une plaque qui ferme la boîte formée par la glissière et qui est percée de trois trous : c'est l'indice que le bijou était fait de trois rangs.

Le décor est fait de quelques traits gravés.

XIIe dynastie.

Bibl. : *Journal d'entrée du Musée*, n° 31089.

52917. Fermoir. — Or. — Long. o m. o11 mill., larg. o m. oo7 mill., épaiss. o m. oo5 mill. 1/2; poids 1 gramme. — Trouvé à Dahchour, fouilles de Morgan, 1894 (pl. LXXI).

Un petit fermoir, de collier ou de bracelet; il est à glissière en deux parties.

La forme est celle d'un nœud de corde.

Ce bijou est exécuté au repoussé, probablement embouti dans un creux de pierre; le relief est assez accentué. Deux plaques plates ferment ensuite les cavités au revers; sur l'une de ces plaques est soudée une bande d'or qui vient s'engager dans un sillon creusé dans la plaque qui fait la contre-partie.

Ce travail n'a pas la perfection de celui des autres bijoux avec lesquels ce fermoir se trouve mêlé.

XIIe dynastie.

Bibl. : *Journal d'entrée du Musée*, n° 30851 a; J. DE MORGAN, *Fouilles à Dahchour*, I, p. 61, n° 15, pl. XVI; J. DE MORGAN, *Fouilles à Dahchour*, II, p. 65, n° 53.

52918. Fermoir. — Or. — Dahchour (pl. LXXI).

Un objet en tout semblable au précédent : mêmes dimensions et même poids, mêmes références.

XIIe dynastie.

52919. Pendeloque. — Or et pierres. — Haut. (anneau supérieur compris)
o m. o16 mill. 1/2, larg. o m. o14 mill. — Trouvée à Dahchour,
fouilles de Morgan, 1894-1895 (pl. LXXI).

Une breloque formée par le signe ☥ posé sur le signe ▬. Le signe ☥ est muni à sa
partie supérieure d'un anneau plat, horizontal; les extrémités du signe ▬ sont
également munies chacune d'un anneau semblable.

L'ensemble du bijou est construit en or cloisonné et garni de pierres calibrées. La
boucle du signe ☥ contient une cornaline; les branches sont en lapis; la partie
verticale inférieure est en turquoise (ou pâte d'émail).

Le signe ▬ est garni de lapis et de cornaline. La barre horizontale avait, au milieu,
un petit carré dont les cloisons sont vides.

Le revers est en or nu.

XII⁰ dynastie.

52920. Fermoir (tête de faucon). — Or et pierres. — Haut. (anneaux compris) o m. o13 mill., larg. o m. o11 mill., épaiss. o m. oo2 mill.;
poids 1 gr. 3o. — Trouvé à Dahchour, fouilles de Morgan, 1894-
1895 (pl. LXXI).

Une tête de faucon, profil à droite. Cette pièce est faite en or cloisonné. Elle est d'une
délicatesse extrême. Les cloisons sont garnies par les pierres suivantes : l'œil en cornaline, le bec et le capuchon entier en lapis, les joues et la gorge en amazonite
ou plus probablement en pâte d'émail.

Un petit anneau de fil rond se voit sur la tête. Deux tubes *coudés* sont placés de chaque côté sous la tête.

Le décor du revers, exécuté uniquement au traçoir, est d'une exécution parfaite.

XII⁰ dynastie.

Bibl. : *Journal d'entrée du Musée*, n° 31113; J. de Morgan, *Fouilles à Dahchour*, II, p. 64, n° 36,
pl. V.

52921. Fermoir (tête de faucon). — Trouvé à Dahchour, fouilles de Morgan,
1894-1895 (pl. LXXI).

Une tête de faucon identique à celle décrite au numéro précédent, mais elle est tournée profil à gauche.

XII⁰ dynastie.

Bibl. : *Journal d'entrée du Musée*, n° 31113.

52922. Fermoir sceau. — Or et cornaline. — Haut. o m. o1o mill., diamètre de la cornaline o m. oo8 mill. — Trouvé à Dahchour, fouilles de Morgan, 1894-1895 (pl. LXXI).

Un petit fermoir composé d'une plaque circulaire de cornaline occupant le milieu d'un sceau, lequel est en or décoré de quelques traits.

A l'arrière, l'anneau de suspension, plat et strié, est monté par moitié sur une petite glissière qui permet de fermer ainsi un collier ou un bracelet, n'ayant qu'un seul rang.

XII⁰ dynastie.

Bibl. : *Journal d'entrée du Musée,* n° 31114, en commun avec six autres; J. de Morgan, *Fouilles à Dahchour,* II, p. 63, n° 32, pl. V.

52923. Cornaline. — Axes o m. o17 mill., o m. o14 mill. — Trouvé à Dahchour, fouilles de Morgan, 1894-1895 (pl. LXXI).

Une plaque de cornaline ovale, nue.

XII⁰ dynastie.

Bibl. : *Journal d'entrée du Musée,* n° 31135; J. de Morgan, *Fouilles à Dahchour,* II, p. 65, n° 6o.

52924. Breloque. — Or et émail. — Hauteur avec l'anneau o m. o14 mill., grosseur maximum o m. oo8 mill. 1/2, épaiss. o m. oo5 mill.; poids o gr. 6o. — Trouvée à Dahchour, fouilles de Morgan, 1894-1895 (pl. LXXI).

Une petite breloque d'émail bleu ayant la forme du cœur. La partie destinée à être vue est très arrondie, celle du revers est plate.

L'anneau de suspension est horizontal, plat et strié.

XII⁰ dynastie.

Bibl. : *Journal d'entrée du Musée,* n° 31134; J. de Morgan, *Fouilles à Dahchour,* II, p. 65, n° 59.

52925. Uræus. — Or. — Haut. o m. o17 mill. 1/2. — Trouvé à Dahchour, fouilles de Morgan, 1894-1895 (pl. LXXI).

Un uræus dressé sur une tige de papyrus. Le corps se replie sur la fleur, et la queue sinueuse descend le long de la tige. Ce travail est d'une délicatesse extrême.

XII⁰ dynastie.

Bibl. : *Journal d'entrée du Musée,* n° 3113o; J. de Morgan, *Fouilles à Dahchour,* II, p. 65, n° 55, pl. XII.

52926-52927. Deux breloques. — Or et pierres. — Haut. (anneaux compris)
o m. o18 mill., largeur maximum o m. oo6 mill. 1/2. — Trouvées à
Dahchour, fouilles de Morgan, 1894-1895 (pl. LXXI).

Le signe *sam*, en or cloisonné.

La partie verticale est terminée en haut et en bas par un petit anneau plat. Les cloisons sont garnies de la façon suivante. En haut de la partie verticale, un petit trait horizontal en amazonite, puis le reste est de lapis. De chaque côté du cœur on voit deux compartiments : celui du haut est en cornaline et celui du bas en turquoise ou pâte d'émail.

Au revers, l'or nu est décoré, la partie verticale de traits horizontaux et le cœur d'un trait répétant la forme de la cloison de la face.

XIIe dynastie.

NOTE. — Il y a lieu ici d'attirer l'attention du chercheur. Nous voyons se renouveler, pour les petits objets, ce que nous avons déjà rencontré pour les perles et les éléments de collier. Le fouilleur, qui était en même temps le rédacteur du procès-verbal, fut débordé par la quantité; de plus, l'extrême délicatesse de quelques-uns de ces objets est telle qu'elle n'apparaît qu'à un examen attentif et reposé. Nous voyons donc au *Journal d'entrée* des numéros correspondant à des indications d'un caractère général : vingt-sept signes hiéroglyphiques, ou : dix fermoirs. Quelquefois un léger croquis fixe l'attention, mais dans beaucoup de cas il est impossible d'arriver à la certitude que l'objet désigné est bien celui que l'on inventorie, alors que cet objet est d'une qualité qui aurait été soulignée avec soin s'il avait été trouvé à part. Cet inconvénient, presque inévitable si le personnel est peu nombreux et la trouvaille considérable, n'a pas néanmoins une importance extrême quand il s'agit de trouvailles comme celles de Dahchour, faites en peu de temps et apportées au Musée sans retard et sans intermédiaires.

52928. Breloque. — Or et pierre. — Haut. (anneaux compris) o m. o21
mill., larg. o m. oo7 mill.; poids o gr. 65. — Trouvée à Dahchour,
fouilles de Morgan, 1894-1895 (pl. LXXI).

Un signe ☥ en or cloisonné. La boucle est occupée par une cornaline ainsi que les deux branches; le pourtour de la boucle et la partie inférieure sont garnies par de la pâte d'émail de couleurs turquoise et amazonite.

Les deux extrémités supérieure et inférieure sont occupées par des anneaux plats.

Le revers or, est décoré de traits faits au traçoir.

XIIe dynastie.

BIBL. : *Journal d'entrée du Musée*, n° 31113.

52929 à 52931. Trois breloques. — Or et pierres. — Haut. (anneaux compris) o m. o18 mill., larg. o m. oo6 mill. 1/2. — Trouvées à Dahchour, fouilles de Morgan, 1894-1895 (pl. LXXI).

Trois breloques représentant le signe ☥; elles sont en or cloisonné. Les pierres qui les décorent sont la cornaline, le lapis, enfin de la turquoise ou de l'émail vert.

Les n°ˢ 52929 et 52931 ont le tour de l'anneau garni de cornaline, les branches horizontales de turquoise et la branche verticale de lapis; le n° 52930 a l'anneau et la branche inférieure garnis de lapis et les branches horizontales de cornaline. Toutes les trois ont une partie d'or striée au point de rencontre des branches avec l'anneau; chacune possède deux anneaux, l'un en haut et l'autre en bas.

Particularité : le n° 52930, dont les pierres sont en mauvais état, offre encore une particularité : il a gardé deux anneaux étrangers sur un côté de l'anneau inférieur.

XII° dynastie.

Bibl. : *Journal d'entrée du Musée*, n° 31113.

52932. Breloques. — Or et pierres. — Haut. de o m. o13 mill. à o m. o16 mill., larg. de o m. oo5 mill. à o m. oo6 mill. — Trouvées à Dahchour, fouilles de Morgan, 1894-1895 (pl. LXXI).

Un rang de sept petites breloques (signes ☥) en or cloisonné et décorées de pierres calibrées cornaline et turquoise.

L'état de plusieurs de ces breloques est mauvais, plusieurs ont leurs cloisons vides.

XII° dynastie.

Voir la note au n° 52927.

52933. Breloques. — Or, pierres et émail. — Haut. (anneaux compris) o m. o14 mill., larg. o m. oo3 mill. 1/2. — Trouvées à Dahchour, fouilles de Morgan, 1894-1895 (pl. LXXI).

Un rang de cinq petites breloques en forme du signe ⌀. Elles sont en or cloisonné et elles ont, ou elles avaient, leur décor en pierres de couleurs. La plupart manquent, seules deux de ces breloques en gardent quelques-unes, mais l'état du métal de ces bijoux n'est pas mauvais.

Chacune de ces breloques possède un anneau en haut et en bas.

XII° dynastie.

Voir la note au n° 52927.

52934. Breloque. — Or et pierres en émail. — Haut. o m. o21 mill., larg. o m. oo5 mill. 1/2; poids o gr. 70. — Trouvée à Dahchour, fouilles de Morgan, 1894-1895 (pl. LXXI).

Une breloque en forme du signe $\mathbar{T}$; elle est en or cloisonné. Les pierres sont la cornaline et l'amazonite (ou émail); les cloisons horizontales supérieures sont garnies, en partant du haut, d'amazonite, cornaline, amazonite, cornaline, puis dans la longue partie verticale, émail vert; enfin une petite partie au bas est vide.

XII⁰ dynastie.

Bibl. : *Journal d'entrée du Musée,* n° 31113.

52935-52936. Deux breloques. — Or et pierres. — Chacune : long. (anneau compris) o m. o1o mill., larg. o m. oo3 mill.; poids o gr. 25. — Trouvées à Dahchour, fouilles de Morgan, 1894-1895 (pl. LXXI).

Deux breloques en forme de larmes. Elles sont en or cloisonné et garni de pierres. La partie supérieure est munie d'un petit anneau plat uni. Le revers or uni.

La cavité est unique et les trois pierres qui prennent place dans l'alvéole que forme le bijou ne sont pas séparées entre elles par des cloisons; c'est, en commençant par le haut : turquoise, cornaline, lapis.

La cornaline manque dans le n° 52936.

XII⁰ dynastie.

Voir la note au n° 52927.

52937. Breloque. — Cornaline. — Long. o m. oo7 mill. 1/2, larg. o m. oo4 mill. 1/2. — Trouvée à Dahchour, fouilles de Morgan, 1894-1895 (pl. LXXI).

Une petite breloque en forme de calice de fleur faisait partie du petit panache en forme d'arbre signalé au n° 52860, couronne de la princesse Khnoumouît.

XII⁰ dynastie.

52938. Breloque. — Lapis (pl. LXXI).

Une petite pièce en tout semblable à la précédente et de même provenance, mais elle est en lapis; quelques-unes de ces pointes sont brisées.

XII⁰ dynastie.

52939. Breloques. — Or et pierres. — Haut. (anneaux compris) de o m. o14
mill. à o m. o18 mill. 1/2, largeur maximum de o m. oo2 mill. à
o m. oo3 mill.; poids de o gr. 25 à o gr. 3o. — Trouvées à Dahchour, fouilles de Morgan, 1894-1895 (pl. LXXI).

Quatre petites breloques en forme de sceptre. Elles sont en or cloisonné et ont, ou
avaient, leurs cloisons garnies de pierres, mais l'état est très mauvais et deux seulement ont conservé quelques traces de pierre décolorées.

XII⁺ dynastie.

Voir la note au n° 52927.

52940. Fragment de breloque. — Lapis. — Haut. o m. oo8 mill. 1/2, larg.
o m. oo3 mill. 1/2. — Trouvé à Dahchour, fouilles de Morgan,
1894-1895.

Un fragment de breloque en lapis : c'est le haut du signe ☥. Il reste la boucle
du haut munie de son anneau de suspension, puis le milieu de la branche trans-
versale; cette partie est perforée dans le sens horizontal, ce qui permet de supposer
que le reste de la breloque était une autre substance (pierre ou métal) que le
lapis.

XII⁺ dynastie.

52941. Faucon. — Cornaline. — Long. o m. o42 mill. 1/2, larg. o m. o12
mill. 1/2; poids 8 gr. 80. — Trouvé à Dahchour, fouilles de Morgan,
1894-1895 (pl. LXIX).

Un faucon, au repos, porte le disque.
Celui-ci est perforé horizontalement, et, verticalement un trou percé du sommet du
disque vient rejoindre celui qui est horizontal. Ce dispositif permettait de varier
les modes de suspension.
L'exécution est d'une qualité vraiment supérieure.
XII⁺ dynastie.

Bibl. : *Journal d'entrée du Musée,* n° 31081; J. de Morgan, *Fouilles à Dahchour,* II, p. 54, n° 11.

52942. Tube. — Or. — Long. o m. o64 mill., diamètre inférieur o m. oo7
mill. 1/2, diamètre supérieur o m. oo5 mill.; poids 5 gr. 3o. —
Trouvé à Dahchour, fouilles de Morgan, 1894-1895.

Un tube d'or légèrement conique, sur lequel sont soudés de petits tubes; ceux-ci
n'adhèrent qu'à la surface et la partie en contact avec le tube central n'est pas en

communication avec l'intérieur de celui-ci, leur centre est à 12, 35 et 60 millimètres de la base, leur diamètre de 0 m. 003 mill. 1/2, leur longueur de 6 à 7
millimètres.

L'usage de cet objet est difficile à déterminer. La première publication de J. DE MORGAN,
Fouilles à Dahchour en 1894-1895, la mentionne en supposant que ce pouvait être un
porte-bouquet (?). Mais cette hypothèse est faite de façon dubitative, et le souhait
est exprimé de trouver autre chose qui nous éclaire. L'idée du porte-bouquet devait
venir après la trouvaille des couronnes des Princesses, où on voit l'espèce de petit
arbre qui joue le rôle d'un plumet (voir n° 52860 et pl. LXVII).

La remarque a déjà été faite également par le rédacteur de *Fouilles à Dahchour,* que
les petits tubes sont limés à plat sur leurs extrémités.

XII° dynastie.

BIBL. : *Journal d'entrée du Musée,* n° 31108; J. DE MORGAN, *Fouilles à Dahchour,* II, p. 62, n°ˢ 21 et suiv.

52943. **Tube.** — Or. — Long. 0 m. 062 mill.; diamètre inférieur 0 m. 007
mill., diamètre supérieur 0 m. 004 mill. 1/2; poids 4 gr. 30. —
Trouvé à Dahchour, fouilles de Morgan, 1894-1895.

Un tube semblable au précédent, mais la longueur des petits tubes est réduite à 0 m.
002 mill.

Les centres des petits tubes sont à 54, 33 et 14 millimètres de la base.

XII° dynastie.

BIBL. : *Journal d'entrée du Musée,* n° 31108; J. DE MORGAN, *Fouilles à Dahchour,* II, p. 62, n°ˢ 21 et
suiv.

52944. **Tube.** — Or. — Long. 0 m. 062 mill. 1/2, diamètre inférieur 0 m. 007
mill., diamètre supérieur 0 m. 005 mill.; poids 4 gr. 10. — Trouvé
à Dahchour, fouilles de Morgan, 1894-1895.

Un tube semblable aux deux précédents. Les petits tubes sont réduits comme au
n° 52943; ils sont en mauvais état.

XII° dynastie.

BIBL. : *Journal d'entrée du Musée,* n° 31109; J. DE MORGAN, *Fouilles à Dahchour,* II, p. 62, n°ˢ 21 et
suiv.

52945. **Œil.** — Argent et cristal de roche. — Long. 0 m. 052 mill.; larg. 0 m.
020 mill., maximum d'épaisseur 0 m. 020 mill. — Trouvé à Dah-
chour, fouilles de Morgan, 1894-1895.

Un œil gauche. Le corps est en pierre blanche, et les paupières en argent l'envelop-
pent complètement.

C'est la pierre blanche qui joue le rôle de cornée; au milieu, lieu creusé profondé-
ment, est la place de la prunelle. Un autre œil dépourvu des paupières va nous

permettre de voir la conformation de cette partie. A la place où doit se voir la prunelle, un trou en queue d'aronde, c'est-à-dire allant en s'élargissant vers le fond, est creusé à une profondeur de o m. o6o mill. Au fond est placée une pastille, au milieu de laquelle est un point en relief qui devra jouer la pupille; la substance dont est faite cette pastille est brune, sans beaucoup de résistance. Elle a été mise au fond de cette cavité à l'état malléable, car elle remplit exactement le fond qui est à angle aigu; de plus, le point en relief a été obtenu par pression à l'aide d'un outil ayant ce point en creux. Aujourd'hui encore, cette substance n'est pas résistante, ce qui explique qu'elle ne se soit pas décollée.

Au-dessus de ce fond se trouve placé un disque de cristal de roche fermant exactement la cavité; ce disque est en goutte de suif à la surface, du côté intérieur il est plat, et une petite cavité hémisphérique est creusée en face du point en relief qui est sur la substance du fond, ce qui donne un point noir jouant la pupille. C'est au n° 52949 qu'on voit le mieux l'effet que les Égyptiens obtenaient du dispositif que nous regardons en ce moment. Sur la substance brune ils superposaient une substance blanche qu'ils épargnaient au point en relief signalé, ce qui donnait un regard aigu. Cette substance blanche était sans doute du plâtre très liquide qu'ils posaient comme une peinture; en examinant ce numéro, on voit très bien des traces de bavures autour du point resté brun-noir.

Il est facile de comprendre qu'aussitôt la substance blanche mise en contact avec l'air extérieur, elle se décomposait et devenait d'abord trouble, puis se tachait sur des surfaces plus ou moins grandes et enfin disparaissait, et avec elle l'impression qu'elle provoquait. C'est le cas de beaucoup d'yeux que possèdent les musées.

Les paupières d'argent sont dans un état extrêmement mauvais.

XIIe dynastie.

BIBL. : *Journal d'entrée du Musée,* n° 31080.

52946. Œil. — Argent et cristal de roche. — Long. o m. o48 mill., larg. o m. o12 mill., épaiss. o m. o19 mill. — Trouvé à Dahchour, fouilles de Morgan, 1894-1895.

Un œil droit. Les paupières se sont séparées du corps de l'œil; il ne reste qu'un fragment, qui est placé à côté. Les mesures indiquées plus haut sont donc celles du corps même de l'œil. Les indications données au numéro précédent l'ont été sur l'observation de cet œil; il n'y a donc à ajouter qu'un détail : le disque de cristal de roche, qui a été recollé, n'est pas placé de façon que le trou figurant l'iris soit en présence du relief de la matière du fond; l'effet n'est plus le même que pour l'œil gauche, qui semble ne pas avoir subi de reconstitution.

XIIe dynastie.

52947. Œil. — Argent et cristal de roche. — Long. o m. o69 mill., largeur maximum o m. o25 mill., épaisseur maximum o m. o26 mill. — Trouvé à Dahchour, fouilles de Morgan, 1894-1895.

Un œil gauche qui possède ses paupières d'argent très dégradées. Les explications données dans les deux numéros précédents s'appliquent exactement à cet objet.

XIIᵉ dynastie.

52948. Œil. — Argent et cristal de roche.

Œil droit apparié avec le numéro précédent; la seule différence, c'est qu'il lui manque le disque de cristal de roche qui figure la prunelle, et que la substance brune déjà signalée au n° 52945 est à nu.

XIIᵉ dynastie.

52949-52950. Yeux. — Argent et cristal de roche. — Long. o m. o61 mill., largeur maximum o m. o21 mill., épaisseur maximum o m. o24 mill.

Yeux droit et gauche répondant aux explications données aux quatre numéros précédents. Ils sont complets, mais en mauvais état. C'est sur le n° 52949 que l'on voit le mieux la coloration blanche signalée au n° 52945.

XIIᵉ dynastie.

52951-52952. Yeux. — Bronze et cristal de roche. — Long. o m. o14 mill., larg. o m. o10 mill. 1/2, épaiss. o m. o10 mill. — Trouvés à Dahchour, fouilles de Morgan, 1894-1895.

Deux yeux (droit et gauche) dont la forme ne permet pas de les attribuer à une figure humaine, sans doute des yeux de faucon. L'ensemble du corps, dans la partie visible, est fait de cristal de roche. Il y a encore visible la trace d'une indication de pupille, il semble que ce soit le même procédé indiqué au n° 52945 : une substance blanc mat mise sous le cristal, en réservant un iris sous lequel la substance brune apparaît.

L'enveloppe extérieure de ces yeux est en bronze, lequel est dans un mauvais état.

XIIᵉ dynastie.

Bibl. : *Journal d'entrée du Musée*, n° 31136.

52953. Collier (fragment de fermoir). — Or. — Long. o m. o33 mill., larg. o m. o16 mill., épaiss. o m. oo5 mill.; poids 9 gr. 3o. — Trouvé à Dahchour, fouilles de Morgan, 1894-1895.

Un fragment de fermoir de collier, réduit à sa plus simple expression.

C'est une portion de disque fait de deux plaques, dont celle qui est à l'endroit s'arrondit sur les bords pour rejoindre l'envers qui est plat. Au milieu de cette portion de cercle est le trou par où passait le fil d'attache; à la partie opposée la distance entre les plaques est béante et forme boîte ouverte, remplie de substances terreuses.

XIIe dynastie.

52954. Uræus. — Amazonite. — Haut. o m. oo6 mill., larg. o m. oo2 mill. 1/2. — Trouvé à Dahchour, fouilles de Morgan, 1894-1895.

Un uræus d'amazonite, vu de face, posé sur la corbeille. Travail très délicat (pl. LXXII).

XIIe dynastie.

52955. Fermoir. — Or et pierres. — Haut. o m. o33 mill., largeur maximum o m. o27 mill. — Trouvé à Dahchour, fouilles de Morgan, 1894-1895 (pl. LXXII).

Un fermoir de collier composé du signe 𓋹 très ornementé, en or cloisonné et pierres calibrées.

Au croisement des branches, en haut du bijou, est une perle de cornaline, bordée d'amazonite (ou émail); les trois branches qui font croix sont pavées de lapis; les branches imitant des fleurs tombantes sont faites de cornaline, de lapis, d'amazonite ou d'émail. La dernière cloison de la branche du milieu est dépourvue de sa pierre.

Le revers, en or nu, possède un fermoir à glissières, lequel est muni des anneaux qui doivent recevoir les fils du collier.

Anneaux et glissières sont décorés au trait.

XIIe dynastie.

Bibl. : *Journal d'entrée du Musée,* n° 31114, en commun avec six autres.

52956. Fermoir. — Or et pierres. — Haut. o m. o19 mill. 1/2, largeur maximum o m. o17 mill. 1/2. — Trouvé à Dahchour, fouilles de Morgan, 1894-1895 (pl. LXXII).

Un fermoir à glissières en or cloisonné et décoré de pierres.

Les traits obliques du sommet sont garnis en haut d'une petite partie de lapis et le reste d'amazonite (trois pierres de lapis manquent), un trait de cornaline dessous, puis les deux retombées extérieures en lapis; sous le trait horizontal, deux petits rectangles de lapis.

Puis un trapèze, dont la partie la plus large est la plus élevée, fait le haut du cœur; il est d'amazonite.

Enfin, le cœur est en cornaline; dedans sont incrustés un croissant d'amazonite, une pièce ovale, posée verticalement par rapport à son grand axe, est en lapis, ses deux branches sont en amazonite.

Le revers, or, n'a que quelques traits. Les glissières du fermoir sont nues, mais les anneaux qui sont au sommet sont striés verticalement.

XIIᵉ dynastie.

Bibl. : *Journal d'entrée du Musée*, n° 31114, en commun avec six autres.

52957. Fermoir. — Or et pierres. — Haut. o m. 016 mill. 2/10, larg. o m. 017 mill. — Trouvé à Dahchour, fouilles de Morgan, 1894-1895 (pl. LXXII).

Un fermoir de collier en forme du signe Ω.

Il est en or cloisonné et garni de pierres.

Le milieu est fait d'une cornaline. Cette pierre est entourée d'un petit bandeau où se succèdent, sous la forme d'écailles imbriquées, de petites pierres de lapis et d'amazonite (ou d'émail); ces pierres étaient au nombre de treize. Il manque une pierre de chaque matière.

Les cloisons formant le sceau lui-même sont vides.

Les liens qui réunissent le sceau à son anneau sont on or, portant des traits verticaux simulant les liens réunissant les deux parties.

Le revers, tout or, nous montre le fermoir à glissières. Ce fermoir et les anneaux qui sont au sommet des glissières sont décorés de traits verticaux. Le pourtour de l'anneau est décoré d'un bandeau circulaire portant des traits en chevrons; le sceau est entièrement strié de traits verticaux.

XIIᵉ dynastie.

Bibl. : *Journal d'entrée du Musée*, n° 31114 D, en commun avec six autres.

52958. Fermoir. — Or et pierres. — Haut. o m. 019 mill., larg. o m. 018 mill. — Trouvé à Dahchour, fouilles de Morgan, 1894-1895 (pl. LXXII).

Un fermoir à glissières. Le sujet est formé par les signes suivants : *sa, ânkh, papyrus du Nord,* posés sur la corbeille.

Le bijou est exécuté en or cloisonné et entièrement garni de pierres.

La touffe de papyrus du Nord a les fleurs et les tiges en amazonite, les bases des tiges sont en cornaline.

Le signe *ânkh* a la boucle du haut garnie de cornaline à l'intérieur; le tour et les
branches sont en lapis.

Le signe *sa* est en amazonite, sauf aux points de bases qui sont en cornaline, et le lien
fait de trois traits horizontaux, deux de lapis et un de cornaline; à signaler aussi
qu'au sommet de la courbe est une petite séparation cloisonnée et garnie de lapis.

Enfin la corbeille est faite de six traits horizontaux et alternés : deux lapis, deux cornaline et deux amazonite.

Au revers, les motifs, les glissières et les anneaux sont décorés de traits.

XII⁰ dynastie.

Bibl. : *Journal d'entrée du Musée*, n° 31114 F, en commun avec six autres.

52959-52960. Pendeloques. — Or et pierres. — Trouvées à Dahchour, fouilles
de Morgan, 1894-1895 (pl. LXXII).

Deux pendeloques d'or cloisonné et garni de pierres. Les sujets sont des *oudjas* : les
sourcils sont de lapis, les paupières de cornaline, les prunelles en lapis, les cornées
en amazonite prolongées à la commissure par un trait de lapis, enfin les branches
inférieures du signe sont en lapis. L'œil droit est présenté de face et l'œil gauche
montre le revers et son décor au trait.

Cette pendeloque est munie de deux anneaux plats à ses extrémités, présentées horizontalement.

XII⁰ dynastie.

52961-52962. Breloques. — Or et pierres. — Haut. (anneaux compris) o m.
018 mill., larg. o m. 005 mill. 1/2. — Trouvées à Dahchour, fouilles
de Morgan, 1894-1895 (pl. LXXII).

Deux urnes en or cloisonné et garni de pierres.

Le col et la partie supérieure de la panse sont en cornaline, l'anse et le petit goulot
en amazonite, le bas de la panse en turquoise (ou émail); en haut et en bas sont
deux petits anneaux fixes.

Le revers est en or sans décor.

En haut et en bas, un petit anneau plat.

XII⁰ dynastie.

Bibl. : *Journal d'entrée du Musée*, n° 31113 J.

52963-52964. Breloques. — Or et pierres. — Haut. (anneaux compris) o m.
018 mill. 1/2, largeur maximum o m. 006 mill. 1/2. — Trouvées à
Dahchour, fouilles de Morgan, 1894-1895 (pl. LXXII).

Deux breloques dont le sujet est un chacal.

La tête et la jambe sont faites en amazonite, le mantelet en lapis.

Le revers est décoré au trait, la tête légèrement modelée.

Au sommet nous voyons deux anneaux de suspension.

Les oreilles, étant les parties les plus élevées, ont servi de points d'attache; de là le choix de deux anneaux au lieu d'un pour la partie supérieure. Le n° 52963 a encore, entre ses deux anneaux, celui qui appartenait à la partie du bijou à laquelle il était attaché; le n° 52964 a les siens rapprochés à se toucher.

Les deux breloques n'ont qu'un anneau à leur partie inférieure.

XII° dynastie.

Bibl. : *Journal d'entrée du Musée*, n° 31113.

52965-52966. Breloques. — Or et pierres. — Haut. (anneaux compris) o m. 018 mill., largeur maximum o m. 011 mill. — Trouvées à Dahchour, fouilles de Morgan, 1894-1895 (pl. LXXII).

Deux breloques en or cloisonné garni de pierres.

Un uræus dressé est posé sur la corbeille; devant lui, vers le milieu du corps, est le sceau.

La tête est vide dans les deux breloques. La première partie du corps est de cornaline, puis il est continué par du lapis, une courte partie d'amazonite, et tout ce qui reste du corps et ses replis entièrement en lapis.

Le capuchon est fait, dans la partie supérieure, de turquoise, puis de cornaline.

L'anneau du sceau est décoré de turquoise.

La corbeille est décorée de huit traits horizontaux : trois de cornaline, trois d'amazonite, deux de lapis; le dernier manque, dans le n° 52965.

Le revers, tout or, est entièrement décoré de traits faits au traçoir et non coupés.

XII° dynastie.

Bibl. : *Journal d'entrée du Musée*, n° 31113 C.

52967-52968. Breloques. — Or et pierres. — Haut. (anneaux compris) o m. 018 mill., larg. o m. 005 mill. 1/2. — Trouvées à Dahchour, fouilles de Morgan, 1894-1895 (pl. LXXII).

Deux breloques, déesse Hathor, en or cloisonné et garni de pierres.

La coiffure de la déesse est faite de deux ornements, ou plus exactement d'un ornement en deux parties, qui pourrait donner l'idée d'une couronne. Les deux cloisons sont garnies de turquoise (ou émail); la petite tête aux oreilles écartées est faite également de turquoise, elle est gravée et le masque bien défini. Au-dessous, le corps va en s'élargissant; il est augmenté dans une partie de sa longueur par deux petites bandes de lapis. Le corps est fait de cinq rectangles horizontaux, trois de turquoise et deux de cornaline, séparés par de petits traits minces de lapis.

Enfin le bijou se termine à la base par de petites perles plates en forme de gouttes en partie séparées les unes des autres.

Le revers, tout or, est décoré au trait et la petite tête modelée au ciselet. Les cloisons horizontales de la jupe sont marquées par de petites bandes entre lesquelles des traits verticaux très serrés remplacent les pierres de la face.

A signaler la même particularité qu'aux n°ˢ 52963-52964 : la coiffure étant en deux parties séparées, l'anneau du haut n'avait pas sa place; il en a été mis deux, et c'est entre ces deux que l'anneau de la partie portante venait se loger. Nous voyons cet anneau étranger, qui a été retenu entre les deux anneaux appartenant à la breloque, figurer au sommet des deux bijoux.

XII⁰ dynastie.

Bɪʙʟ. : *Journal d'entrée du Musée,* n° 31113 H.

52969-52970. Breloques. — Or et pierres. — Haut. (anneaux compris) o m. 017 mill., larg. o m. 012 mill. — Trouvées à Dahchour, fouilles de Morgan, 1894-1895 (pl. LXXII).

Deux breloques en forme d'abeilles, bijoux or cloisonné.

Les pattes et leur support, les antennes et l'extrémité de la patte de derrière qui vient faire une petite boucle à l'extrémité du corps, sont rapportés. Les anneaux sont placés, l'un sous le fil jouant le rôle de sol, l'autre à l'extrémité la plus élevée de l'une des ailes.

Les cloisons sont garnies de la façon suivante (dans les deux bijoux la tête de la mouche manque) : les ailes sont faites de turquoise; le corps principal en lapis, avec une petite partie d'amazonite; l'arrière-corps est fait de trois compartiments, deux en cornaline et un d'amazonite; sur cette partie on remarque une patte de derrière qui se dessine sur les pierres et qui est portée à l'arrière pour rencontrer l'autre par un geste familier aux mouches. Enfin les ailes sont faites de turquoise.

Le revers est décoré de traits parallèles sur les ailes, quadrillé en losanges sur la partie supérieure du corselet et quadrillé carré sur la poitrine. Sur la partie postérieure, quelques traits, mais surtout l'indication de la patte de derrière allant à la rencontre de l'autre.

XII⁰ dynastie.

52971-52972. Breloques. — Or et pierres. — Haut. (anneaux compris) o m. 018 mill. 1/2, larg. o m. 005 mill. 1/2. — Trouvées à Dahchour, fouilles de Morgan, 1894-1895 (pl. LXXII).

Deux breloques en or cloisonné garni de pierres. Elles ont la forme du signe ╪. Les quatre rangs supérieurs sont construits à part et rapportés; en haut et en bas est un anneau plat.

Les pierres qui garnissent les cloisons sont le lapis, la cornaline, la turquoise : c'est dans cet ordre qu'elles sont disposées. Les pierres qui décorent le corps du signe sont de la même dimension (en hauteur) que celles du haut.

Il y a treize pierres. En commençant par en haut, voici le dispositif : lapis, cornaline, turquoise, lapis, ici une petite bande d'or, formant quatre filets, puis cornaline, turquoise, lapis et ainsi de suite.

Le revers, tout or, n'a que quelques traits à la même hauteur où se trouve la petite bande striée de la face.

XIIe dynastie.

52973-52974. Breloque. — Or et pierres. — Haut. (anneaux compris) o m. o 1 9 mill., largeur maximum o m. o 1 6 mill. — Trouvée à Dahchour, fouilles de Morgan, 1 8 9 4 - 1 8 9 5 (pl. LXXII).

Une breloque en or cloisonné, représentant un vautour profil à droite, derrière lui un flabellum, le tout posé sur la corbeille.

Les anneaux sont posés, celui du haut sur la tête du vautour, celui du bas normalement au-dessous et au milieu de la corbeille. L'ensemble est cloisonné, sauf les pattes qui sont construites en fil d'or avec le goût et la sûreté d'exécution que l'ensemble de ces breloques nous montre.

Voici les pierres qui garnissent les cloisons : celles des deux têtes sont absentes, le cou, la ligne de la poitrine et le haut d'une des pattes est d'amazonite, l'aile (refermée) et le haut de l'autre patte, en lapis; la ligne du dos est faite de six parties alternées amazonite et cornaline, la queue en amazonite, le flabellum a le départ en cornaline et les branches en amazonite.

La corbeille est faite de six traits, dont trois en lapis et trois en cornaline. C'est un trait de lapis qui commence par le haut.

Manquent : les pierres des têtes; le n° 5 2 9 7 3 manque, de plus, du haut du flabellum et du bout de la queue; le n° 5 2 9 7 4 manque du cou et de la branche du milieu du flabellum.

XIIe dynastie.

52975. Pendeloque. — Or et pierres (?). — Poids 6 gr. 6 o. — Trouvée à Dahchour, fouilles de Morgan, 1 8 9 4 - 1 8 9 5 (pl. LXXIII).

Un bijou composé de la façon suivante : l'objet principal est un médaillon rond contenant une image que nous étudierons plus loin. Ce médaillon est supporté par deux chaînes reliées à deux rosaces, et lui-même est le point de départ de trois petites chaînes portant des rosaces plus petites.

Les rosaces du haut ont o m. o 2 4 mill. 1/2 de diamètre. Elles sont formées d'un cercle de o m. o 1 7 mill. de diamètre, entouré d'arcs de cercle au nombre de huit;

à l'intérieur on voit un carré aux côtés incurvés. Les chaînes ont o m. o37 mill. de longueur.

Sous le médaillon, les petites chaînes, qui sont à o m. oo9 mill. de distance l'une de l'autre, ont o m. oo8 mill. de long et les rosaces o m. o14 mill. de diamètre. Ces rosaces sont du même dessin que les grandes, sauf que les arcs de cercle extérieurs sont ici des points, qui donnent à ces motifs l'aspect d'étoiles.

Le bijou que nous examinons en ce moment a excité bien des curiosités depuis qu'il a été découvert. D'abord il est décoré complètement au grènetis, et les bijoux égyptiens ne nous montrent pas ce genre de décoration avant cette époque (XIIe dynastie) : le cas a déjà été signalé à propos de la petite bague qui porte le n° 52833. Pour cette petite bague, les fils sont appliqués sur un fond; ici nous sommes en présence du travail qui sera répandu plus tard dans tout l'Orient et dans beaucoup de pays : le motif est construit en fils, puis des graines sont placées soit entre les fils, soit le long de l'un d'eux et enfin soudés. Pour cela on fixe sur une substance favorable (par exemple un charbon que l'on dresse) les éléments de la composition qui, étant en or ou en argent purs, sont très faciles à travailler, car le métal pur est très malléable et n'oppose pas de résistance au bijoutier; puis on fait des graines par un des procédés qui ont déjà été indiqués, et l'on soude le tout. Ce qui donne un résultat gracieux, léger à l'œil et convenant parfaitement à la parure des enfants et des femmes.

Le bijou que nous examinons n'a pas ce seul attrait de curiosité; il contient un motif de décoration qu'il n'est pas facile de déterminer.

Ici la conservation parfaite de l'objet est un écueil pour le technicien, qui ne peut se permettre des investigations compromettantes pour sa conservation. Nous allons exposer, sous toutes réserves, ce qu'un examen attentif avec des moyens puissants nous permet de supposer.

Sur une plaque de lapis, très clair, d'un ton de bulle bleuté, on a peint en blanc un animal qui semble bien être une vache couchée : les cornes sont longues et la queue est relevée d'une façon anormale. L'animal porte au cou un objet indéfinissable d'une couleur légèrement verdâtre, et des taches noires, au nombre de cinq, sont réparties sur le corps.

Autour de cette vache est, peint également, un cercle qui l'encadre; il est large de 1 millimètre environ et fait de rectangles irréguliers présentant des alternances de blanc, de brun et de noir, cette dernière couleur employée très discrètement.

Cette peinture (?) est protégée par une petite lame de cristal de roche, le tout est serti dans le médaillon qui, lui, est en or. Ce serti est complété par un petit enduit intérieur blanc qui assure l'étanchéité; de fait la conservation de l'objet est remarquable.

XIIe dynastie.

Bibl. : *Journal d'entrée du Musée*, n° 31126; *Catalogue Loret*, 1897, p. 367; *Catalogue Maspero*, 1902, p. 422; 1914, p. 407; *Catalogue Maspero*, traduction anglaise de Quibell, 1903, p. 513; 1905, p. 416; 1906, p. 372; J. de Morgan, *Fouilles à Dahchour*, II; Maspero, *Égypte* (collection *Ars Una*), p. 126, fig. 228.

52976. Collier. — Or. — Long. o m. 28 cent.; poids 9 grammes. — Trouvé à Dahchour, fouilles de Morgan, 1894-1895 (pl. LXXIII).

Une chaîne portant douze petites pendeloques.

La chaîne est du type souvent rencontré et souvent décrit[1] : c'est le genre appelé « colonne double ». Elle a o m. 002 mill. d'épaisseur. Elle a été rompue et réparée à deux endroits.

Les petites pendeloques, qui ont o m. 015 mill. de longueur et o m. 010 mill. de largeur maximum, représentent des schémas d'abeilles. Leur construction est d'une simplicité qui ne saurait être dépassée : une plaque d'or unie est découpée dans la forme voulue et le fil de suspension lui est soudé de façon à continuer la plaque à sa partie aiguë, et c'est ce fil qui, passant dans un des maillons de la chaîne et replié sur lui-même, fixe la pendeloque.

XII° dynastie.

Bibl. : *Journal d'entrée du Musée*, n° 31124; *Catalogue Maspero*, 1902, p. 422; 1912, p. 407; *Catalogue Maspero*, traduction anglaise de Quibell, 1903, p. 513; 1905, p. 416; Maspero, *Égypte* (collection *Ars Una*), p. 127, fig. 228.

52977. Fermoir. — Or. — Larg. o m. 027 mill., haut. o m. 014 mill., longueur des chaînes o m. 040 mill.; poids total 2 gr. 30. — Trouvé à Dahchour, fouilles de Morgan, 1894-1895 (pl. LXXIII).

Un fermoir de collier en forme de papillon. Sur une plaque d'or mince, le corps et le détail des ailes ont été indiqués par des fils soudés, et dans les intervalles, des graines ont été groupées dans la silhouette du corps et rangées dans les fils dessinant les ailes. Au revers on voit le fermoir qui est fait d'une glissière qui se meut le long d'une partie fixe soudée à la plaque; celle-ci est décorée de petits traits imitant des rangs de grènetis.

Les chaînes sont du type « colonne double ».

XII° dynastie.

Bibl. : *Journal d'entrée du Musée*, n° 31127; *Catalogue Maspero*, 1902, p. 422; 1912, p. 407; *Catalogue Maspero*, traduction anglaise de Quibell, 1903, p. 513; 1905, p. 416; Maspero, *Égypte* (collection *Ars Una*), p. 126, fig. 228.

52978. Collier avec pendeloques. — Or. — Long. o m. 155 mill., épaiss. o m. 001 mill. 2/10; poids 6 gr. 30. — Trouvé à Dahchour, fouilles de Morgan, 1894-1895 (pl. LXXIII).

Une chaîne portant en pendeloques deux étoiles et dix coquilles.

La chaîne est du type « colonne double ». Elle est en mauvais état.

---

[1] É. Vernier, *La bijouterie et la joaillerie égyptiennes*, p. 94.

Les deux motifs principaux sont deux étoiles faites au grènetis. Leur construction est simple : un petit cercle central de o m. oo8 mill. de diamètre et cinq rayons pointus partant du cercle font des étoiles de o m. o25 mill. de pointes à pointes opposées; dans ces contours ainsi déterminés par les fils, des graines ont été groupées et soudées.

De chaque côté des étoiles, qui occupent le milieu de la chaîne, sont suspendus des coquillages bivalves à double face fortement bombée. Ils sont faits de deux feuilles d'or minces, embouties dans une cavité préparée à cet usage et soudées ensemble après que le ciseleur a tracé des traits dans le sens habituel où elles sont striées naturellement; des anneaux minces les relient à la chaîne avec l'intermédiaire de deux ou trois maillons supplémentaires.

XIIe dynastie.

BIBL. : *Journal d'entrée du Musée*, n° 31125; *Catalogue Loret*, 1897, p. 367; *Catalogue Maspero*, 1902, p. 421; 1912, p. 407; *Catalogue Maspero*, traduction anglaise de Quibell, 1903, p. 513; 1905, p. 416; MASPERO, *Égypte* (collection *Ars Una*), p. 126, fig. 228.

52979. Oiseaux. — Or. — Haut. o m. o11 mill.; larg. o m. oo9 mill.; poids d'un seul o gr. 6o. — Trouvés à Dahchour, fouilles de Morgan, 1894-1895 (pl. LXXIII).

Vingt-quatre petits oiseaux en or repoussé. Ils ont été emboutis dans un creux fait en vue de ce travail, puis une plaque plate a été soudée au revers, masquant la cavité.

A l'endroit, quelques traits assez grossiers donnent des indications de plumes.

C'est dans la partie basse, simulant la queue, que l'on voit deux trous disposés horizontalement. Sans doute ces bijoux étaient-ils « cousus » directement sur les vêtements.

XIIe dynastie.

BIBL. : *Journal d'entrée du Musée*, n° 31121; *Catalogue Loret*, 1897, p. 368; J. DE MORGAN, *Fouilles à Dahchour*, II, p. 68, n° 65, pl. XII.

52980. Pendeloques. — Pierres. — Trouvées à Dahchour, fouilles de Morgan, 1894-1895.

Sept fragments du signe *ânkh* ☥, dont six en lapis et un en cornaline.

A, B. Deux signes lapis auxquels il manque les branches horizontales, qui étaient sans doute de métal; la pierre est perforée à l'endroit où ces branches devraient se trouver. Le bijou possède un anneau pris dans la matière, en haut et en bas. Hauteur, anneaux compris o m. o18 mill., larg. o m. oo4 mill. 1/2.

C, D, E. Trois fragments lapis de la partie supérieure du même signe. Ces fragments se composent de l'anneau et des parties horizontales; dans le fragment E, cette partie est à moitié brisée.

F, G. Deux fragments, l'un en lapis et l'autre en cornaline. Ils se composent uniquement de l'anneau du signe sur lequel est l'anneau de suspension pris dans la matière.

XIIᵉ dynastie.

Voir la note au nᵒ 52926.

52981. Breloques. — Argent. — Trouvées à Dahchour, fouilles de Morgan, 1894-1895.

Sept signes ou fragments, argent en très mauvais état : *a*, le roi; *b*, un schéma d'œil (?); *c*, bouche; *d*, signe ☥; *e*, figure assise; *f*, petit fragment de patte sur une plinthe; *g*, fragment d'anneau.

XIIᵉ dynastie.

Voir la note au nᵒ 52926.

52982. Poignard. — Or, bronze, pierres. — Longueur totale 0 m. 268 mill., longueur de la lame 0 m. 190 mill., largeur du pommeau 0 m. 070 mill., largeur de la fusée 0 m. 053 mill.; largeur de la garde, maximum 0 m. 045 mill., minimum 0 m. 025 mill., largeur du haut de la lame 0 m. 037 mill., du bas 0 m. 016 mill., épaisseur du pommeau 0 m. 029 mill., épaisseur de la garde 0 m. 013 mill., épaisseur de la lame 0 m. 005 mill.; poids 68 grammes. — Trouvé à Dahchour, dans le tombeau de la princesse Ita (fouilles de Morgan, 1894-1895) (pl. LXXIV).

Poignard dont le pommeau est en lapis, reposant sur une plaque d'or; la fusée est en or cloisonné et décoré de pierres dures; la garde en or est rivée à une lame de bronze.

Le pommeau est en forme de croissant. C'est un morceau de lapis qui est posé sur une plaque d'or bordée d'une petite bande d'argent formant boîte; il semble bien que ce pommeau est simplement *collé* sur cette plaque. La fusée est en or : c'est un tube de section elliptique, qui s'incurve en s'amincissant vers le milieu. Elle est décorée de rosaces disposées en lignes coordonnées formant six rangs verticaux et six rangs horizontaux; elles sont divisées en quatre parties par des cloisons qui vont en s'épaississant du centre à la périphérie, de façon à donner la forme de larmes très allongées. Ces rosaces sont faites de lapis et d'amazonite ou d'un émail ayant la même couleur, les espaces qui restent libres sont ornés de cornaline. La dimension des rosaces est de 0 m. 009 mill. de diamètre en moyenne, un peu plus pour le rang qui touche le pommeau.

La garde, en or, vient s'adapter exactement sur la lame, en masquant les angles supérieurs. Elle est rivée à la lame par trois rivets d'or qui traversent le tout.

La lame, très large à la garde, va en se rétrécissant selon une ligne flexueuse et se termine à la pointe dans une courbe élégante. La forme est simple : elle consiste en deux plans inclinés qui forment dans la ligne médiane une arête en relief. Elle seule a un peu souffert du temps, mais d'une façon qui n'est pas trop déplorable, et le ton vert sombre qu'elle montre s'harmonise très bien avec le reste de la composition.

Une observation qui s'impose et qui ferait reconnaître dans ce poignard un objet purement symbolique, même si l'on ne connaissait pas son origine, c'est le manque absolu de solidité. Les parties ne sont reliées entre elles d'une façon normale que pour la garde et la lame où les trois rivets qui traversent le tout sont encore en place et n'ont pas bougé; mais la lame n'a presque pas de soie et elle pénètre dans la fusée de o m. o19 mill. seulement. La fusée, elle, est un tube d'or dont le métal est d'une épaisseur médiocre; l'observation en est assez facile, car à l'heure actuelle elle est détachée de la garde et l'on peut examiner la construction des cloisons et l'intérieur du tube, on ne voit aucun moyen de fixation de ces deux parties entre elles : il faut donc bien admettre qu'elles étaient simplement scellées. Quant au pommeau, il adhère à la fusée de la façon suivante : sous la plaque d'or qui porte le lapis est soudé un tube un peu plus étroit que la fusée elle-même; il vient s'y emboîter, pénétrant ainsi de o m. o29 mill.

Quoi qu'il en soit de ces observations, le poignard qui fait l'objet de cette étude est une pièce remarquable au point de vue artistique.

XII° dynastie.

Bibl. : *Journal d'entrée du Musée*, n° 31069; *Catalogue Loret*, 1897, supplément III, p. 365; *Catalogue Maspero*, 1902, p. 422; *Catalogue Maspero*, traduction anglaise de Quibell, 1903, p. 514; 1905, p. 416; J. de Morgan, *Fouilles à Dahchour*, II, p. 51, n° 1, pl. VI; É. Vernier, *La bijouterie et la joaillerie égyptiennes*, pl. VI, n° 2.

52983 à 52985. Poignard. — Trois détails appartenant au fourreau du poignard décrit au numéro précédent.

Entrée de fourreau. — Or. — Long. o m. o55 mill., larg. o m. o21 mill. 1/2, haut. o m. oo6 mill., épaiss. 3/10 de millimètre; poids 6 grammes.

Une entrée de fourreau en forme d'ovale allongé. Il est fait d'une bande d'or à laquelle on a donné la forme elliptique et sur laquelle est soudée à plat une autre bande d'or (voir pl. LXXIV).

L'ouverture est de o m. o47 mill. de grand axe sur o m. o15 mill. de petit axe.

Cette pièce est en bon état, sans aucun ornement.

Extrémité de fourreau. — Or. — Long. o m. o54 mill., largeurs : haut, grand axe o m. o24 mill., petit axe o m. o15 mill.; milieu, grand axe o m. o15 mill. 1/2, petit axe o m. o1o mill. 1/2 ; bas, grand axe o m. o19 mill. 1/2, petit axe o m. o12 mill.; poids 6 gr. 35.

Tube d'or de section elliptique et incurvé vers le milieu de sa hauteur. La partie inférieure est ouverte. L'épaisseur du métal est la même que dans la pièce de l'entrée (3/10 de millimètre). L'objet est uni.

Fin du fourreau. — Lapis. — Grand axe o m. o19 mill. 1/2, petit axe o m. o13 mill., haut. o m. o11 mill.; poids 3 gr. 75.

Une pierre de lapis taillée en forme de demi-amande, coussinée d'un côté et offrant de l'autre l'aspect d'une surface parfaitement plane : c'était la partie qui fermait l'extrémité du fourreau. Au milieu de cette partie est percé un trou de o m. oo6 mill. de profondeur et de o m. oo3 mill. 1/2 de diamètre; un autre trou, moins important, est percé en biais sur le grand axe et va rejoindre le grand trou à o m. oo2 mill. de profondeur. Rien sur la partie métallique que nous avons vue précédemment ni sur la pierre que nous examinons en ce moment ne nous donne des renseignements sur la manière dont cette pièce était fixée.

La comparaison de ces deux pièces corrobore la remarque faite précédemment en regardant le poignard : cette pièce n'avait, dans aucune mesure, pour fonction d'être une arme, mais son rôle était purement symbolique. Dans le cas qui nous occupe il est manifeste que la pierre terminant le fourreau était plutôt «présentée» que fixée à sa place. Rien n'indique que des pressions aient été exercées sur le métal pour sertir la pierre, de même la pièce du haut du fourreau n'a aucune trace de rivets, ni de quoi que ce soit destiné à retenir cette pièce à sa place à l'entrée du fourreau. Les trous percés dans la pierre font penser qu'elle était attachée au fourreau lui-même et que l'on ne comptait pas sur le métal, auquel elle semblait fixée, pour la tenir en place.

Bibl. : *Journal d'entrée du Musée*, n° 31070, en commun pour les trois pièces.

52986. Débris. — Or et pierres. — Poids or 6 gr. 70, poids pierres 11 gr. 30. — Trouvés à Dahchour, fouilles de Morgan, 1894-1895.

Dans une boîte de carton, des débris d'or où l'on reconnaît encore chez quelques-uns l'origine. On voit par exemple quelques débris du petit panache en forme d'arbre en or et perles, de la couronne de Khnoumouît n° 52860 (pl. LXVII), mais la plus grosse partie est en feuilles extrêmement minces, employées comme dorure. Les débris de perles comptent un certain nombre d'enfilages de perles tressées et portant comme fleurs de petits culots de lapis et de cornaline. Ces objets sont exactement semblables à ceux qui figurent sur une planchette avec d'autres objets et qui sont catalogués sous les n°⁵ 52937-52938 (pl. LXXI). Une partie de ces perles appartenaient elles aussi au petit arbuste de la couronne de Khnoumouît.

On voit en outre un certain nombre de toutes petites perles libérées de tous liens.

XII° dynastie.

52987. Collier. — Cornaline. — Long. o m. 52 cent.; poids 1o grammes. — Trouvé à Dahchour, fouilles de Morgan, 1894-1895.

Un rang de quarante-cinq perles de cornalines en forme d'olives très allongées. La longueur moyenne de ces perles est de o m. o13 mill. et leur grosseur, au milieu, de o m. oo3 mill.

XII° dynastie.

Voir la note au n° 52811.

52988. Collier. — Or et pierres. — Long. o m. 48 cent.; poids 1o grammes. — Trouvé à Dahchour, fouilles de Morgan, 1894-1895.

Un rang de deux cent quarante perles, or, lapis et turquoise ou émail. A part trente qui sont rondes et ont o m. oo2 mill. 8/1o de diamètre, toutes ces perles sont cylindriques. Il y en a cent vingt en or et les deux genres de pierres, lapis et turquoise, se partagent celles qui restent. Le diamètre moyen est de o m. oo2 mill.

XII° dynastie.

Voir la note au n° 52811.

52989. Fermoirs (débris). — Trouvés à Dahchour, fouilles de Morgan, 1894-1895.

Sur un plateau sont réunis vingt-deux débris de fermoirs de bracelets ou de colliers. Il y a au centre les trois débris les plus importants (*a, b, c*), où peut se voir à peu près la construction du fermoir à glissière; quatre autres plus petits, mais en meilleur état, sont complets (*d, e, f, g*); le quatrième est tordu.

Tous les autres débris sont de simples petites bandes dont une tranche est travaillée pour jouer le filigrane; les unes sont entièrement libres, les autres sont bordées de petites lames unies et apparaissent avec l'aspect définitif.

XII° dynastie.

Voir la note au n° 52926.

52990. Débris. — Or. — Poids 24 gr. 7o. — Trouvés à Dahchour, fouilles de Morgan, 1894-1895.

Un faisceau de tiges d'or de grandeurs diverses. Quelques-unes atteignent de 3o à 35 centimètres de longueur pour une largeur variant de 1 à 1/2 millimètre, et une épaisseur constante de 7/10 de millimètre. Quelques-unes de ces bandes sont travaillées en forme de perles sur la tranche.

XII° dynastie.

Voir la note au n° 52926.

52991. Flabellum. — Pierres et céramique. — Long. o m. 225 mill.; poids 90 grammes. — Trouvé à Dahchour, fouilles de Morgan, 1894-1895.

Un flabellum sans manche. Les trois branches sont composées de longs tubes coniques en céramique vert clair; ces tubes ont o m. 120 mill. de long et les diamètres de o m. 010 mill. à la base, et de o m. 005 mill. 1/2 au sommet. Viennent ensuite pour chaque branche six campanules, dont deux en cornaline et quatre de céramique dont deux brunes et deux vert clair. Ces campanules ont : celles de cornaline o m. 015 mill. de haut et o m. 014 mill. de grand diamètre, celles de céramique o m. 019 mill. de haut et o m. 017 mill. de diamètre.

Un des longs tubes a été brisé et est recollé à deux endroits. Deux des campanules vert clair sont en mauvais état.

XII° dynastie.

Bibl. : *Journal d'entrée du Musée*, n° 31079.

52992. Flabellum (fragment). — Pierres et céramique. — Trouvé à Dahchour, fouilles de Morgan, 1894-1895.

Un enfilage de douze pièces de flabellum, six grandes et six petites. Deux des petites clochettes sont en cornaline et les quatre autres en céramique. Leurs dimensions sont de o m. 007 mill. de haut et o m. 006 mill. de diamètre.

Les six grandes n'en comptent qu'une en cornaline pour cinq en céramique. Leur hauteur varie de 10 à 12 millimètres, de même pour les diamètres, qui vont de 13 à 18 millimètres. Une des grandes clochettes de céramique porte des traces de dorure.

XII° dynastie.

52993. Coupe. — Terre cuite. — Diam. o m. 130 mill., haut. o m. 017 mill.; poids 130 gr. 30. — Trouvée à Saqqarah, 1900.

Une coupe en terre cuite en parfait état; elle a, à l'intérieur, une profondeur de o m. 014 mill.

Au revers, un godron saillant forme un cercle de o m. 076 mill. de diamètre extérieur. Ce godron sépare ainsi, en la protégeant, la coupe des supports divers sur lesquels elle peut être posée; il détermine également la largeur du marli, qui est de o m. 027 mill.

XII° dynastie.

Bibl. : *Journal d'entrée du Musée*, n° 34373.

52994. Fermoir de collier. — Argent. — Larg. o m. o57 mill., long. o m. o23 mill., épaiss. o m. oo8 mill.; poids 22 gr. 3o. — Trouvé à Dahchour, fouilles de Morgan, 1894-1895.

Une partie de fermoir de collier, en très mauvais état. L'argent est presque entièrement décomposé.

La forme est celle si fréquente d'une portion de cercle à la corde de laquelle viennent aboutir les rangs de perles ou de pendeloques qui forment le collier; celui-ci possède encore en partie la plaque percée qui reçoit les rangs et la pièce triangulaire dont le sommet coïncide avec la partie la plus élevée de la courbe et qui est le point d'attache du fil que l'on noue avec celui de la seconde partie pour fermer le collier.

XII⁰ dynastie.

Bɪʙʟ.: *Journal d'entrée du Musée,* n° 31077.

52995. Fermoir de collier. — Argent.

Contre-partie du précédent, en plus mauvais état.
Mêmes caractéristiques, sauf que le poids est inférieur (19 grammes).
Mêmes références que pour le n° 52994.

52996. Fermoir de collier ou de ceinture. — Argent. — Long. o m. 120 mill., larg. o m. o41 mill.; poids 33 gr. 3o. — Trouvé à Dahchour, fouilles de Morgan, 1894-1895.

Une plaque de fermoir de grande dimension. Elle se compose d'une plaque d'argent bordée d'une bâte, c'est-à-dire d'une bande d'argent posée à angle droit au bord de la plaque et qui donne à la fois épaisseur et solidité. Cette bâte est percée de nombreux petits trous qui permettaient de coudre le bijou sur un vêtement. A une des extrémités de la plaque est une partie de glissière qui vient s'engager dans la contre-partie qui appartient à une seconde plaque; dans l'espèce cette glissière est complète ici, car la partie qui appartient à la contre-plaque en est détachée et est engagée sur la glissière de celle que nous observons. Les trous nous indiquent que le collier, ou la ceinture, possédait dix rangs.

Sur le plat de la plaque, près de la glissière, on voit quatre trous considérables longitudinaux dans le sens de la longueur de la plaque. Ces trous ont de 8 à 9 millimètres de long, sur 2 à 3 millimètres de large (ils sont d'ailleurs irréguliers).

Il est évident que ces trous avaient une raison : la plaque à cet endroit a des colorations qui indiquent la présence d'une applique. La sulfuration a été contrariée, mais les éléments manquent pour faire des hypothèses.

XII⁰ dynastie.

Bɪʙʟ. : *Journal d'entrée du Musée,* n° 31078.
Catal. du Musée, n° 52001.

52997. Plaque de fermoir. — Long. o m. o70 mill., larg. o m. o41 mill.;
poids 16 grammes.

Plaque complétant le fermoir avec le numéro précédent. Elle est incomplète, car la
partie de la glissière qui lui appartenait est restée après celle que nous avons exa-
minée au numéro précédent, où sa présence est signalée.

Bibl. : *Journal d'entrée du Musée*, n° 31078, en commun avec l'autre partie.

52998. Collier. — Cornaline. — Long. 1 m. 45 cent.; poids 25 gr. 70. —
Trouvé à Dahchour, fouilles de Morgan, 1894-1895.

Un rang de cent perles en forme de fuseaux. Les dimensions varient peu : les longueurs vont de 12 à 14 millimètres, sauf pour trois, qui atteignent 18 millimètres;
la grosseur prise au milieu va de 3 mill. 1/2 à 4 millimètres.

XII° dynastie.

Voir la note au n° 52811.

52999. Collier. — Cornaline. — Long. 1 m. 66 cent.; poids 56 grammes. —
Trouvé à Dahchour, fouilles de Morgan, 1894-1895.

Collier fait d'un rang de perles de cornaline dont les formes restent sensiblement les
mêmes, bien que les longueurs varient beaucoup, olive d'abord, jusqu'au moment
où ce sont des fuseaux.
Les plus courtes sont celles qui ont la dimension la plus forte au milieu; mais les
écarts ne sont pas aussi considérables que pour les longueurs.
Le nombre des perles est de cent soixante-quatre.
Les longueurs vont de 7 à 17 millimètres, les grosseurs de 3 à 6 millimètres.

XII° dynastie.

Voir la note au n° 52811.

53000. Collier. — Cornaline. — Long. o m. 85 cent.; poids 35 grammes. —
Trouvé à Dahchour, fouilles de Morgan, 1894-1895.

Un rang de perles de cornaline en forme d'olives. Bien qu'elles soient évidemment choisies parmi celles qui se ressemblaient le plus, quelques-unes ont parfois des dimensions plus petites que la moyenne; néanmoins le groupement semble assez
homogène.
Le nombre des perles est de quatre-vingt-une.

Les longueurs varient de 12 mill. 1/2 à 10 mill. 1/2, les grosseurs de 6 à 5 milli-mètres.

XIIe dynastie.

Voir la note au n° 52811.

53001. Collier. — Cornaline. — Long. 0 m. 81 cent.; poids 28 grammes. — Trouvé à Dahchour, fouilles de Morgan, 1894-1895.

Un rang de perles en forme d'olives, comme les précédents. Les perles de ce collier sont de formes et de dimensions variées; quelques-unes sont tellement longues qu'elles ne peuvent plus prendre le nom d'olives : ce sont des fuseaux; cependant le nombre de celles-ci est assez modeste pour que l'aspect de ces rangs de perles soit celui de groupes en forme d'olives.

Le nombre des perles est de soixante-dix-huit.

Les longueurs vont de 8 à 12 millimètres, les grosseurs de 3 mill. 1/2 à 6 milli-mètres.

XIIe dynastie.

Voir la note au n° 52811.

53002. Collier. — Cornaline. — Long. 0 m. 76 cent.; poids 25 gr. 30. — Trouvé à Dahchour, fouilles de Morgan, 1894-1895.

Un rang de perles en forme d'olives semblables aux précédentes.

Le nombre des perles est de soixante-douze.

Les longueurs vont de 8 à 18 millimètres, les grosseurs de 3 mill. 1/2 à 6 mill. 1/2.

XIIe dynastie.

Voir la note au n° 52811.

53003. Collier. — Cornaline. — Long. 0 m. 76 cent.; poids 24 grammes. — Trouvé à Dahchour, fouilles de Morgan, 1894-1895.

Un rang de soixante-dix-sept perles de cornaline à propos desquelles tout a été dit dans les numéros qui précèdent. Le choix de ces perles a été fait rapidement et les dimensions sont variées.

Les longueurs vont de 6 mill. 1/2 à 12 millimètres, les grosseurs de 3 mill. 1/2 à 6 millimètres.

XIIe dynastie.

Voir la note au n° 52811.

53004. **Collier.** — Amazonite. — Long. o m. 83 cent.; poids 3 1 grammes. — Trouvé à Dahchour, fouilles de Morgan, 1894-1895.

Un rang de soixante et onze perles en forme d'olives; elles sont en amazonite ou en émail bleuté.

Pour les formes, nous faisons les mêmes observations que pour les colliers de cornaline qui précèdent. Ces perles ont été choisies rapidement dans des lots en vrac; elles sont bien de la même famille, mais leurs dimensions sont variées.

Les longueurs vont de 8 à 15 millimètres, les grosseurs de 4 à 6 millimètres.

XII* dynastie.

Voir la note au n° 52811.

53005. **Collier.** — Amazonite. — Long. o m. 82 cent.; poids 30 gr. 35. — Trouvé à Dahchour, fouilles de Morgan, 1894-1895.

Un collier de même nature que les précédents; il est fait de soixante-dix perles en forme d'olives. La substance est d'amazonite ou d'émail.

Les longueurs varient de 9 à 15 millimètres, les grosseurs de 4 à 6 millimètres.

XII* dynastie.

Voir la note au n° 52811.

53006. **Collier.** — Amazonite ou émail. — Long. o m. 77 cent.; poids 27 grammes. — Trouvé à Dahchour, fouilles de Morgan, 1894-1895.

Un collier de soixante-neuf perles en forme d'olives en tout semblable aux précédents.

Les longueurs vont de 9 mill. 1/2 à 15 millimètres, les grosseurs de 4 mill. 1/2 à 6 mill. 1/2.

XII* dynastie.

Voir la note au n° 52811.

53007. **Collier.** — Amazonite. — Long. o m. 79 cent.; poids 30 gr. 30. — Trouvé à Dahchour, fouilles de Morgan, 1894-1895.

Un collier de soixante-cinq perles, semblable aux précédents.

Les longueurs vont de 10 à 14 mill. 1/2, les grosseurs de 4 mill. 1/2 à 7 millimètres.

XII* dynastie.

Voir la note au n° 52811.

53008. Collier. — Amazonite. — Long. o m. 82 cent.; poids 29 gr. 5o. — Trouvé à Dahchour, fouilles de Morgan, 1894-1895.

Un rang de soixante et onze perles en forme d'olives, semblable aux précédents. Les longueurs vont de 10 à 13 millimètres, les grosseurs de 3 à 6 millimètres. XII° dynastie.

Voir la note au n° 52811.

53009. Collier. — Amazonite. — Long. o m. 82 cent.; poids 3o grammes. — Trouvé à Dahchour, fouilles de Morgan, 1894-1895.

Un collier de soixante-neuf perles, semblable aux précédents. Les longueurs vont de 10 à 14 mill. 1/2, les grosseurs de 5 à 6 mill. 1/2. XII° dynastie.

Voir la note au n° 52811.

53010. Collier. — Amazonite. — Long. o m. 57 cent.; poids 20 grammes. — Trouvé à Dahchour, fouilles de Morgan, 1894-1895.

Un collier de quarante-neuf perles. Il est de même nature que les précédents. Les longueurs vont de 7 mill. 1/2 à 14 mill. 1/2, les grosseurs de 4 mill. 1/2 à 6 mill. 1/2. XII° dynastie.

Voir la note au n° 52811.

53011. Collier (fragment). — Cornaline. — Long. o m. 295 mill.; poids 25 gr. 35. — Trouvé à Dahchour, fouilles de Morgan, 1894-1895 (pl. LXX).

Un fragment de collier composé de vingt-quatre perles cylindriques entre lesquelles viennent prendre place, sous forme de pendeloques, vingt-trois perles en forme de vases vus de face et plates derrière.
Les perles cylindriques ont des dimensions variées : la première et la dernière ont chacune o m. 012 mill. de longueur et o m. 004 mill. de diamètre, les autres ont une grandeur moyenne de o m. 009 mill. 1/2 et une épaisseur de o m. 003 mill. 1/2.
Les pendeloques, outre l'anneau qui sert à les unir aux perles cylindriques, sont munies au bas d'un autre anneau, ce qui indique qu'elles appartenaient à un dispositif à plusieurs rangs. Elles ont des grandeurs croissantes des extrémités au milieu;

ces grandeurs vont de 17 à 20 mill. 1/2, anneaux compris. Il en est de même pour les largeurs, qui vont de 7 mill. 1/2 à 10 millimètres.

XIIe dynastie.

Voir la note au n° 52811.

53012. Collier (fragment). — Pierres et pâte de verre. — Long. 0 m. 195 mill.; poids 5 gr. 60. — Trouvé à Dahchour, fouilles de Morgan, 1894-1895 (pl. LV).

Un enfilage de pièces qui ont la forme d'un sceau dont l'anneau est en cœur. Ces pièces sont petites : elles ont·0 m. 010 mill. 1/2 de hauteur sur 0 m. 004 mill. de largeur. Au sommet elles possèdent un anneau pris dans la matière, et à la base elles ont deux petits trous, un dans la largeur de la base, et la traversant; l'autre, dans l'axe, venant rejoindre le premier, ce qui nous indique que ces pièces faisaient partie d'un dispositif plus compliqué.

Elles sont au nombre de quarante-huit : vingt sont en cornaline, quatorze en lapis et quatorze en amazonite ou pâte de verre.

Ces œuvres sont exécutées avec un soin extrême.

XIIe dynastie.

Voir la note au n° 52811.

53013. Collier (fragment). — Or, pierres et pâte de verre. — Long. 0 m. 22 cent.; poids 6 grammes. — Trouvé à Dahchour, fouilles de Morgan, 1894-1895 (pl. LV).

Un fragment de collier composé de petits groupes de signes en pierres dures séparés par des perles d'or en forme d'olives.

Les groupes sont composés d'un signe semblable à ceux examinés au numéro précédent; ils semblent être le sceau dont l'anneau est en cœur. De chaque côté sont des plumes schématiques.

Il y a dix-neuf groupes, soit dix-neuf sceaux et trente-huit plumes, plus vingt perles d'or.

Les groupes se décomposent ainsi : dix en cornaline, quatre en lapis, cinq en pâte de verre; leur hauteur est de 0 m. 010 mill. et la largeur de 0 m. 009 mill. 1/2, les trois pièces comprises.

Les perles d'or en comptent sept visiblement plus petites que les autres; alors que celles-ci ont une longueur moyenne de 0 m. 005 mill. et une grosseur de 0 m. 002 mill. 1/2, les petites ont 0 m. 003 mill. 1/2 de longueur et 0 m. 001 mill. 1/2 de grosseur.

XIIe dynastie.

Voir la note au n° 52811.

53014. Éventail (fragment). — Or. — Haut. o m. 125 mill., larg. o m. 074 mill.; poids 24 grammes. — Trouvé à Dahchour, fouilles de Morgan, 1894-1895.

Une carcasse d'éventail en or. Elle est composée, à la base, d'un tube fermé par en bas et se terminant par une pointe émoussée en bouterolle. Ce premier tube a o m. 063 mill. de long sur o m. 003 mill. de diamètre à la base et o m. 005 mill. 1/2 au moment où nous le voyons continué par deux bandes d'or entre lesquelles un écart est conservé et qui s'épanouissent au sommet en deux branches arrondies qui occupent la largeur indiquée plus haut de o m. 074 mill.

L'écartement entre deux bandes d'or est maintenu par six rivets également en or. Cet écartement est de o m. 003 mill. 1/2.

Les plumes placées entre ces bandes dans les séparations indiquées par les rivets, se prolongeaient dans le tube de la base où elles venaient se loger.

XII⁰ dynastie.

Bibl. : *Journal d'entrée du Musée,* n° 31107.

53015. Éventail (fragment). — Or. — Larg. o m. 070 mill.; poids 8 grammes. — Trouvé à Dahchour, fouilles de Morgan, 1894-1895.

Fragment d'un porte-plume d'éventail. Il n'y a que la partie du haut, les deux branches s'épanouissant et les rivets maintenant la distance entre eux. On ne voit pas de trace de rupture et cet objet semble être intact; son emploi est donc discutable : peut-être était-il employé comme un coulant dans lequel les plumes étaient passées et qui servait de guide sans être soudé à une partie rigide.

XII⁰ dynastie.

Bibl. : *Journal d'entrée du Musée,* n° 31108.

53016. Longue perle. — Lapis. — Long. o m. 057 mill.; poids 6 gr. 60. — Trouvée à Dahchour, fouilles de Morgan, 1894-1895.

Une longue perle dont les bouts sont amincis et arrondis, coussinés. Au milieu, un double renflement séparé par un sillon très marqué; ce renflement est strié dans le sens de la longueur de la perle.

Cette pièce est percée de part en part. Le trou est irrégulier, sensiblement plus large à l'entrée qu'à la sortie; un fil de métal passé par ce trou, rencontre des inégalités. Mais comme un des côtés a été séparé de la perle et recollé, il n'est pas possible de faire le départ de ce qui est causé par la réparation.

Les diamètres sont : maximum, celui des renflements du milieu o m. 011 mill., de la perle elle-même au milieu près du renflement o m. 007 mill., aux extrémités près du trou o m. 004 mill. 1/2.

XIIe dynastie.

Voir la note au n° 52811.

53017. Collier. — Or et pierres. — Long. o m. 33 cent.; poids 12 grammes. — Trouvé à Dahchour, fouilles de Morgan, 1894-1895 (pl. LXXVII).

Un collier composé de groupes de perles alternées et se faisant pendant de chaque côté d'un groupe central.

Le groupe central est fait d'une perle sphérique en or; de chaque côté, une petite clochette, en or également, dont la partie ouverte vient s'appuyer vers la perle.

Une autre clochette, mais celle-là divisée en huit pétales, est posée en sens inverse de l'autre, et le collier se développe ainsi des deux côtés. Nous voyons huit groupes de trois perles, dont six ont pour milieu une perle sphérique et deux autres des perles en fuseaux; le tout se termine par une fleur semblable à celle que nous voyons planche LXXI, n°s 52937-52938, des cornets striés.

La composition de chacun de ces groupes est la même : une perle sphérique ou en forme de fuseau, et de chaque côté une campanule ouverte.

Les cornets striés des extrémités et les quatre groupes comprenant des perles en fuseaux sont en cornaline. Les groupes à fuseau ont o m. 015 mill. de long et o m. 003 mill. 1/2 au milieu du fuseau.

Huit des groupes à perle sphérique au milieu sont en lapis ou en pâte de verre turquoise; ils ont une clochette à huit pétales adossée à la perle. Quatre autres groupes sont en lapis, et les clochettes sont à quatre divisions. Les perles rondes de ces groupes ont un diamètre de o m. 007 mill., alors que celles des autres groupes n'ont que o m. 005 mill. 1/2 de diamètre.

Enfin tous ces groupes sont séparés par de petites perles d'or en forme d'olives qui ont o m. 004 mill. 1/2 de longueur et o m. 003 mill. de grosseur au centre, à l'exception des deux groupes des extrémités, qui sont séparés par des perles sphériques en pâte de verre turquoise de o m. 006 mill. de diamètre.

XIIe dynastie.

53018. Collier. — Or et pierres. — Long. o m. 37 cent.; poids 20 gr. 60. — Trouvé à Dahchour, fouilles de Morgan, 1894-1895 (pl. LXXV).

Un collier composé de petites perles plates entremêlées de perles-pendeloques en forme de larmes, cloisonnées, incrustées de pierres.

Les perles-pendeloques sont au nombre de cinquante-neuf, séparées les unes des autres par des groupes de petites perles.

Les diamètres des petites perles varient de 1 mill. 1/2 à 2 mill. 1/2, pour moins de o m. oo1 mill. de longueur; la longueur des perles en forme de larmes, anneau compris, est de o m. o1o mill., la largeur maximum de o m. oo3 mill.

Chaque pendeloque est décorée, de la même façon, de trois pierres : deux de lapis et celle du milieu de turquoise (ou pâte de verre). La partie du bas est presque complètement circulaire; les deux autres sont incurvées, celle du milieu en haut et en bas, celle du haut en bas seulement, puisqu'en haut elle se termine en pointe.

Le revers de ces pendeloques est en or uni.

XII⁰ dynastie.

53019. Collier (fragment). — Or et pierres. — Long. o m. 152 mill.; poids 8 gr. 6o. — Trouvé à Dahchour, fouilles de Morgan, 1894-1895.

Un fragment de collier qui correspond exactement, quant à la partie métallique, au collier du numéro précédent. Les perles plates qui séparent les pendeloques sont au nombre de sept entre chacune.

Les pendeloques sont au nombre de dix-huit, dont sept seulement ont conservé leurs pierres. Ici les cloisons n'enfermaient qu'une seule pierre, qui paraît être de l'amazonite ou de la pâte de verre.

XII⁰ dynastie.

53020. Collier. — Or et pierres. — Long. o m. 435 mill.; poids 66 grammes. — Trouvé à Dahchour, fouilles de Morgan, 1894-1895 (pl. LXXV).

Un collier composé de petites perles plates et de quatre-vingt-trois motifs de breloque en or cloisonné et décoré d'incrustation de pierres ou de pâtes de verre lapidées.

Ces motifs se répètent. Il n'y en a que trois : le ☥, le *sceptre* ⌐ et le ☥. Il y en a vingt-sept de chaque, plus un sceptre en surplus.

Les cloisons sont occupées par les pierres suivantes : pour le ☥, l'œil est garni de cornaline ainsi que les branches horizontales; la branche verticale inférieure est faite de turquoise ou pâte de verre de cette couleur. Pour le *sceptre*, la pierre est uniquement turquoise. Pour le ☥, les parties horizontales supérieures sont occupées par la turquoise et la cornaline; la partie inférieure, en amazonite ou turquoise ou bien pâte de verre de ces couleurs; l'arrière, tout or, est décoré au trait chez le ☥ et le ☥, et reste uni pour le *sceptre*.

Toutes ces pièces sont munies d'anneaux en haut et en bas.

Les dimensions sont variables et progressives : les pièces du milieu ont o m. o21 mill. 1/2 de haut, anneaux compris, puis cela va en diminuant jusqu'aux pièces des extrémités, qui n'ont plus que o m. o13 mill. 1/2.

XII⁰ dynastie.

53021. Tube. — Or. — Long. o m. o63 mill. 1/2, diamètres : haut o m. oo5 mill. 1/2, bas o m. oo2 mill. 1/2; poids 3 gr. 3o. — Trouvé à Dahchour, fouilles de Morgan, 1894-1895.

Un tube conique uni fermé en calotte ronde : sans doute le bas d'un porte-éventail.
XIIe dynastie.

53022. Tube. — Or. — Long. o m. o62 mill. 1/2, diamètres : haut o m. oo5 mill., bas o m. oo3 mill.; poids 3 grammes. — Trouvé à Dahchour, fouilles de Morgan, 1894-1895.

Un tube conique semblable au précédent.
XIIe dynastie.

53023-53024. Perles. — Or. — Long. o m. o45 mill., diam. o m. oo6 mill., poids 2 gr. 65 (mesure et poids de chaque perle). — Trouvées à Dahchour, fouilles de Morgan, 1894-1895.

Deux longues perles d'or en forme de larmes. Elles sont ouvertes à leur petit diamètre, et sur le grand elles sont fermées et percées d'un trou qui permet l'enfilage dans le sens de la longueur.
XIIe dynastie.

53025-53026. Tubes. — Or. — Long. o m. o37 mill. 1/2, diam. o m. oo5 mill.; poids 2 gr. 6o chacun. — Trouvés à Dahchour, fouilles de Morgan, 1894-1895.

Deux tubes de mêmes dimensions et de même poids, sans décor.
XIIe dynastie.

BIBL. : *Journal d'entrée du Musée,* n° 31123.

53027-53028. Perles longues. — Or. — Long. o m. o19 mill. 1/2, diam. o m. oo3 mill. 1/2; poids 1 gr. 3o chacune. — Trouvées à Dahchour, fouilles de Morgan, 1894-1895.

Deux perles cylindriques de mêmes dimensions et de même poids. Les extrémités sont fermées par de petites plaques, qui ont été percées ensuite pour permettre l'enfilage, mais qui donnent l'aspect d'une épaisseur beaucoup plus considérable.
XIIe dynastie.

53029 à 53032. Agrafes. — Or. — Largeur de la boucle o m. o14 mill.; poids d'une 4 grammes, poids total 16 grammes. — Trouvées à Dahchour, fouilles de Morgan, 1894-1895.

Quatre agrafes (?) dont l'usage ne nous apparaît pas. Elles sont en forme de fer à cheval, en fil rond, continué par des bandes aplaties qui semblent là pour accrocher et retenir l'objet après quelque chose.

Le développement extérieur de l'agrafe donne o m. o46 mill. sans les bandes plates qui suivent et qui ont environ o m. o15 mill. chacune; ce qui donnerait au total o m. o76 mill. de développement.

Le fil est un peu renflé dans la partie médiane; à cet endroit il a o m. oo2 mill. 1/2 de diamètre et o m. oo2 mill. aux extrémités.

XII° dynastie.

BIBL. : *Journal d'entrée du Musée*, n° 31122.

53033-53034. Deux demi-perles. — Or. — Diam. o m. o10 mill. — Trouvées à Dahchour, fouilles de Morgan, 1894-1895.

Deux demi-perles de forme demi-sphérique. Le métal est extrêmement mince. Elles sont percées d'un trou de o m. oo3 mill. et sont en médiocre état.

XII° dynastie.

Voir la note au n° 52926.

53035. Collier. — Cornaline. — Long. o m. 395 mill.; poids 17 gr. 35. — Trouvé à Dahchour, fouilles de Morgan, 1894-1895.

Un collier composé de cinquante-huit perles de formes et de dimensions variées. Au milieu se trouvent quatre perles rondes du diamètre de o m. oo9 mill., puis viennent de chaque côté quatre groupes faits d'une perle ronde de o m. oo6 mill. 1/2 de diamètre et d'une perle en forme de poire côtelée de huit godrons (ces perles ont o m. o11 mill. 1/2 de longueur et o m. oo6 mill. de grosseur maximum), puis d'autres groupes composés de perles et de fleurettes campanules accompagnées de quelques perles plates en forme de losange arrondi.

XII° dynastie.

Voir la note au n° 52811.

53036. Collier. — Or et pierres. — Long. o m. 52 cent.; poids 26 grammes. — Trouvé à Dahchour, fouilles de Morgan, 1894-1895.

Un rang de cent quinze perles en or, lapis et pâte de verre.

43.

Les perles d'or sont de deux sortes : vingt et une sont en forme d'olives dont les dimensions vont de 9 mill. 1/2 à 13 millimètres pour la longueur et de 3 mill. 1/2 à 7 millimètres pour la grosseur; cinquante-huit petites et plates qui séparent toutes les perles du collier, soit en tout soixante-dix-neuf perles. Les perles plates ont o m. oo1 mill. de long et o m. oo2 mill. 1/2 de diamètre.

Les perles de lapis sont également de deux genres : douze sont sphériques et leurs diamètres varient de 6 à 9 millimètres, et huit sont en forme de poires et divisées dans leur longueur en huit godrons, leur grosseur maximum est de o m. oo6 mill.

Les perles en pâtes de verre, turquoise et verte, comptent seize perles sphériques de diamètres de 4 à 6 millimètres, et quatre perles en forme de poires comme celles des autres matières et godronnées de la même façon, leur grosseur maximum est de o m. oo6 mill.

XIIe dynastie.

53037. Collier (fragment). — Cornaline. — Long. o m. 13 cent.; poids 3 gr. 70. — Trouvé à Dahchour, fouilles de Morgan, 1894-1895.

Un rang de perles de cornaline en forme d'olives, striées sur leur longueur. Elles sont au nombre de quatorze.

XIIe dynastie.

Voir la note au n° 52811.

53038. Collier. — Or et pierres. — Long. o m. 365 mill.; poids 22 gr. 70. — Trouvé à Dahchour, fouilles de Morgan, 1894-1895.

Un collier composé de perles plates et de perles breloques en forme de larmes. Elles sont en or cloisonné et décoré de mosaïque de pierres.

Les perles plates ont une longueur de o m. oo1 mill. et même moins; leur diamètre est également très modeste, environ o m. oo2 mill. 1/2. Elles sont au nombre de trois cent quarante-deux et elles sont groupées par six entre les perles breloques, qui sont cinquante-sept.

Celles-ci ont o m. o1o mill. de hauteur, anneau compris, et leur largeur maximum est de o m. oo3 mill. Les pierres qui les décorent sont l'amazonite ou de la pâte de verre, de la cornaline et du lapis. C'est le lapis qui occupe la partie la plus large de la perle, le bas; sa forme est presque complètement circulaire. La cornaline au-dessus est incurvée pour épouser la forme du lapis, et la ligne supérieure est encore un peu incurvée au lieu de rencontre avec la pâte de verre. Le revers de ces perles breloques est uni.

XIIe dynastie.

53039. Collier. — Cornaline. — Long. 0 m. 96 cent.; poids 37 gr. 35. — Trouvé à Dahchour, fouilles de Morgan, 1894-1895.

Un collier composé de quatre-vingt-sept perles de cornaline en forme d'olives. Les longueurs varient de 9 à 12 millimètres, les grosseurs de 4 à 6 millimètres.

XII⁰ dynastie.

Voir la note au n° 52811.

53040. Collier. — Cornaline. — Long. 1 m. 60 cent.; poids 30 grammes. — Trouvé à Dahchour, fouilles de Morgan, 1894-1895.

Un rang de cent trente-quatre perles de cornaline en forme de fuseau. Les longueurs varient de 10 millimètres à 14 mill. 1/2, les épaisseurs de 3 mill. 1/2 à 4 mill. 1/2.

XII⁰ dynastie.

Voir la note au n° 52811.

53041. Collier. — Cornaline. — Long. 1 m. 12 cent.; poids 29 gr. 35. — Trouvé à Dahchour, fouilles de Morgan, 1894-1895.

Un rang de quatre-vingt-deux perles de cornaline en forme d'olives. Les longueurs varient de 8 mill. 1/2 à 12 mill. 1/2, les épaisseurs de 3 mill. 1/2 à 7 millimètres.

XII⁰ dynastie.

Voir la note au n° 52811.

53042. Collier. — Cornaline. — Long. 0 m. 79 cent.; poids 25 gr. 75. — Trouvé à Dahchour, fouilles de Morgan, 1894-1895.

Un rang de soixante-dix-sept perles de cornaline en forme d'olives. Les longueurs varient de 7 mill. 1/2 à 16 millimètres, les épaisseurs de 3 mill. 1/2 à 6 millimètres.

XII⁰ dynastie.

Voir la note au n° 52811.

53043. Collier. — Cornaline. — Long. 0 m. 87 cent.; poids 27 gr. 60. — Trouvé à Dahchour, fouilles de Morgan, 1894-1895.

Un rang de quatre-vingts perles de cornaline en forme d'olives. Les longueurs varient de 9 à 16 millimètres et les épaisseurs de 5 à 7 millimètres.

XII⁰ dynastie.

Voir la note au n° 52811.

53044. Collier. — Cornaline. — Long. 1 m. 05 cent.; poids 19 gr. 70. — Trouvé à Dahchour, fouilles de Morgan, 1894-1895.

Un rang de soixante perles de cornaline en forme d'olives et de fuseau. Les longueurs varient de 7 mill. 1/2 à 19 millimètres, les épaisseurs de 3 mill. 1/2 à 5 mill. 1/2. XIIe dynastie.

Voir la note au n° 52811.

53045. Collier. — Cornaline. — Long. 0 m. 55 cent.; poids 18 gr. 30. — Trouvé à Dahchour, fouilles de Morgan, 1894-1895.

Un rang de cinquante-trois perles de cornaline en forme d'olives. Les longueurs varient de 7 mill. 1/2 à 12 millimètres, les épaisseurs de 4 à 6 millimètres. XIIe dynastie.

Voir la note au n° 52811.

53046. Collier. — Cornaline. — Long. 0 m. 74 cent.; poids 25 grammes. — Trouvé à Dahchour, fouilles de Morgan, 1894-1895.

Un rang de soixante et onze perles en forme d'olives. Les longueurs varient de 7 mill. 1/2 à 16 millimètres, les épaisseurs de 4 à 7 millimètres. XIIe dynastie.

Voir la note au n° 52811.

53047. Collier. — Cornaline. — Long. 0 m. 69 cent.; poids 21 grammes. — Trouvé à Dahchour, fouilles de Morgan, 1894-1895.

Un rang de soixante-huit perles de cornaline en forme d'olives. Les longueurs varient de 8 à 14 millimètres, les épaisseurs de 3 à 6 millimètres. XIIe dynastie.

Voir la note au n° 52811.

53048. Collier. — Lapis. — Long. 0 m. 71 cent.; poids 31 gr. 40. — Trouvé à Dahchour, fouilles de Morgan, 1894-1895.

Un rang de soixante-trois perles de lapis en forme d'olives. Les longueurs varient de 9 à 16 millimètres, les grosseurs de 6 mill. 1/2 à 4 mill. 1/2. XIIe dynastie.

Voir la note au n° 52811.

53049. Collier. — Lapis. — Long. o m. 82 cent.; poids 33 gr. 28. — Trouvé à Dahchour, fouilles de Morgan, 1894-1895.

Un rang de quatre-vingt-une perles en forme d'olives. Les longueurs varient de 9 à 13 mill. 1/2, les grosseurs de 4 mill. 1/2 à 6 millimètres.

XIIe dynastie.

Voir la note au n° 52811.

53050. Collier. — Lapis. — Long. o m. 91 cent.; poids 41 gr. 70. — Trouvé à Dahchour, fouilles de Morgan, 1894-1895.

Un rang de quatre-vingt-une perles de lapis en forme d'olives. Les longueurs varient de 8 mill. 1/2 à 16 millimètres, les grosseurs de 4 mill. 1/2 à 7 mill. 1/2.

XIIe dynastie.

Voir la note au n° 52811.

53051. Collier. — Lapis. — Long. o m. 79 cent.; poids 38 gr. 30. — Trouvé à Dahchour, fouilles de Morgan, 1894-1895.

Un rang de soixante-huit perles en forme d'olives. Les longueurs varient de 10 à 15 millimètres, les grosseurs de 5 à 7 mill. 1/2.

XIIe dynastie.

Voir la note au n° 52811.

53052. Collier. — Lapis. — Long. o m. 68 cent.; poids 31 grammes. — Trouvé à Dahchour, fouilles de Morgan, 1894-1895.

Un rang de cinquante-neuf perles en lapis en forme d'olives. Les dimensions en longueur vont de 9 à 15 millimètres.

XIIe dynastie.

Voir la note au n° 52811.

53053. Réseau de perles. — Cornaline et céramique. — Long. o m. 29 cent., larg. o m. 31 cent.; poids 163 gr. 80. — Trouvé à Dahchour, fouilles de Morgan, 1894-1895.

Réseau constitué de la façon suivante : dix-huit rangs verticaux de perles en forme de fuseaux et dix-sept rangs horizontaux de même nature. Les points de rencontre sont faits par des X en céramique; ces X sont percés de façon que les branches

se détachent dans le vide (voir pl. LXIX, n° 52901). Les fuseaux, aussi bien ceux
de cornaline que ceux de céramique, ont pour longueur moyenne o m. 014 mill.
et o m. 003 mill. 1/2 de grosseur au milieu. L'enfilage est fait de façon à offrir
aux yeux des bandes diagonales alternées.

Les rangs verticaux sont terminés par des schémas de papyrus.

XII° dynastie.

Bibl. : *Journal d'entrée du Musée*, n° 31082; J. de Morgan, *Fouilles à Dahchour*, II, p. 12.

53054. Collier. — Améthyste. — Long. 1 m. 38 cent.; poids 76 grammes. —
Trouvé à Dahchour, fouilles de Morgan, 1894-1895 (pl. LXXVI).

Un collier composé de deux cent quarante-huit perles d'améthyste. Ces perles sont
toutes rondes et, comme d'ordinaire, un peu plutôt ellipsoïdales que sphériques.

Elles sont présentées, les plus grosses au milieu, puis par ordre décroissant. Les diamètres les plus importants sont de o m. 013 mill., puis de o m. 012 mill., pour
arriver aux plus petites perles, qui n'ont plus que o m. 005 mill.

XII° dynastie.

Bibl. : *Journal d'entrée du Musée*, n° 30923; J. de Morgan, *Fouilles à Dahchour*, II, p. 13, pl. XXIV.

53055. Collier. — Or. — Long. o m. 435 mill.; poids 29 gr. 35. — Trouvé à
Dahchour, fouilles de Morgan, 1894-1895 (pl. LXXVI).

Un collier composé de perles d'or, les unes sphériques, les autres en forme de larmes.

Les perles sphériques ont o m. 005 mill. de diamètre moyen; elles sont au nombre
de quarante-huit. Il y a dix-neuf perles en forme de larmes; elles ont o m. 013
mill. de long et o m. 005 mill. de grosseur maximum, et elles sont enfilées dans
le sens de leur longueur.

Le collier débute par dix perles rondes, puis commence une alternance de deux perles
rondes entre deux perles en forme de larmes, excepté vers le milieu, où un groupe
de quatre perles rondes sépare deux perles en forme de larmes, et à la fin où il
n'y en a pas du tout.

XII° dynastie.

Bibl. : *Journal d'entrée du Musée*, n° 30881; J. de Morgan, *Fouilles à Dahchour*, II, p. 9, pl. XXII.

53056. Collier. — Or. — Long. o m. 46 cent.; poids 26 gr. 70. — Trouvé à
Dahchour, fouilles de Morgan, 1894-1895.

Un collier composé, comme le précédent, de perles d'or sphériques et de perles en
forme de larmes. Le dispositif est le même : deux perles sphériques entre chaque

perle en forme de larmes, celles-ci enfilées dans le sens de leur longueur. Il y a vingt-quatre groupes, soit quarante-huit perles sphériques et vingt-quatre perles en forme de larmes. Le diamètre des perles sphériques est de o m. oo4 mill. environ; la grosseur maximum des perles en forme de larmes est de o m. oo5 mill.

XII° dynastie.

Voir la note au n° 52811.

53057. Collier. — Or et cornaline. — Long. o m. 42 cent.; poids 26 gr. 35. — Trouvé à Dahchour, fouilles de Morgan, 1894-1895.

Un rang de perles cylindriques or et cornaline, à raison d'une perle d'or pour quatre perles de cornaline et formant des groupes réguliers. Un seul groupe n'a que trois perles de cornaline.

Les perles d'or sont des portions de tube en métal mince; elles sont au nombre de vingt-trois. Leurs dimensions moyennes sont o m. oo5 mill. de long et o m. oo4 mill. 2/10 de diamètre.

XII° dynastie.

Voir la note au n° 52811.

53058. Collier. — Or et cornaline. — Long. 1 m. 02 cent.; poids 25 gr. 60. — Trouvé à Dahchour, fouilles de Morgan, 1894-1895.

Un collier de cent soixante-treize perles cylindriques d'or et de cornaline : le nombre des perles d'or est de trente-trois et celui des perles de cornaline est de cent quarante.

Ce collier est construit comme celui décrit précédemment, mais le groupement des éléments est plus irrégulier : on compte de quatre à huit perles.

Les dimensions sont aussi variables que dans le collier n° 53057, c'est-à-dire, long. de 5 mill. 1/2 à 13 millimètres, celles d'or une moyenne de o m. oo5 mill.

XII° dynastie.

Voir la note au n° 52811.

53059. Collier. — Cornaline et pâte de verre. — Long. 1 m. 06 cent.; poids 37 grammes. — Trouvé à Dahchour, fouilles de Morgan, 1894-1895.

Un collier composé de perles cylindriques en cornaline et en pâte de verre gris verdâtre.

Les cylindres, dont les dimensions moyennes sont semblables (o m. oo7 mill. 1/2 de longueur et o m. oo4 mill. 1/2 de diamètre), sont alternés.

XII° dynastie.

Voir la note au n° 52811.

53060. Collier. — Cornaline. — Long. o m. 445 mill.; poids 17 gr. 70. — Trouvé à Dahchour, fouilles de Morgan, 1894-1895.

> Collier composé de perles en fuseau et en forme d'olives. Il comprend trente-quatre perles, les unes atteignant o m. 020 mill. de longueur pour o m. 007 mill. de grosseur maximum, les autres ayant o m. 010 mill. 1/2 de long et o m. 005 mill. de grosseur maximum.
>
> XII° dynastie.
>
> Voir la note au n° 52811.

53061. Collier (fragment). — Lapis, améthyste et pâte de verre. — Long. o m. 23 cent.; poids 7 gr. 35. — Trouvé à Dahchour, fouilles de Morgan, 1894-1895.

> Un fragment de collier composé de vingt-quatre perles, dont neuf, en lapis, sont en forme de larmes; deux en améthyste sont également en forme de larmes; treize en pâte de verre, dont sept en forme de larmes; cinq sphériques; une cylindrique.
> Les dimensions des perles en lapis vont de 9 à 14 millimètres de long, pour 4 à 6 millimètres de grosseur maximum.
> Celles d'améthyste ont o m. 011 mill. de long et o m. 005 mill. de grosseur maximum.
> Celles de pâte de verre, en forme de larmes, ont en moyenne o m. 010 mill. de long.
> Les perles sphériques ont o m. 004 mill. de diamètre.
> La perle cylindrique a o m. 014 mill. 1/2 de long et o m. 004 mill. de diamètre.
> XII° dynastie.
>
> Voir la note au n° 52811.

53062. Collier. — Céramique. — Long. 1 m. 28 cent.; poids 31 grammes. — Trouvé à Dahchour, fouilles de Morgan, 1894-1895.

> Un collier de cent trois perles, dont cinquante et une en forme de fuseau et autant de petites ayant une longueur égale à leur diamètre; la dernière est en forme de fleur de papyrus épanouie.
> Les grandes perles en fuseau ont en moyenne o m. 023 mill. de long et o m. 005 mill. 1/2 de grosseur maximum. Elles sont émaillées bleu, verdâtre et brun.
> Les petites sont gravées de traits profonds qui forment des rosaces interposées entre les longues perles. Le contraste a été rendu plus frappant en dorant ces objets. Ces pièces ont o m. 005 mill. de long et o m. 004 mill. 1/2 de diamètre.
> Enfin la dernière pièce en forme de papyrus est également dorée; elle a o m. 008 mill. de haut et o m. 012 mill. de large.
> XII° dynastie.
>
> Voir la note au n° 52811.

53063. **Collier.** — Céramique. — Long. 1 m. 52 cent.; poids 36 grammes. — Trouvé à Dahchour, fouilles de Morgan, 1894-1895.

Un collier composé de soixante-quinze perles, dont soixante longues en fuseaux et cylindriques, et quinze rondes.

Les trente en fuseaux ont o m. o22 mill. de long et o m. oo5 mill. de grosseur maximum.

Les trente en cylindres ont o m. o27 mill. de long et o m. oo4 mill. de diamètre.

Les quinze rondes ont o m. oo6 mill. de diamètre.

Les couleurs vont de la turquoise au brun.

XIIᵉ dynastie.

Voir la note au n° 52811.

53064. **Collier.** — Céramique. — Long. o m. 71 cent.; poids 15 gr. 70. — Trouvé à Dahchour, fouilles de Morgan, 1894-1895.

Un rang de vingt-sept tubes de céramique ayant à une de ses extrémités une fleur de lotus en même matière.

Ces tubes sont revêtus d'un émail vert-brun. La petite fleur de lotus est gris-vert foncé; elle a o m. oo9 mill. 1/2 de haut et o m. o14 mill. de large.

Les tubes ont pour longueur moyenne o m. o25 mill. et pour diamètre moyen o m. oo4 mill.

L'ensemble est d'un caractère grossier.

XIIᵉ dynastie.

Voir la note au n° 52811.

53065. **Collier.** — Céramique. — Long. 1 m. o3 cent.; poids 21 gr. 70. — Trouvé à Dahchour, fouilles de Morgan, 1894-1895.

Un rang de quarante tubes de céramique, en tout semblable à ceux du numéro précédent.

XIIᵉ dynastie.

Voir la note au n° 52811.

53066. **Collier.** — Céramique. — Long. 1 mètre; poids 25 gr. 3o. — Trouvé à Dahchour, fouilles de Morgan, 1894-1895.

Un rang de quarante-sept perles en forme d'olives ou mieux de fuseau. La longueur moyenne est de o m. o2o mill. et la grosseur au milieu de o m. oo5 mill.

44.

La matière est la même que celle des numéros précédents, brun, verdâtre inégal.
Aspect grossier.

XII° dynastie.

Voir la note au n° 52811.

53067. Collier. — Céramique. — Long. 1 mètre; poids 25 grammes. — Trouvé à Dahchour, fouilles de Morgan, 1894-1895.

Un rang de fuseaux semblables de dimensions, de forme et de couleur au précédent numéro. Leur nombre est de quarante-sept.

XII° dynastie.

Voir la note au n° 52811.

53068. Collier. — Céramique. — Long. 1 mètre; poids 24 grammes. — Trouvé à Dahchour, fouilles de Morgan, 1894-1895.

Un rang de fuseaux, semblables de dimensions, de forme et de matière à ceux composant les rangs précédents.
Leur nombre est de quarante-huit.

XII° dynastie.

Voir la note au n° 52811.

53069. Collier (fragment). — Or et pierres. — Long. 0 m. 208 mill.; poids 23 grammes. — Trouvé à Dahchour, fouilles de Morgan, 1894 (pl. LXXVI).

Un fragment de collier composé de perles d'améthyste séparées par des pendeloques d'or ornées de pierres. Ces pendeloques sont faites d'un anneau plat duquel part un petit tube strié en travers, de façon à imiter un fil enroulé. A l'extrémité de ce tube, une petite boule est divisée en quatre compartiments par de petites bandes d'or. Ces compartiments sont occupés par des pierres de cornaline, de lapis et de turquoise (ou pâte de verre). Ces boules ont 0 m. 007 mill. de diamètre.
Voici l'ensemble des éléments composant le collier :
Trente-quatre perles rondes d'améthyste de grandeur allant de 4 mill. 1/2 à 6 mill. 1/2 ;
Cinq perles rondes de cornaline ayant 0 m. 004 mill. de diamètre;
Une perle de cornaline en forme de larme ayant 0 m. 013 mill. de haut et 0 m. 005 mill. de grosseur maximum;
Dix-huit pendeloques avec boules incrustées de pierre.
Le dispositif est le suivant. Au milieu, formant pendeloque, une perle ronde d'amé-

thyste, la perle de cornaline en forme de larme, une autre perle ronde d'améthyste et une petite perle de cornaline, de chaque côté une petite perle de cornaline, puis les perles d'améthyste, en commençant par les plus grosses, alternent avec les pendeloques, et le rang se termine par sept petites perles d'améthyste, plus, à l'extrémité, une petite perle de cornaline.

XIIe dynastie.

Bibl. : *Journal d'entrée du Musée,* n° 30900 ; J. de Morgan, *Fouilles à Dahchour,* I, p. 66, n° 12, pl. XX et XXIV.

53070. Pendeloque. — Or et pierres. — Haut. o m. o46 mill., larg. o m. o46 mill.; poids 23 gr. 65. — Trouvée à Dahchour, fouilles de Morgan, 1894 (pl. LXXVII).

Une coquille convexe, faite en or cloisonné et garni de pierres. La partie du haut, c'est-à-dire l'articulation de la coquille, laquelle est du type bivalve, est décorée d'une première zone de cloisons rayonnantes. Dans ces cloisons, le lapis et la turquoise (ou pâte de verre) se succèdent de façon à former des courbes concentriques ressemblant aux latitudes des sphères terrestres, les rayonnements plus petits sont garnis de cornaline, et enfin les petits triangles qui restent sont en turquoise.

Sous cette zone se développe le décor principal. Le milieu est occupé par une cornaline de dimensions inusitées : elle a o m. o21 mill. de haut et o m. o26 mill. de large. Sa forme générale se rapproche d'un cercle dont une partie se trouve coupée par la zone du haut. Tout autour de la cornaline se développe un décor fait, dans l'axe, de chevrons cloisonnés alternés : lapis, cornaline et turquoise, et de chaque côté des dentelures courbes de turquoise, laissant entre elles des triangles curvilignes en cornaline suivis d'autres petits triangles de lapis, puis se rapprochant de la zone supérieure, des bandes alternées lapis et turquoise et se terminant par une ellipse en turquoise ayant pour milieu une petite ellipse de lapis. L'ensemble est encadré par un bord assez large où l'or est nu.

Le revers est fait d'une plaque concave d'or uni, où l'on voit, dans la partie supérieure, un anneau horizontal, plat et strié verticalement.

Cette pièce, d'une très belle exécution, est dans un état de conservation parfait.

Bibl. : *Journal d'entrée du Musée,* n° 30877 ; J. de Morgan, *Fouilles à Dahchour,* I, p. 65, n° 4, pl. XX.

53071. Cylindre. — Or. — Long. o m. o5o mill. sans l'anneau, diam. o m. o07 mill. 1/2; poids 8 gr. 80. — Trouvé à Dahchour, fouilles de Morgan, 1894 (pl. LXXVII).

Un petit cylindre d'or, dans lequel G. Legrain a cru reconnaître une fiole à *kohl*. Ce bijou s'ouvre en effet à la partie inférieure comme une boîte, et il semble qu'il a été utilisé pour contenir du *kohl,* mais cela ne nous permettrait pas de conclure que cette adaptation était générale et que les nombreux ornements ayant le même aspect avaient tous le même usage; c'est pourquoi il a été jugé préférable de le nommer cylindre, comme le seront tous les objets de même aspect.

Cet objet est fait d'un tube ayant un diamètre de o m. oo6 mill. terminé en haut et en bas par des couvercles qui ferment à frottement assez doux. Ces couvercles sont restés unis; celui de la partie supérieure est muni d'un anneau de suspension, plat, uni, qui a o m. oo3 mill. 1/2 de diamètre extérieur.

Le tube est décoré au grènetis par des chevrons faits d'un double rang de grenailles. Nous avons déjà appelé l'attention sur ce travail, qui semble bien apparaître pour la première fois, et pourtant celui-ci, qui offre des difficultés, puisqu'il s'agit de la décoration d'une partie courbe, est d'une perfection qui ne laisse rien à désirer et qui montre l'artisan maître de son travail.

XIIe dynastie.

Bibl. : *Journal d'entrée du Musée,* n° 3o882; J. DE MORGAN, *Fouilles à Dahchour,* I, p. 7o, n° 55, pl. XXIV.

53072. Cylindre. — Or et pierres. — Long. o m. o46 mill. sans l'anneau, diam. o m. oo7 mill.; poids 8 gr. 7o. — Trouvé à Dabchour, fouilles de Morgan, 1894 (pl. LXXVII).

Un cylindre de même nature que celui décrit au numéro précédent et indiqué également sous le nom de fiole à *kohl* dans la liste de Dabchour. Nous avons dit au numéro précédent pourquoi il semble préférable de se tenir dans l'expectative, tout en reconnaissant la vraisemblance de l'hypothèse, du moins pour le n° 53o71. Ici le mauvais état du bijou ne nous permet pas de vérification sérieuse. Les couvercles (?) du haut et du bas sont fixés par les oxydations, en admettant qu'ils ne le fussent pas normalement.

Le décor de ce bijou est fait d'une série de bagues cloisonnées, ce qui explique la mauvaise conservation, car le cloisonné sur un cylindre offre des inconvénients et des difficultés qu'il ne rencontre pas sur des surfaces planes ou se rapprochant du plan.

L'aspect est donc celui-ci : le haut et le bas du cylindre sont faits de courvercles unis, dont l'un est muni de l'anneau de suspension, et le décor fait de cloisons circulaires ayant entre elles un écartement varié : six groupes de trois cloisons d'égale largeur et garnies de deux lapis et une turquoise (elles ont o m. oo5 mill. de large à elles trois), puis entre ces cloisons, quatre cercles de turquoise ayant chacun o m. oo2 mill. 1/2 de large. Le tout actuellement en très mauvais état.

XIIe dynastie.

Bibl. : *Journal d'entrée du Musée,* n° 3o922; J. DE MORGAN, *Fouilles à Dahchour,* I, p. 56, pl. XIX.

53073. **Tête de vautour.** — Or. — Haut. o m. o42 mill. 1/2, largeur de profil o m. o29 mill., largeur de face o m. o14 mill. 1/2, largeur du cou o m. o2o mill.; poids 8 gr. 6o. — Trouvée à Dahchour, fouilles de Morgan, 1894-1895 (pl. LXIX).

Une tête de vautour exécutée en deux parties. Elle est faite de deux feuilles d'or qui ont été d'abord travaillées au repoussé, probablement enfoncées dans les deux parties d'un moule pris sur un modèle préalablement établi en une matière plastique. Les deux profils une fois faits, le métal en excédent découpé, ils furent rapprochés et soudés, puis le tout retravaillé assez médiocrement; néanmoins la tête a un caractère intéressant et les détails de construction sont indiqués d'une façon intelligente.

XIIe dynastie.

Bibl. : *Journal d'entrée du Musée*, n° 3o938; *Catalogue de Morgan*, 1895, supplément II, n° 135o *b*.

53074. **Ceinture (ou collier).** — Or. — Trouvée à Dahchour, fouilles de Morgan, 1894 (pl. LXXVIII).

Dix coquillages (cyprées) sont présentés sur un cartel. Il est probable et même certain que tous ne faisaient pas partie du même ensemble. Deux de ces coquillages sont d'une dimension très différente des autres, ce qui ne serait pas probant, car ils pourraient être là comme extrémité du bijou; mais l'un d'eux est un fermoir et les huit autres comptent également un fermoir de leur taille.

Ceci dit, nous devons regarder ces objets séparément, et pour cela les distinguer par un signe : nous leur donnerons une lettre ajoutée au numéro.

Tous ces coquillages ont été faits en emboutissant des plaques de métal dans des creux et en les soudant ensuite deux à deux; la forme n'étant pas symétrique, il a fallu deux creux. Au point de vue imitatif, ces coquillages offrent cette étrangeté de n'avoir pas d'envers. Ils présentent un simulacre d'ouverture de chaque côté, ce qui est justifié au point de vue décoratif, car les pièces d'enfilages se déplacent et se retournent facilement et le collier aurait manqué d'homogénéité avec des pièces les unes unies et d'autres travaillées.

En raison de ce qui vient d'être dit sur la fabrication, les dimensions des huit premiers sont identiques à cela près d'un trait de scie ou de couteau qui fait varier d'une fraction de millimètre une longueur, ou une largeur, ou une épaisseur. Seul le poids peut varier, car il reste dans ces coquillages des corps étrangers qui modifient, très légèrement, les poids. Ces corps étrangers ont été l'objet de remarques. M. Legrain, le rédacteur de la première liste des objets trouvés (voir *Fouilles à Dahchour*, I, p. 65, n° 7), signale le fait et l'attribue à l'introduction de morceaux de métal : ce serait donc un acte volontaire qui transformait en grelots ces bijoux. Mais nous avons vu, d'autre part, que les Égyptiens montaient leurs coquilles le plus souvent sur un substratum, qui empêchait les déformations au cours du travail. Les matières employées devaient être assez dures et très sèches, et nous avons vu des perles se vider de substances noirâtres et aussi des pièces ayant un noyau non seulement sec mais cuit, un objet de céramique en somme, et, tout en signalant la remarque de M. Legrain, il semble qu'il vaut mieux rester dans l'expectative, d'autant plus que la substance noirâtre que nous avons vu sortir des perles d'or se retrouve ici et qu'elle s'échappe des trous d'enfilage comme le poivre d'une poivrière, de moins en moins du reste, car les expériences ont été répétées très souvent. M. Winlock, dans un article indiqué plus bas aux références, suggère, en donnant des documents intéressants, que ces bijoux seraient des ceintures portées par des enfants ou des danseuses professionnelles, ce qui rendrait l'hypothèse du grelot assez vraisemblable.

A. Long. o m. o57 mill., largeur maximum o m. o34 mill., épaiss. o m. o18 mill.; poids 29 grammes.

B. Mêmes dimensions; poids 29 grammes.

C.   —   —   29 gr. 90.
D.   —   —   28 gr. 65.
E.   —   —   29 gr. 90.
F.   —   —   30 gr. 60.
G.   —   —   29 grammes.
H.   —   —   46 gr. 60.

Ce dernier est le fermoir qui possède deux plaques d'or fermant les deux côtés et la bande d'or qui forme la glissière de la fermeture.

Les deux coquillages suivants sont de dimensions moindres (nous avons dit que l'un des deux est un fermoir) : long. o m. o49 mill., largeur maximum o m. o28 mill., épaiss. o m. o12 mill.; poids de celui à fermoir 37 gr. 65; poids de l'autre 17 gr. 60. Ils ont reçu les lettres I, J; c'est le fermoir qui a la lettre I.

XIIe dynastie.

Bibl. : *Journal d'entrée du Musée*, n° 3o88o; *Catalogue de Morgan*, 1895, supplément II, p. 16; *Catalogue Loret*, 1897, supplément II, p. 357; *Catalogue Maspero*, 1902, p. 419; 1912, p. 410; 1915, p. 423; *Catalogue Maspero*, traduction anglaise de Quibell, 1903, p. 511; 1905, p. 421; 1906, p. 374, C; J. de Morgan, *Fouilles à Dahchour*, I, p. 65, n° 7, pl. XXIII; Guy Brunton, *Lahun I, The Treasure* (British School of Archæology in Egypt, London, 1920); A. M. Lythgoe, *The Treasure of Lahun* (Bull. of the Metropolitan Museum of Art, Dec., 1919, Part II); H. E. Winlock, *Notes on jewels from Lahun* (Ancient Egypt, 1920, p. 74).

53075-1 à 8. Ceinture (ou collier) têtes de lions. — Or. — Trouvé à Dahchour, fouilles de Morgan, 1894 (pl. LXXIX).

Une série de huit pièces composant un collier ou une ceinture. L'une de ces pièces est munie d'un fermoir à glissière.

La composition de ces pièces est particulière : elle est faite de têtes de lions réunies par le sommet; de plus, les pièces sont à double face. Chacune des parties de ce bijou présente donc quatre têtes de lions.

De même que pour le numéro précédent, lors de la trouvaille, le bijou fut classé collier; puis plus tard et pour différentes raisons, on supposa qu'il pouvait être une ceinture. Plusieurs suggestions furent proposées par des savants très avertis (voir la bibliographie), et maintenant nous nous trouvons dans le doute expectant, avec des préférences, mais pas de certitude absolue.

Les différentes parties de ce bijou ont été exécutées au repoussé, ou plus certainement embouties dans un creux en pierre, puis retouchées. Les retouches ont plus d'importance que d'ordinaire : elles ont été contrariées par le fait de la difficulté de soutenir le métal, bien qu'il soit vraisemblable que les plus essentielles ont été faites avant la réunion des deux côtés; mais il a fallu réparer les traces de soudure de réunion de ces deux côtés et pour cela risquer, chaque fois que l'on a frappé, d'enfoncer la pièce. Aussi les mêmes raisons s'imposent ici à l'esprit que pour la ceinture de cyprées que nous avons vue au numéro précédent, que le bruit de grelot que l'on remarque dans ces bijoux peut avoir pour cause les restes de matières introduites dans l'intérieur avec l'intention de procurer un soutien au métal pendant le travail, ce qui ne nous empêche pas de tenir compte aussi des suggestions proposées.

Les dimensions de ces pièces sont : long. 0 m. 053 mill., larg. 0 m. 031 mill.; poids du fermoir 38 gr. 30, poids de sept pièces du bijou réunies 137 gr. 30, soit pour le tout 175 gr. 60.

Ces pièces ont été numérotées de 53075-1 à 53075-8; c'est la pièce possédant le fermoir qui a reçu le n° 1.

XII° dynastie.

Bibl. : *Journal d'entrée du Musée*, n° 30879; *Catalogue de Morgan*, 1895, supplément II, p. 17; *Catalogue Loret*, 1897, supplément II, p. 357; *Catalogue Maspero*, 1902, p. 419; 1912, p. 410; 1915, p. 423; *Catalogue Maspero*, traduction anglaise de Quibell, 1903, p. 511; 1905, p. 421; 1906, p. 374; J. DE MORGAN, *Fouilles à Dahchour*, I, p. 65, n° 8, pl. XXII; Guy BRUNTON, *Lahun I, The Treasure* (British School of Archæology in Egypt, London, 1920); A. M. LYTHGOE, *The Treasure of Lahun* (*Bull. of the Metropolitan Museum of Art*, Dec., 1919, Part II); H. E. WINLOCK, *Notes on jewels from Lahun* (*Ancient Egypt*, 1920, p. 74).

53076. Fermoir. — Or et pierres. — Haut. (anneaux compris) 0 m. 011 mill., larg. 0 m. 010 mill.; poids 2 gr. 65. — Trouvé à Dahchour, fouilles de Morgan, 1894 (pl. LXVIII).

Un fermoir à glissière; il a la forme du sceau. Le centre de l'anneau est une cornaline, le sceau lui-même est en or cloisonné. Les matières que contenaient les cloisons sont restées en place, mais sont décolorées; elles ont, à l'heure actuelle, un ton de feuille morte. Sous le sceau sont six anneaux plats qui étaient les points de départ des pendeloques.

L'envers est d'or uni, et dans l'axe on voit le fermoir en deux parties glissant l'une dans l'autre. Ces deux parties ont chacune un anneau à leur sommet; ces deux anneaux cylindriques se rangent à côté l'un de l'autre de façon à ne faire qu'un tube de o m. oo5 mill. de long. Ces tubes sont en réalité des boîtes, car l'extérieur est en partie fermé et n'a qu'un trou central laissant passer le fil portant les motifs du bijou et l'extrémité de ce fil étant retenue dans la boîte.

XIIe dynastie.

Bibl. : *Journal d'entrée du Musée*, n° 30896 ; J. de Morgan, *Fouilles à Dahchour*, I, p. 68, n° 29, pl. XX.

53077. **Fermoir.** — Or et pierres. — Haut. o m. o12 mill. 1/2, larg. o m. o17 mill.; poids 2 gr. 20. — Trouvé à Dahchour, fouilles de Morgan, 1894-1895 (pl. LXVIII).

Un fermoir en or cloisonné, composé du sceau en or et dont l'anneau est rempli par une cornaline. Deux lotus, dont les queues sont nouées au sommet du bijou, viennent retomber au bas du sceau en l'encadrant. Les deux fleurs sont en or cloisonné, les calices sont faits de turquoise (ou pâte de verre) avec un léger liséré de cornaline sur le bord extérieur.

Au revers, le bijou est décoré aux traits, l'anneau d'un double filet, les lotus sont gravés de traits suivant les formes, et le fermoir, anneaux et glissières, est strié verticalement.

XIIe dynastie.

Bibl. : *Journal d'entrée du Musée*, n° 31114 *g*; J. de Morgan, *Fouilles à Dahchour*, II, p. 63, n° 31, pl. V.

53078. **Pendeloque.** — Or et pierres. — Haut. (anneaux compris) o m. o23 mill., larg. o m. o33 mill.; poids 3 gr. 20. — Trouvée à Dahchour, fouilles de Morgan, 1894 (pl. LXVIII).

Un épervier, les ailes déployées, portant dans chaque serre un sceau.

Il est fait en or cloisonné. La construction est à peu près intacte, mais les pierres qui garnissaient les cloisons ont beaucoup souffert; seule la cornaline se présente sous un aspect reconnaissable, les autres sont devenues blanchâtres et ne se laissent deviner. Beaucoup de ces pierres manquent, notamment celle du sceau tenu par la serre gauche.

Au bas du bijou, deux anneaux horizontaux indiquent que le système de pendeloques ne s'arrêtait pas à ce seul motif.

Le revers est en or uni. Il y a deux anneaux placés horizontalement, entre lesquels l'écart est de o m. o1 8 mill.

XIIe dynastie.

Bibl. : *Journal d'entrée du Musée*, n° 3o893 ; J. de Morgan, *Fouilles à Dahchour*, I, p. 65, n° 6, pl. XIX.

53079. Fermoir. — Or et pierres. — Haut. o m. o22 mill., larg. o m. o22 mill. ; poids 4 gr. 9o. — Trouvé à Dahchour, fouilles de Morgan, 1 894 (pl. LXVIII).

Fermoir composé des signes ▨ et ⚓. Il est en or cloisonné ; dans les cloisons prennent place de la cornaline et des pâtes de verre. Seule la cornaline est en assez bon état ; elle a été utilisée pour le cœur et pour quelques traits ; le reste ne laisse deviner que des traces verdâtres ou brunes. Il s'agit bien d'une décomposition de ces matières, car les cloisons sont toutes garnies.

Au revers, bijou et fermoir à glissière sont en or uni.

Bibl. : *Journal d'entrée du Musée*, n° 3o897 ; J. de Morgan, *Fouilles à Dahchour*, I, p. 68, n° 3o, pl. XIX.

53080. Fermoir. — Or et pierres. — Haut. o m. o1 8 mill. 1/2, larg. o m. o17 mill. ; poids 3 gr. 7o. — Trouvé à Dahchour, fouilles de Morgan, 1 894 (pl. LXVIII).

Un fermoir en or cloisonné, entièrement semblable d'aspect au précédent, sauf que les proportions sont un peu moindres. Les observations sur l'état des matières incrustées sont les mêmes. Ici ces matières, sauf la cornaline intacte, ne laissent même plus deviner des différences de tonalité. Le bijou, en ce qui concerne le métal, est dans un état parfait.

Le revers est d'or uni ainsi que la glissière.

XIIe dynastie.

Bibl. : *Journal d'entrée du Musée*, n° 3o895 ; J. de Morgan, *Fouilles à Dahchour*, I, p. 68, n° 3o, pl. XIX.

53081. Fermoir. — Or et pierres. — Haut. (anneaux compris) o m. o1 8 mill., larg. o m. o1 8 mill. ; poids 3 gr. 6o. — Trouvé à Dahchour, fouilles de Morgan, 1 894 (pl. LXVIII).

Un fermoir de même composition que le précédent et offrant les mêmes phénomènes de décomposition des éléments minéraux, sauf la cornaline dont sont faits le cœur, le trait horizontal supérieur et une partie de la base. Le reste est décomposé ou il ne reste plus que la substance qui servait de dessous aux pierres.

Toutefois, il y a une légère différence avec le précédent quant aux dimensions : celui-ci est plus large; de plus, il possède à la base six anneaux plats présentés de profil et destinés à recevoir des pendeloques quelconques.

Le revers est uni, ainsi que la fermeture à glissière.

XII° dynastie.

Bibl. : *Journal d'entrée du Musée*, n° 30897 ; J. de Morgan, *Fouilles à Dahchour*, I, p. 68, n° 30, pl. XIX.

53082. Fermoir. — Or et pierres. — Haut. (anneaux compris) o m. o18 mill., larg. o m. o16 mill.; poids 2 grammes. — Trouvé à Dahchour, fouilles de Morgan, 1894 (pl. LXVIII).

Un fermoir en or cloisonné de pierres.

Dans un cadre de forme rectangulaire, la partie du haut, légèrement incurvée, et les deux côtés verticaux sont formés des deux signes ⌐ ⌐.

Au milieu est le cœur ♥ posé sur le signe ▬.

Ici encore l'état des matières qui ornent les cloisons est très mauvais; sauf le cœur, qui est de cornaline, et deux petits fragments de la base qui sont en même matière, tout le reste est décomposé et blanchâtre. Une partie de la cloison verticale de gauche (droite du bijou) est vide, ainsi que la partie au milieu du signe ▬.

Le bas est garni de six anneaux plats, destinés évidemment à recevoir des pendeloques.

Le revers est uni. Il ne reste que la partie fixe de la glissière.

XII° dynastie.

Bibl.: *Journal d'entrée du Musée*, n° 30894 ; J. de Morgan, *Fouilles à Dahchour*, I, p. 68, n° 31, pl. XIX, et p. 60, n° 4, pl. XV et XVI.

53083. Fermoir. — Or et pierres. — Haut. o m. o19 mill. 1/2, larg. o m. o16 mill.; poids 5 gr. 60. — Trouvé à Dahchour, fouilles de Morgan, 1894 (pl. LXVIII).

Un fermoir composé d'un signe *ânkh* ☥, dans l'axe, encadré dans deux signes *sa* ꞗ, sont sur la corbeille. Le tout en or cloisonné et décoré de lapis, de cornaline et de pâte d'émail. Au milieu, le signe ☥ est fait en lapis, mais son anneau est garni d'une pierre (ou pâte de verre) bleue; une des branches du signe, celle de droite (du bijou), est dégarnie de sa pierre.

Les deux signes ꞗ ont des petites brides en cornaline, séparant des parties plus grandes en émail bleu turquoise. Là encore c'est le signe à la droite du bijou qui a perdu plusieurs de ses pierres; celle de gauche n'a souffert que de la perte des deux petites cornalines de sa base.

La corbeille est faite de quatre bandes intactes, celle du haut en lapis, puis émail vert foncé, cornaline et à nouveau lapis.

Le revers, tout or, est entièrement décoré de traits fins et serrés, tous dans le sens de
la longueur, aussi bien les deux parties de la glissière que les revers des signes. Les
anneaux sont des tubes importants : ils forment un cylindre de o m. oo9 mill. de
longueur à eux deux.

XIIᵉ dynastie.

Bibl. : *Journal d'entrée du Musée*, n° 3o89o.

**53084-53085. Deux fragments. — Or. — Long. o m. o22 mill., largeur maxi-
mum o m. o11 mill., largeur minimum o m. oo5 mill.; poids 1 gr. 7o
chacun. — Trouvés à Dahchour, fouilles de Morgan, 1894 (pl. LXVIII).**

Deux morceaux d'or dont l'usage n'est pas certain : il semble que ce soit des fragments
d'un porte-aigrette en forme de pétales étroits et épanouis. Deux crampons soudés à l'intérieur indiquent que ces objets étaient fixés, scellés; peut-être formaient-
ils la bague du haut d'un manche de miroir. Le bas de ces fragments a été martelé pour le faire entrer dans quelque chose qui le maintenait, ce qui fortifierait
la supposition que ces objets faisaient partie d'une pièce de raccord entre un objet
tel que miroir, porte-aigrette, etc., et le manche.

XIIᵉ dynastie.

Bibl. : J. de Morgan, *Fouilles à Dahchour*, I, p. 72, n° 68, fig. 16o.

**53086-53087. Deux fragments. — Or. — Long. o m. o18 mill., largeur maxi-
mum o m. oo6 mill.; poids o gr. 34 chacun. — Trouvés à Dahchour, fouilles de Morgan, 1894 (pl. LXVIII).**

Deux anneaux d'or de même aspect que les deux précédents, mais plus petits. Ils
n'avaient qu'un tenon soudé à l'intérieur, les deux sont arrachés.

Le bas de ces objets, au lieu d'être martelé comme dans les précédents, a été replié
en anneau. Un seul est en bon état; l'autre (n° 53o86) a été brisé.

XIIᵉ dynastie.

**53088-53089. Deux fragments. — Or (corbeille). — Haut. o m. oo4 mill., larg.
o m. o10 mill. 1/2; poids o gr. 35 chacun. — Trouvés à Dahchour,
fouilles de Morgan, 1894 (pl. LXVIII).**

Deux fragments isolés : ce sont des petites plaques d'or figurant des «corbeilles». Rien
ne nous montre un système d'attache, sauf que les bords de la partie convexe sont
fortement taillés en biais, de façon que la surface antérieure est plus grande que
la partie postérieure; ceci nous permet d'en conclure que cette partie de bijou était
sertie dans un ensemble.

Ces petites plaques ont 1 millimètre d'épaisseur; elles sont striées de quatre traits horizontaux profonds, qui ont sans doute été garnis par des pierres incrustées. XII° dynastie.

53090. Fragment (dessus de bouton). — Or. — Diam. 0 m. 012 mill. 1/2. — Trouvé à Dahchour, fouilles de Morgan, 1894 (pl. LXVIII).

Un dessus de bouton adhérent encore avec une gangue ayant conservé une forme de chapiteau dont le fragment que nous examinons ferait le dessus. Ce fragment ne porte aucune trace de décor. Sa forme est celle d'un disque légèrement convexe. Le métal en paraît mince, mais il est impossible de le peser utilement, étant donné l'importance des matières étrangères auxquelles il reste attaché. XII° dynastie.

53091. Collier. — Or et pierres. — Long. 0 m. 59 cent., larg. de 0 m. 024 mill. 1/2 à 0 m. 020 mill. 1/2; poids 100 grammes. — Trouvé à Dahchour, fouilles de Morgan, 1894 (pl. LXXVI).

Un collier composé de deux rangs de perles horizontales en cornaline, réunis par des perles d'or cloisonné qui ont la forme de larmes et sont munies chacune de deux anneaux placés en haut et en bas. Ce sont ces anneaux qui prennent place dans les rangs horizontaux de perles de cornaline et séparent chacune d'elles, les perles en forme de larmes étant posées verticalement. Ces perles sont décorées de trois pierres ou pâte de verre, en partant du haut; la section aiguë voisine de l'anneau supérieur est en amazonite (ou pâte de verre de cette couleur), et le milieu en cornaline. Ainsi que nous l'avons vu fréquemment, la cornaline est aussi bien conservée que possible; quant à la section inférieure, il est impossible d'avoir la moindre sûreté sur la couleur initiale.

Le nombre de perles cylindriques en cornaline est de cent dix, plus trois qui sont : deux en forme d'olives et une en forme de larmes; elles sont placées aux extrémités du bijou. Les perles cylindriques ont pour longueur moyenne 0 m. 008 mill. et pour diamètre 0 m. 004 mill.

Les perles en or cloisonné ont une hauteur variable qui va de 24 mill. 1/2 à 20 mill. 1/2 avec les anneaux (elles représentent ainsi la longueur totale du collier) et de 16 à 13 millimètres sans les anneaux; leur largeur maximum est de 7 millimètres à 5 mill. 1/2. Leur nombre est de cinquante-cinq.

XII° dynastie.

Bibl. : *Journal d'entrée du Musée,* n° 31083.

53092. Collier. — Or et céramique. — Long. 0 m. 89 cent.; poids 20 gr. 90. — Trouvé à Dahchour, fouilles de Morgan, 1894-1895.

Un collier formé de vingt-neuf cylindres or et trente cylindres de céramique.

Les portions de tube or ont une longueur moyenne de o m. oo5 mill. et un diamètre de o m. oo4 mill.

Les cylindres de céramique ont pour longueur moyenne o m. o24 mill. et o m. oo4 mill. de diamètre; leur couleur est brune, verdâtre, inégale et irrégulière.

XII° dynastie.

Voir la note au n° 52811.

53093. Collier. — Céramique. — Long. 1 m. 43 cent.; poids 3o grammes. — Trouvé à Dahchour, fouilles de Morgan, 1894-1895.

Un collier formé de cinquante-cinq longs cylindres de céramique de couleur noirâtre et verdâtre et dans un état médiocre.

Leur longueur moyenne est de o m. o25 mill., leur diamètre moyen est de o m. oo4 mill.

XII° dynastie.

Voir la note au n° 52811.

53094-53095. Applique (têtes d'Hathor). — Or. — Haut. o m. o14 mill., larg. o m. o25 mill.; poids o gr. 5o chacun. — Trouvée à Dahchour, fouilles de Morgan, 1894.

Deux têtes d'Hathor en or extrêmement mince (1/10 1/2 de millimètre). Ces objets décoraient probablement le haut d'un manche soit de miroir, soit d'éventail; leur peu d'épaisseur permettait de les fixer en repliant simplement les bords du métal autour de l'objet à décorer.

Le travail est naturellement assez médiocre : des traits gros et un léger modèle sommaire sont tout ce qu'il était possible de faire dans ces conditions.

XII° dynastie.

BIBL. : *Journal d'entrée du Musée*, n° 3o9o5; J. DE MORGAN, *Fouilles à Dahchour*, I, p. 67, n° 25 et pl. XXIV.

53096-53097. Deux lions. — Or. — Long. o m. o19 mill., largeur de la plinthe o m. oo7 mill., haut. o m. oo8 mill.; poids 2 gr. 6o chacun. — Trouvés à Dahchour, 1894.

Deux petits lions couchés; ils sont exécutés au repoussé en deux parties dans le sens longitudinal. La queue est un fil rapporté à part. L'animal, une fois construit à l'aide des deux plaques réunies, a été soudé sur une plaque unie formant plinthe.

Un trou percé entre les deux pattes et un autre sous la queue nous indiquent que ces animaux sont des pièces destinées à être enfilées.

XII° dynastie.

BIBL. : *Journal d'entrée du Musée*, n° 30906, en commun avec deux autres lions; J. DE MORGAN, *Fouilles à Dahchour*, I, p. 66, n° 19 et pl. XXIV.

53098-53099. Deux lions. — Or. — Long. o m. 016 mill.; largeur de la plinthe o m. 006 mill., haut. o m. 007 mill.; poids 2 gr. 35 chacun. — Trouvés à Dahchour, fouilles de Morgan, 1894.

Deux lions semblables aux précédents et qui ne se différencient que par les dimensions, qui sont moindres.

XII° dynastie.

BIBL. : *Journal d'entrée du Musée*, n° 30906, en commun avec les lions précédents; J. DE MORGAN, *Fouilles à Dahchour*, I, p. 66, n° 19 et pl. XXIV.

53100. Miroir. — Or et argent. — Hauteur totale o m. 14 cent., hauteur de l'axe vertical de l'ellipse o m. 11 cent., largeur de l'axe horizontal de l'ellipse o m. 12 cent.; poids 171 gr. 60. — Trouvé à Dahchour, fouilles de Morgan, 1894 (pl. LXXX).

Un miroir en argent, de forme elliptique; le grand axe est horizontal. Cet objet est en très mauvais état et l'argent est en rocher. Sur le haut du manche, une garde en or est restée engagée dans les éléments de cette décomposition.

L'épaisseur du miroir, autant qu'il est possible de s'en rendre compte, mesurée aux différents endroits les moins altérés, donne o m. 002 mill. 1/2.

XII° dynastie.

BIBL. : *Journal d'entrée du Musée*, n° 30933, en commun avec le n° 53102; J. DE MORGAN, *Fouilles à Dahchour*, I, p. 68, n° 26, fig. 143; G. BÉNÉDITE, *Catalogue général des Antiquités égyptiennes du Musée du Caire, Miroirs*, n° 44088.

53101. Garde de miroir. — Or. — Long. o m. 088 mill., larg. o m. 025 mill.; poids 13 gr. 30. — Trouvée à Dahchour, fouilles de Morgan, 1894.

Dessus de garde de miroir, en bon état; elle forme une portion de cercle donnant une surface unie, percée vers le milieu d'un trou rectangulaire.

Les bords rabattus au revers sertissaient la substance constituant la garde proprement dite.

XII° dynastie.

BIBL. : *Journal d'entrée du Musée*, n° 30885 a (l'exposant a est destiné à empêcher la confusion avec le n° 30885, qui correspond aux n° 52020-52021 du présent *Catalogue*); J. DE MORGAN, *Fouilles à Dahchour*, I, p. 67, n° 23; G. BÉNÉDITE, *Miroirs*, n° 44086.

53102. Cartouche. — Argent. — Long. o m. o59 mill., larg. o m. o35 mill., haut. o m. o19 mill. 1/2; poids 14 gr. 70. — Trouvé à Dahchour, fouilles de Morgan, 1894.

Une sorte de cuvette dont les bords ont la forme d'un cartouche royal; une large bordure placée au-dessous donne à l'objet l'apparence d'un couvercle, si on le retourne.

L'usage de cette pièce reste obscur, et son mauvais état ne permet pas d'investigation bien sérieuse. L'argent est à l'état pulvérulent.

XIIe dynastie.

Bibl. : *Journal d'entrée du Musée,* n° 30919; J. DE MORGAN, *Fouilles à Dahchour,* I, p. 70, n° 57, fig. 154.

53103. Pièce. — Argent. — Longueur du grand côté o m. o95 mill., longueur du petit côté o m. o37 mill., larg. o m. o11 mill.; poids 8 gr. 5o. — Trouvée à Dahchour, 1894.

Une pièce d'argent coudée à angle droit, ce que nous appelons «potence». Elle est faite d'une feuille d'argent martelée en gouttière, la partie concave étant à l'intérieur. Sur le grand côté, à o m. o6o mill. de l'extrémité inférieure, on voit un tenon qui a dû être soudé. A la partie supérieure on voit la trace d'un trou.

La forme dubitative de cette description est imposée par l'état de décomposition semblable à celui de la pièce décrite précédemment. L'argent, ici aussi, est pulvérulent.

XIIe dynastie.

Bibl. : Voir la note au n° 52811; J. DE MORGAN, *Fouilles à Dahchour,* I, p. 72, n° 69, fig. 161.

53104. Miroir (fragment). — Or. — Haut. o m. o25 mill., larg. o m. o27 mill., épaiss. o m. o24 mill.; poids 4 gr. 70. — Trouvé à Dahchour, fouilles de Morgan, 1894 (pl. LXXX).

Pièce formant le haut du manche d'un miroir; elle est à double face et présente de chaque côté la même interprétation d'une tête de lion. Cette pièce était ornée de pierres qui prenaient place dans des alvéoles aujourd'hui vides; seuls les deux yeux d'un même côté sont restés : ils sont en feldspath et cristal de roche. Les paupières qui les sertissent sont en argent aujourd'hui extrêmement chloruré, qui foisonne autour des yeux et les masque presque complètement. L'ensemble est en très mauvais état. Cette tête est présentée avec le miroir catalogué sous le n° 53100, bien que rien, dans la liste de Dahchour, n'indique que ce soit sa place. Il n'y aurait pas lieu de signaler le fait, mais M. Bénédite a été amené à donner un numéro commun aux deux pièces dans son *Catalogue des miroirs;* d'où la nécessité de prévenir le lecteur.

XIIe dynastie.

Catal. du Musée, n° 52001.   46

Bibl. : *Journal d'entrée du Musée,* n° 30936; J. de Morgan, *Fouilles à Dahchour,* I, p. 67, n° 21, fig. 139; G. Bénédite, *Miroirs,* n° 44088.

53105. Miroir (fragment). — Or et pierres. — Hauteur totale du fragment o m. o34 mill., hauteur de la pièce elle-même o m. o22 mill., larg. o m. o5o mill., épaiss. o m. o25 mill.; poids 35 gr. 65. — Trouvé à Dahchour, fouilles de Morgan, 1894 (pl. LXXX).

Tête d'Hathor, double face, en or, formant le haut du manche d'un miroir; la partie inférieure du miroir est restée engagée dans cette pièce.

L'exécution de ce fragment est remarquable : il est fait de deux parties travaillées au repoussé et ensuite réunies; les oreilles, très dégagées, ont été faites à part à l'aide de petites plaques d'or que l'on a pliées. Toute cette partie d'or est d'une conservation parfaite; malheureusement, l'argent, qui est chloruré, cause des ravages regrettables : les paupières sont dans une décomposition qui menace de détruire les yeux qui sont restés en place; les sourcils, qui étaient cloisonnés, ont disparu. En somme, le métal or en état parfait, et pourtant le fragment est en très mauvais état dans son ensemble.

XII⁰ dynastie.

Bibl. : *Journal d'entrée du Musée,* n° 30887*a; J. de Morgan, *Fouilles à Dahchour,* 1, p. 67, n° 24, fig. 141; G. Bénédite, *Miroirs,* n° 44089.

53106. Miroir (fragment). — Or et pierres. — Haut. o m. o2o mill. 1/2, largeur maximum o m. o3o mill.; poids 12 gr. 36. — Trouvé à Dahchour, fouilles de Morgan, 1894 (pl. LXXX).

Extrémité inférieure d'un manche de miroir; il a la forme d'une fleur de lotus. L'exécution est faite de cloisons d'or, formant huit pétales, dont quatre essentiels et quatre autres venant se loger entre les premiers. Les quatre principaux sont garnis, au milieu, d'une nervure de lapis et le reste en cornaline. Il n'y a plus qu'un pétale d'intact et un second auquel il ne manque qu'une partie de cornaline.

Les quatre pétales formant les entre-deux sont vides, à l'exception d'un seul, qui conserve le pourtour d'une nervure manquante; ce reste est en pâte de verre turquoise.

Comme beaucoup de ces bijoux, en résumé, métal en bon état, quoique bijou très altéré.

XII⁰ dynastie.

Bibl. : *Journal d'entrée du Musée,* n° 30888*a; J. de Morgan, *Fouilles à Dahchour,* I, p. 67, n° 24, 3°, pl. XX; G. Bénédite, *Miroirs,* n° 44093.

53107. **Miroir (fragment).** — Or. — Diam. o m. o21 mill.; poids 15 gr. 70.
— Trouvé à Dahchour, fouilles de Morgan, 1894 (pl. LXXX).

Une virole d'or composée de huit doubles rangs de graines entre neuf traits d'or unis.
En réalité la construction a été faite de dix-neuf cercles d'or de largeur inégale, les
huit plus larges ont été gravés en doubles rangs de grènetis et les neuf plus étroits
encadrent les autres. Une plaque intérieure masque ce travail.
L'ensemble est robuste. La mensuration exacte de la largeur des bandes offre quelques difficultés. Le tout a o m. o11 mill. de large et la répartition est environ de
13/10 de millimètre par groupe doubles perles et filet; l'épaisseur de l'anneau est
de 12/10 de millimètre.

XIIe dynastie.

BIBL. : *Journal d'entrée du Musée*, n° 30887 *a*, en commun avec les deux numéros précédents; J. DE
MORGAN, *Fouilles à Dahchour*, I, p. 67, n° 24, 2°, fig. 142; G. BÉNÉDITE, *Miroirs*, n° 44091.

53108. Miroir (fragment). — Or. — Haut. o m. o30 mill., diamètre maximum o m. o21 mill., diamètre minimum o m. o13 mill. 1/2; poids
10 gr. 60. — Trouvé à Dahchour, fouilles de Morgan, 1894.

Une fleur de lotus ayant servi d'extrémité inférieure à un manche de miroir; il est à
huit pétales aigus, dont quatre occupent la base et les quatre autres viennent se
loger entre les premiers.
Le métal employé pour la partie formant le calice a une épaisseur de 3/10 de millimètre; la petite plaque formant le fond du calice et qui est un disque de o m. o13
mill. 1/2 de diamètre, a une épaisseur de o m. o01 mill. 1/2. Ces deux fractions
sont soudées.
Le décor est fait de traits gravés qui épousent la forme lancéolée de l'objet; quelques
traits sont complétés par un plan champlevé. Cet objet terminait le manche de
miroir à tête de lion n° 53104.

XIIe dynastie.

BIBL. : *Journal d'entrée du Musée*, n° 30888 *a*; J. DE MORGAN, *Fouilles à Dahchour*, I, p. 67, n° 21,
fig. 140; G. BÉNÉDITE, *Miroirs*, n° 44094.

53109. Miroir (fragment). — Or. — Haut. o m. o23 mill., diamètre maximum o m. o21 mill., diamètre minimum o m. o13 mill.; poids 2 gr.
30. — Trouvé à Dahchour, fouilles de Morgan, 1894.

Une fleur de lotus ayant servi d'extrémité inférieure à un manche de miroir; il est
semblable au précédent, avec cette différence qu'il est de dimensions moindres et

surtout que le métal est d'une épaisseur insignifiante, moins de 2/10 de millimètre
pour le calice et de 5/10 de millimètre pour le culot.

Le décor s'en ressent et le graveur a dû se borner à des indications très sommaires,
mais dans la même forme, en suivant le contour lancéolé des pétales.

XII⁺ dynastie.

BIBL. : *Journal d'entrée du Musée*, n° 30889; J. DE MORGAN, *Fouilles à Dahchour*, I, p. 72, n° 70,
fig. 162; G. BÉNÉDITE, *Miroirs*, n° 44097.

53110. Miroir (fragment). — Or. — Diam. o m. 017 mill., larg. o m. 007
mill.; poids o gr. 80. — Trouvé à Dahchour, fouilles de Morgan,
1894.

Un anneau qui était une pièce intermédiaire d'un manche de miroir. Il est fait d'une
petite bande d'or roulée et soudée; les bords, d'un seul côté, sont un peu repliés
en dedans.

Le décor est fait simplement de trois traits parallèles qui tournent autour de l'anneau.
Le métal étant très mince, ces traits n'ont pas été faits à l'outil coupant, mais au
traçoir, outil qui est employé avec le marteau et qui déplace la matière sans la
diminuer d'épaisseur autrement que par un petit tassement. Cette méthode impli-
que que l'anneau, pour cette opération, était rempli d'une matière, comme celle
du ciment de ciseleur; ce support permet à l'outil de laisser sa trace sans déformer la pièce.

XII⁺ dynastie.

BIBL. : *Journal d'entrée du Musée*, n° 30921; G. BÉNÉDITE, *Miroirs*, n° 44092.

53111. Diadème. — Argent et pierres. — Diamètre moyen o m. 165 mill.,
épaiss. o m. 005 mill., larg. o m. 015 mill. — Trouvé à Dahchour,
fouilles de Morgan, 1894.

Un diadème dans un état de décomposition extrême et tel que même les mesures
sommaires et approximatives données plus haut ne sont que des indications.

Il se compose d'un bandeau d'argent fait, autant que l'on en peut juger, de deux
bandes d'argent réunies par de plus petites bandes qui forment l'épaisseur. Sur ce
bandeau étaient incrustés vingt-cinq pierres rectangulaires de o m. 010 mill. de
large et de o m. 008 mill. de haut. Ces pierres sont séparées par d'autres ayant
la même dimension en hauteur, mais d'une largeur réduite à l'aspect de simple
filet (environ 2 millimètres). Un grand nombre de pierres manquent et celles qui
restent sont indéfinissables.

Sur le parcours du bandeau on voit, posé horizontalement, un ornement formé
d'une plaque de cornaline ovale ayant le grand axe horizontal de o m. 016 mill.

et le petit axe de o m. o14 mill. De chaque côté, deux fleurs de lotus s'épanouissent jusqu'à o m. o21 mill. de large.

La cornaline est bien conservée. Les fleurs de lotus, qui étaient également cloisonnées, ont, dans la partie du départ du calice, de la cornaline, plus trois autres pierres manquantes ou trop altérées pour qu'on puisse les reconnaître.

Un uræus en or cloisonné a été trouvé avec le diadème et semble lui appartenir, mais sa place est difficile à déterminer et, tout en le signalant, il paraît plus judicieux de le présenter à part.

Cependant le *Journal d'entrée* dit : «En avant se dresse l'uræus royal, mais la décomposition a joué depuis».

XIIe dynastie.

Bibl. : *Journal d'entrée du Musée*, n° 3o937, en commun avec le n° 53112.

53112. Uræus. — Or et pierres. — Haut. o m. o35 mill., larg. o m. o17 mill. 1/2 ; poids 10 gr. 3o. — Trouvé à Dahchour, fouilles de Morgan, 1894.

Un uræus d'or cloisonné en très mauvais état. La pierre qui formait la tête a disparu, et l'or (3/1o de millimètre d'épaisseur) qui servait de soutien est nu. Le dos est en or nu. La face nous montre une bande verticale cloisonné alterné cornaline et, semble-t-il, lapis. Sous la tête le développement du capuchon présente un cercle dont la cloison est ondulée et dont la pierre était probablement du lapis, entouré d'un cercle sans ondulations et dont la pierre est méconnaissable; sous ce cercle la bande centrale est garnie de chaque côté par de la cornaline, puis le reste manque ou se confond dans la gangue qui enveloppe la languette qui servait à la monture.

Cet uræus a été trouvé avec le diadème inventorié au n° 53111 ; il semble lui appartenir, mais l'état de deux parties ne permet pas de se rendre compte de quelle manière ils s'assemblaient.

XIIe dynastie.

Bibl. : *Journal d'entrée du Musée*, n° 3o937, en commun avec le diadème du numéro précédent.

53113. Outil. — Bronze. — Long. o m. 13o mill., largeur près de la soie o m. o37 mill., largeur au milieu o m. o52 mill., largeur à l'opposé de la soie o m. o71 mill.; poids 92 grammes. — Trouvé à Dahchour, fouilles de Morgan, 1894.

Un outil de bronze, probablement un ciseau destiné à être utilisé à la main et sans le secours du marteau; il possède une soie qui permettait de l'emmancher.

Cet outil est dans un état de décomposition très grave : il est brisé en trois morceaux. L'altération de la matière ne permet pas d'observations utiles; cependant sur un côté il semble que l'on puisse reconnaître une partie tranchante, cela paraît très probable, car ce côté tranchant rompt nettement la symétrie de l'outil.

XIIe dynastie.

BIBL. : J. DE MORGAN, *Fouilles à Dahchour*, I, p. 71-72, n° 67, fig. 157.

53114. Outil. — Bronze. — Long. o m. 120 mill., largeur près de la soie o m. o35 mill., largeur au milieu o m. o45 mill., largeur à l'autre extrémité o m. o5o mill.; poids 70 grammes. — Trouvé à Dahchour, fouilles de Morgan, 1894.

Un outil en bronze dans un état aussi mauvais que le précédent. Sa construction n'appelle aucune remarque, si ce n'est qu'il est en partie détruit, car il n'est déjà plus identique à celui qui est représenté par un croquis dans le *Catalogue* de Legrain (Dahchour). Il est impossible d'enrayer la destruction de ces objets au point où en est arrivée la décomposition.

XIIe dynastie.

BIBL. : J. DE MORGAN, *Fouilles à Dahchour*, I, p. 71-72, n° 67, fig. 159.

53115. Outil. — Argent. — Haut. o m. o35 mill., larg. o m. o45 mill.; poids 23 grammes. — Trouvé à Dahchour, fouilles de Morgan, 1894.

Un outil rectangulaire dont un des grands côtés est taillé en forme de peigne, de dents qui ont o m. oo5 mill. de longueur.

Un tube cylindrique se trouve engagé dans des éléments de décomposition, de telle façon que l'on peut hésiter à savoir si c'était une charnière appartenant à l'outil et placée juste au-dessous des dents, ou si ce n'est pas simplement un objet étranger qui s'est trouvé fixé là par hasard.

L'ensemble est dans un état extrêmement mauvais.

XIIe dynastie.

BIBL. : J. DE MORGAN, *Fouilles à Dahchour*, I, p. 71-72, n° 67, fig. 158.

53116. Collier. — Céramique. — Long. 1 m. 24 cent.; poids 26 grammes. — Trouvé à Dahchour, fouilles de Morgan, 1894.

Un rang de quarante-huit longs cylindres en céramique. La couleur est brune ou verdâtre.

La longueur moyenne de chacun de ces cylindres est de o m. o25 mill., et le diamètre de o m. oo4 mill.

XIIe dynastie.

Voir la note au n° 52811.

53117. Collier. — Céramique. — Long. 1 m. 02 cent.; poids 15 grammes. — Trouvé à Dahchour, fouilles de Morgan, 1894.

Un rang de quarante-huit perles en forme d'olives très allongées ou de fuseaux. Leur longueur moyenne est de 0 m. 023 mill., leur épaisseur mesurée au milieu est de 0 m. 005 mill., enfin leur couleur est de ce brun verdâtre et bleuâtre que nous rencontrons si souvent.

XIIe dynastie.

Voir la note au n° 52811.

53118. Collier. — Or et céramique. — Long. 1 m. 24 cent.; poids 33 grammes. — Trouvé à Dahchour, fouilles de Morgan, 1894.

Un collier composé de quarante-quatre perles d'or cylindriques de peu de longueur (0 m. 002 mill. 1/2 pour 0 m. 004 mill. de diamètre) et de quarante-cinq cylindres de céramique brun .verdâtre, d'une longueur moyenne de 0 m. 026 mill. et d'un diamètre de 0 m. 004 mill.
Les perles d'or (nous nous servons de cette expression à défaut d'autre plus juste), sont faites simplement de petites bandes d'or roulées et soudées.

XIIe dynastie.

Voir la note au n° 52811.

53119. Collier. — Pierre, céramique et pâte de verre. — Long. 0 m. 68 cent.; poids 24 gr. 70. — Trouvé à Dahchour, fouilles de Morgan, 1894.

Un collier composé de perles rondes et cylindriques. Cent deux perles, dont trente-quatre cylindriques qui sont en cornaline, trente-quatre sphériques qui sont également en cornaline, et trente-cinq en céramique ou pâte de verre.
Les perles cylindriques ont pour longueur moyenne de 9 à 10 millimètres et pour diamètre 0 m. 004 mill.
Les perles sphériques en cornaline ont pour diamètre moyen 0 m. 005 mill. 1/2.
Les perles en substances artificielles ont pour diamètre moyen 0 m. 006 mill. 1/2.

XIIe dynastie.

Voir la note au n° 52811.

53120. Collier. — Or et cornaline. — Long. 0 m. 88 cent.; poids 27 grammes. — Trouvé à Dahchour, fouilles de Morgan, 1894.

Un collier composé de perles cylindriques, les unes en or, les autres de cornaline.

Les perles d'or sont au nombre de soixante-neuf; leur longueur moyenne est de o m.
oo5 mill. et leur diamètre de o m. oo4 mill.

Les perles de cornaline sont au nombre de soixante-dix; leur longueur moyenne est
de o m. oo7 mill. et leur diamètre de o m. oo4 mill.

Une petite calotte d'or, ayant un anneau à son revers, est attachée au point de fermeture du collier. Son diamètre est de o m. oo4 mill.

XIIᵉ dynastie.

Voir la note au nᵒ 52811.

53121. Collier. — Améthyste. — Long. 1 m. 27 cent.; poids 67 grammes. —
Trouvé à Dahchour, fouilles de Morgan, 1894.

Un magnifique collier composé de deux cent quarante-huit perles rondes d'améthyste.
Ces perles sont enfilées par grosseurs allant du maximum, o m. oo8 mill. de diamètre, au minimum, o m. oo4 mill. 1/2.

L'améthyste est d'une belle couleur, et l'impression que donne ce collier est des plus
agréables, comparée à celle que donnent les précédents.

XIIᵉ dynastie.

Bɪʙʟ. : *Journal d'entrée du Musée,* nᵒ 30864 a; J. ᴅᴇ Mᴏʀɢᴀɴ, *Fouilles à Dahchour,* I, p. 66, nᵒ 13,
pl. XXIV.

53122. Collier. — Cornaline et céramique. — Long. o m. 92 cent.; poids
27 gr. 30. — Trouvé à Dahchour, fouilles de Morgan, 1894.

Un collier composé de quatre-vingts perles cylindriques de cornaline, dont les dimensions moyennes sont de o m. oo7 mill. de longueur et o m. oo4 mill. 1/2 de
diamètre, entre lesquelles prennent place des perles de céramique de couleur
noire (celles-ci sont d'une forme plus compliquée), à peu près cylindriques; elles
ont o m. oo5 mill. de longueur et de 4 à 5 millimètres de diamètre, mais elles
sont ouvrées; un trait profond les partage au milieu de la longueur, puis ces deux
sections sont divisées par d'autres traits qui donnent à ces œuvres, dans leur ensemble, à peu près l'aspect de huit graines groupées. Ce travail est assez grossier.

XIIᵉ dynastie.

Voir la note au nᵒ 52811.

53123. Collier. — Pierre et pâte de verre. — Trouvé à Dahchour, fouilles de
Morgan, 1894.

Un collier composé d'éléments en forme de losanges (voir pl. LXX, nᵒ 52869), et de
deux perles en forme de larmes.

Les losanges sont percés dans le sens du grand axe, et il y a des amorces cylindriques
pour recevoir le fil qui réunit les éléments du collier.

Ces losanges sont plats; mais légèrement coussinés, les angles extérieurs sont très
adoucis. Les dimensions sont o m. 007 mill. 1/2 pour le grand axe et o m. 006
mill. pour le petit.

Seize sont en cornaline, dix-huit en pâte de verre de couleur turquoise, et enfin dix-
sept en lapis, ou imitation.

Il y a, de plus, les deux perles en forme de larmes : l'une est de cornaline, l'autre de
lapis. Leur longueur est de o m. 017 mill. 1/2 et leur grosseur maximum de o m.
006 mill.

XIIe dynastie.

Voir la note au n° 52811.

53124. Collier. — Or et pierres. — Long. o m. 80 cent.; poids 23 grammes.
— Trouvé à Dahchour, fouilles de Morgan, 1894.

Un collier composé de perles cylindriques en or et en amazonite (ou pâte de verre).
Les perles d'or sont de simples portions de tube mince qui ont pour longueur
moyenne o m. 004 mill. 1/2 et pour diamètre o m. 004 mill. Leur nombre est
de soixante-dix.

Les perles d'amazonite sont des cylindres de o m. 008 mill. de longueur et o m.
004 mill. de diamètre. Elles sont au nombre de soixante-huit.

XIIe dynastie.

Voir la note au n° 52811.

53125. Collier. — Or et cornaline. — Long. o m. 62 cent.; poids 26 gr. 60.
— Trouvé à Dahchour, fouilles de Morgan, 1894 (pl. LXXVI).

Un collier composé de perles cylindriques d'or et de perles en fuseaux, de cornaline.
Les perles d'or, comme celles des colliers précédents, sont de simples bandes
roulées et soudées. Leurs dimensions moyennes sont o m. 005 mill. de longueur
et o m. 004 mill. de diamètre. Elles sont au nombre de trente.

Les perles de cornaline ont des dimensions variées qui vont de 21 mill. 1/2 à 15
mill. 1/2 de longueur et de 6 à 4 millimètres de grosseur au milieu du fuseau; elles
sont au nombre de trente et une, sur lesquelles deux ont la forme de larmes. Au
point d'attache on voit deux petits objets d'or : l'un est un disque plat (il a o m. 005
mill. 1/2 de diamètre), l'autre une petite cupule dont le diamètre est de o m. 004
mill.; les deux sont munis, au revers, d'un petit anneau.

XIIe dynastie.

Voir la note au n° 52811.

53126. **Collier.** — Pierres. — Long. o m. 44 cent.; poids 18 gr. 6o. — Trouvé
à Dahchour, fouilles de Morgan, 1894-1895.

> Un collier composé de perles en forme de larmes et d'une sphérique. Les perles en
> forme de larmes sont au nombre de : neuf de cornaline, six de lapis et huit de
> pâte de verre bleue. La perle sphérique est de cristal de roche enfumé.
> Les dimensions des perles de cornaline vont de 20 à 16 millimètres de longueur et
> de 7 à 5 millimètres de grosseur maximum; celles de lapis vont de 19 à 16 milli-
> mètres de longueur et de 6 à 5 millimètres de grosseur maximum; celles de pâte
> de verre vont de 20 à 16 millimètres pour la longueur et de 6 à 5 millimètres pour
> la grosseur maximum; enfin la perle sphérique a o m. oo5 mill. 1/2 de diamètre.
> XII° dynastie.

> Voir la note au n° 52811.

53127. **Collier.** — Cornaline et améthyste. — Long. o m. 55 cent.; poids
17 gr. 6o. — Trouvé à Dahchour, fouilles de Morgan, 1894-1895.

> Un collier fait de perles en forme de larmes alternées. Leur nombre est de quarante-
> six, dont vingt-deux de cornaline et vingt-quatre d'améthyste. Leurs dimensions
> varient de 17 à 9 millimètres pour la longueur et de 6 mill. 1/2 à 4 millimètres
> pour la grosseur maximum.
> XII° dynastie.

> Voir la note au n° 52811.

53128. **Collier.** — Or et cornaline. — Long. o m. 71 cent.; poids 28 grammes. — Trouvé à Dahchour, fouilles de Morgan, 1894-1895.

> Un collier composé de perles en tube d'or et de cylindres de cornaline.
> Les tubes d'or ont la longueur moyenne de o m. oo5 mill. et le diamètre de o m.
> oo4 mill. Leur nombre est de vingt-neuf.
> Les cylindres de cornaline varient de 21 à 15 millimètres pour la longueur et de 5 à
> 4 mill. 1/2 pour le diamètre. Leur nombre est de trente.
> XII° dynastie.

> Voir la note au n° 52811.

53129. **Collier (fragment).** — Or. — Long. o m. 19 cent.; poids 5 gr. 4o. —
Trouvé à Dahchour, fouilles de Morgan, 1894-1895.

> Un enfilage de onze perles en forme de larmes. Les dimensions, qui varient peu, vont

de 19 à 14 mill. 1/2 pour la longueur et de 6 mill. 1/2 à 5 millimètres pour la grosseur maximum.

XII⁰ dynastie.

Voir la note au n° 52811.

53130. Bracelet (fragment). — Or. — Long. o m. o58 mill.; poids 11 grammes. — Trouvé à Dahchour, fouilles de Morgan, 1894-1895.

Trente-quatre petites perles sphériques assemblées deux à deux sur deux rangs. Leur diamètre moyen est de o m. oo3 mill. 1/2.

XII⁰ dynastie.

Bibl. : *Journal d'entrée du Musée*, n° 31073.

53131. Bracelet (fragment). — Or. — Long. o m. 16 cent.; poids 9 gr. 70. — Trouvé à Dahchour, fouilles de Morgan, 1894-1895 (pl. LXXVI).

Un fragment de bracelet composé de perles losanges, du même modèle que nous avons déjà rencontré en métal et en pierre (voir pl. LXX, n° 52869). Ces pierres sont présentées deux à deux. Elles ont été exécutées séparément et soudées après coup dans le sens de la largeur. L'enfilage se fait dans le sens de la longueur. Les extrémités du grand axe affectent une forme cylindrique, alors que celles du petit axe présentent une forme arrondie.

Il y a vingt doubles pièces. Les dimensions sont, pour chacune d'elles : grand axe o m. oo8 mill. et petit axe o m. oo6 mill.

XII⁰ dynastie.

Voir la note au n° 52811.

53132. Bracelet. — Or. — Long. o m. 185 mill.; poids 9 grammes. — Trouvé à Dahchour, fouilles de Morgan, 1894-1895.

Un bracelet composé de cinquante-six perles d'or de formes diverses : sept sont de la forme losange décrite dans le numéro précédent et de la même dimension (8 millimètres sur 6 millimètres); vingt-quatre sont sphériques et ont pour diamètre o m. oo4 mill.; vingt-quatre sont des anneaux plats n'ayant pour longueur que leur épaisseur de o m. oo1 mill. et un diamètre de o m. oo3 mill. 1/2; enfin une seule est en forme d'olive allongée.

XII⁰ dynastie.

Voir la note au n° 52811.

53133. Faucon. — Cornaline. — Long. o m. o41 mill., larg. o m. o14 mill., haut. o m. o22 mill. 1/2; poids 8 gr. 6o. — Trouvé à Dahchour, fouilles de Morgan, 1894-1895.

Un faucon ronde bosse en cornaline, d'une très belle exécution, bien que très simple. Le tour des yeux, creusé, indique qu'il y avait, au moins, un fil d'or autour des prunelles, peut-être y avait-il une pierre sertie.

Le bijou est percé d'un trou important vertical qui passe au milieu du faucon, du dos entre les pattes; un autre trou, transversal, passe au travers des pattes réunies. Le grand trou a sans doute pour objet de fixer le moyen de suspension; il est d'un fort diamètre et conique (o m. oo3 mill. 1/2 entre les pattes et o m. oo2 mill. 1/2 sur le dos).

Le trou transversal est d'un diamètre moindre, mais difficile à mesurer; il peut avoir pour objet simplement de goupiller le motif de suspension, mais il se peut aussi qu'il ait été le point de départ de pendeloques nouvelles.

XIIe dynastie.

BIBL. : *Journal d'entrée du Musée*, n° 3o944.

53134. Miroir (fragment). — Haut. o m. o2o mill., diamètre à la base o m. o13 mill., diamètre maximum o m. o22 mill.; poids 3 gr. 6o. — Trouvé à Dahchour, fouilles de Morgan, 1894-1895.

Extrémité inférieure d'un manche de miroir; elle est en forme de fleur de lotus. L'épaisseur du métal est de 3/10 de millimètre, celle du disque qui forme le fond est de 1/2 millimètre environ (la mesure en est difficile); mais il est soudé à part et certainement plus épais que le corps du bijou.

Le décor est très simple : des traits gravés soulignent la forme des pétales.

XIIe dynastie.

BIBL. : *Journal d'entrée du Musée*, n° 3o924; G. BÉNÉDITE, *Miroirs*, n° 44o95.

53135. Cuve. — Argent. — Grand axe o m. o36 mill., petit axe o m. o28 mill., profondeur o m. o18 mill.; poids 9 gr. 6o. — Trouvée à Dahchour, fouilles de Morgan, 1894.

Une petite cuve en argent extrêmement décomposé. L'utilisation de cet objet est probablement dans les détails de la toilette. Le décor, fait de traits horizontaux, semble avoir pour but d'imiter une corbeille.

XIIe dynastie.

BIBL. : Voir la note au n° 52811; J. DE MORGAN, *Fouilles à Dahchour*, I, p. 62, n° 26, fig. 135.

53136. **Ceinture.** — Or. — Six cyprées : long. o m. o38 mill., larg. o m. o21 mill.; poids du fermoir 16 gr. 3o, poids de chacun des cyprées 7 grammes. — Trouvée à Dahchour, fouilles de Morgan, 1894.

Six cyprées, qui faisaient partie d'une ceinture ou d'un collier. Jusqu'en 1920, on nomma toujours colliers ces bijoux, mais après les trouvailles de Lahun et différentes observations, l'hypothèse fut émise que ces objets faisaient partie de ceintures. La chose paraît vraisemblable.

On remarquera la différence de poids entre le fermoir et les autres cyprées : c'est que le fermoir est construit avec des plaques d'or intérieures et que celles-ci doivent avoir une certaine solidité pour supporter les tractions exercées sur les glissières. Ces objets, réunis par un fil, figurent sous le même numéro; néanmoins ils ont reçu une lettre chacun de A à F inclus; le fermoir a la lettre A.

XIIe dynastie.

Bibl. : *Journal d'entrée du Musée,* n° 3o858; J. DE MORGAN, *Fouilles à Dahchour,* I, p. 6o, n° 5, pl. XVII.

53137. **Six lions.** — Or. — Longueur moyenne o m. o17 mill., largeur moyenne o m. oo6 mill., hauteur moyenne : quatre de o m. oo7 mill. et deux de o m. oo8 mill. 1/2; poids : quatre de 2 gr. 6o et deux de 4 gr. 75. — Trouvés à Dahchour, fouilles de Morgan, 1894.

Six petits lions couchés, semblables à ceux que nous avons déjà vus.

La technique est la même : ils sont faits en deux parties réunies dans le sens de la longueur, la plaque qui sert de plinthe est rapportée ensuite; la queue est rapportée également : c'est un simple fil d'or.

Les dimensions sont indiquées «moyennes»; en effet, il y a des différences, mais elles n'ont pas d'importance pour être signalées : ce sont les inévitables petites variations qui existent toujours dans des travaux où les objets ouvrés sont de mêmes dimensions, à moins qu'ils ne soient exécutés en mécanique de précision. Ces variations sont donc négligeables.

Cependant ici il y a une remarque qu'il nous faut faire : c'est que quatre des lions sont traversés dans le sens de la longueur par *un* trou ouvert entre les pattes et finissant sous la queue, alors que les autres ont deux trous percés dans la plinthe, qui a dû recevoir pour cela une épaisseur convenable; d'où la différence pour deux de ces lions en poids et en hauteur. Ils ont été marqués d'une lettre; les lettres A et B ont été données aux deux qui ont des plinthes élevées.

XIIe dynastie.

Bibl. : *Journal d'entrée du Musée,* n° 3o865; J. DE MORGAN, *Fouilles à Dahchour,* I, p. 61, n° 12, pl. XVII.

53138. **Céramique cloisonnée.** — Pierres. — Long. o m. o56 mill. 1/2, larg.
o m. o23 mill. 1/2, épaiss. o m. oo4 mill. 1/2; poids 3 gr. 5o. —
Trouvée à Dahchour, fouilles de Morgan, 1894-1895.

Une pièce de céramique qui a dû appartenir à une couronne, du moins est-elle semblable à d'autres pièces qui décorent ce genre de bijou.

C'est au milieu un cercle duquel partent, en s'épanouissant, deux fleurs de papyrus
très schématisées.

Le cercle central est décoré d'un disque de cornaline qui a o m. o15 mill. de diamètre. Les schémas de fleurs de papyrus sont ornés chacun de cinq divisions de
pâte de verre, trois vert foncé et deux vert clair. Toutefois, un des côtés n'a conservé
qu'une seule pierre. Ces pierres se présentent en épousant la forme épanouie rayon-
nante de la fleur de papyrus; elles n'ont que o m. oo7 mill. de longueur et viennent près du bord extérieur en ne laissant qu'un bord régulier de o m. oo3 mill.

Tout l'espace qui n'est pas occupé par les pierres a été recouvert d'une feuille d'or
extrêmement mince qui, à l'heure actuelle, ne laisse que des «témoins», mais en
quantité suffisante pour que le doute ne soit pas permis.

XIIe dynastie.

Voir la note au n° 52811.

53139. **Breloque.** — Or. — Long. o m. o33 mill. sans l'anneau, diamètre aux
extrémités o m. oo3 mill., diamètre au milieu o m. oo2 mill. 1/2;
poids 1 gr. 7o. — Trouvée à Dahchour, fouilles de Morgan, 1894
(pl. LXXVII).

Un bijou semblable à plusieurs autres que nous avons déjà rencontrés, notamment
celui qui est utilisé en boîte à *kohl* (pl. LXXVII, n° 53071). Ici il ne peut être
question de cette adaptation, puisqu'il s'agit d'une tresse, ce qui permet de penser
que c'est la boîte à *kohl*, qui est l'utilisation occasionnelle d'une forme de bijou
usagée.

L'objet que nous examinons en ce moment est d'une légèreté invraisemblable et qui
déroute le calcul; il est bien regrettable qu'il ne soit pas accompagné d'un autre,
en mauvais état, qui permettrait de mieux se rendre compte à quel point cette
tresse est légère.

Le haut et le bas sont terminés par de petits cylindres de o m. oo3 mill. de longueur,
celui du haut est muni d'un anneau plat.

XIIe dynastie.

Bibl. : *Journal d'entrée du Musée,* n° 30854 a; J. de Morgan, *Fouilles à Dahchour,* I, p. 61, n° 17,
pl. XVII.

53140. Breloque. — Or et lapis. — Long. o m. o33 mill. sans l'anneau, diam. o m. oo3 mill. en haut et o m. oo4 mill. en bas; poids 1 gramme. — Trouvée à Dahchour, fouilles de Morgan, 1894 (pl. LXXVII).

Un bijou de la même nature que le précédent, sauf que la tresse d'or est remplacée par un petit cylindre de lapis. En haut et en bas, de petits couvercles d'or : celui du haut est muni d'un petit anneau plat.

BIBL. : *Journal d'entrée du Musée*, n° 3o856a; J. DE MORGAN, *Fouilles à Dahchour*, I, p. 61, n° 16, fig. 131 et pl. XVIII.

53141. Fermoir. — Or et pierres. — Larg. o m. o37 mill.; poids 2 gr. 65. — Trouvé à Dahchour, fouilles de Morgan, 1894.

Un fermoir à glissière composé d'un nœud de tisserand; il est horizontal. Du nœud s'échappe, de chaque côté, une tige terminée par une fleur de lotus qui se penche; cette fleur est munie de trois anneaux plats qui étaient les départs de trois rangs de perles ou autres objets de suspension, pouvant composer un collier.

Les fleurs de lotus étaient faites de pierres cloisonnées; une d'elles garde encore le ciment qui servait de support et auquel adhère le calice de la fleur qui est de cornaline. Les cloisons de l'autre lotus sont vides.

XIIᵉ dynastie.

BIBL. : *Journal d'entrée du Musée*, n° 3o85oa; J. DE MORGAN, *Fouilles à Dahchour*, I, p. 61, n°ˢ 13-14, pl. XV et XVI.

53142. Fermoir. — Or et pierres. — Haut. o m. o2o mill., larg. o m. o27 mill. 1/2; poids 4 gr. 70. — Trouvé à Dahchour, fouilles de Morgan, 1894.

Un fermoir de collier composé de deux fleurs de lotus dont les tiges sont nouées et qui retombent épanouies de chaque côté d'une pièce centrale, qui est la glissière du fermoir. La face de cette pièce est décorée au cloisonné; elle possède au milieu une petite tête d'Hathor en turquoise.

L'ensemble est en or cloisonné. Les tiges des lotus sont de lapis, sauf une trace de turquoise près des fleurs. Celles-ci sont en turquoise (émail) pour leurs principaux pétales, les plus petits sont en lapis, le calice est en cornaline.

Le revers est muni, au centre, d'une glissière verticale qui occupe toute la hauteur; elle possède à son sommet les deux petites boîtes qui servent de point d'attache au rang de pièces de suspension. Les fleurs ont des petits anneaux tubulaires disposés en éventails, qui étaient évidemment des points de départ pour des pendeloques.

Le décor de ce revers est gravé, la glissière est striée verticalement, de simples traits
soulignent les pétales et quelques points sont semés sur ces pétales.

Ce bijou est dans un état de conservation parfait; il ne manque que deux petites
pierres de la tige de droite (au bijou). La petite tête d'Hathor est gravée habilement.
L'exécution est de tout point remarquable.

XII⁰ dynastie.

Bibl. : *Journal d'entrée du Musée*, n° 30862; J. de Morgan, *Fouilles à Dahchour*, I, p. 60, n° 3,
pl. XV et XVI.

53143. Coquille. — Or(?). — Long. 0 m. 060 mill., larg. 0 m. 056 mill.;
poids 38 gr. 70. — Trouvée à Dahchour, fouilles de Morgan, 1894
(pl. XLI).

Une coquille bivalve en or(?) uni; elle est munie, au revers, d'un anneau de suspension, strié, posé horizontalement.

Ce bijou, important par sa dimension et son poids, appelle une remarque. Un examen attentif à la loupe, particulièrement sur la surface concave, montre une quantité de petits points d'argent (?) qui écartent l'or de la surface; nous retrouvons le
phénomène, qui était si visible, dans le n° 52715, où nous renvoyons le lecteur.
L'indication est nette : cette pièce est faite en plaqué. Deux feuilles d'or d'une épaisseur extrêmement médiocre ont été appliquées, soit avant, soit pendant la construction du bijou; cet or a protégé jusqu'ici l'argent, à peu près complètement,
contre les attaques des chlorures, mais l'argent a sans doute été atteint tout de
même : quelques points de la feuille d'or ont cédé et l'argent jaillit maintenant d'un
grand nombre de petits trous. Nous verrons au n° 53147 un cas encore plus sur-
prenant.

Bibl. : *Journal d'entrée du Musée*, n° 30859; J. de Morgan, *Fouilles à Dahchour*, I, p. 60, n° 6,
pl. XVI.

53144-53145. Griffes. — Or. — Hauteur totale 0 m. 022 mill., largeur mesurée au haut de la griffe 0 m. 012 mill.; poids 3 gr. 70 chacune. —
Trouvées à Dahchour, fouilles de Morgan, 1894 (pl. XLI).

Deux griffes d'or d'une forme et d'une fabrication semblables. La griffe a été faite d'une
feuille d'or repliée, puis fermée par une feuille plate, dessus et à la partie incurvée
de la griffe; au-dessus se trouvent, superposées, deux perles d'or, traversées horizontalement chacune par un trou, ce qui nous indique que ces objets prenaient
place dans des bijoux composés à l'aide de rangs d'enfilages.

Bibl. : *Journal d'entrée du Musée,* n° 30864; J. de Morgan, *Fouilles à Dahchour,* I, p. 62, n° 23,
pl. XVII.

53146. Perle. — Or. — Long. o m. oo7 mill. 1/2, larg. o m. oo6 mill. 1/2, épaiss. o m. oo2 mill. 1/2; poids o gr. 25. — Trouvée à Dahchour, fouilles de Morgan, 1894 (pl. XLI).

Une perle dont nous avons déjà rencontré de nombreux exemplaires; elle est sensiblement losange. Différentes publications ont adopté le mot rhomboïdales une fois pour toutes, cette forme étant fréquente.

XIIe dynastie.

Voir la note au n° 52811.

53147. Coquilles. — Or. — Haut. (anneau compris) o m. o17 mill., larg. o m. o14 mill., épaiss. de 2/10 à 2/10 1/2 de millimètre; poids o gr. 70. — Trouvées à Dahchour, fouilles de Morgan, 1894 (pl. XLI).

Trente petites coquilles d'or : ce sont des motifs de suspension. Un petit anneau plat est à la partie de la charnière (la coquille est du type bivalve). Ces coquilles sont numérotées de 1 à 30; le n° 29 n'a plus son anneau. La coquille n° 17 nous montre à son tour le phénomène signalé au n° 53143, et qui a été l'objet de toute une étude au n° 52715, c'est-à-dire que l'argent jaillit à travers l'or. Nous sommes encore devant du plaqué; ici la surprise est plus grande de voir employer ce procédé, car l'économie réalisée ne compense pas le surcroît de travail. Bornonsnous, pour le moment, à enregistrer le fait, dont la suite du travail nous apportera peut-être l'explication.

XIIe dynastie.

Bibl. : *Journal d'entrée du Musée,* n°* 30860-30861; J. DE MORGAN, *Fouilles à Dahchour,* I, p. 60, n° 7, pl. XVI.

53148. Coquille. — Or. — Haut. (anneau compris) o m. o13 mill. 1/2, larg. o m. o10 mill. 1/2. — Trouvée à Dahchour, fouilles de Morgan, 1894 (pl. XLI).

Une petite coquille semblable aux trente précédentes, sauf les dimensions, qui sont plus petites.
Mêmes remarques quant à la fabrication.

XIIe dynastie.

Bibl. : Mêmes références que pour le numéro précédent.

53149. Fermoirs. — Or. — Longueurs o m. o11 mill. 1/2 et o m. o10 mill., largeurs o m. oo7 mill. 1/2 et o m. oo6 mill. 1/2, épaisseurs o m. oo5 mill. et o m. oo4 mill.; poids 1 gr. 3o et 1 gramme. — Trouvés à Dahchour, fouilles de Morgan, 1894 (pl. XLI).

Sept fermoirs, plus une moitié isolée. Deux de ces bijoux ont les dimensions et les poids plus importants que les autres.

La forme est celle du nœud dit de tisserand, la fermeture est à glissière. Deux trous percés sur chaque partie, du même côté, permettaient de loger à l'intérieur du fermoir les nœuds des fils qui portaient les objets suspendus. La dimension a fait désigner ces bijoux comme fermoir de bracelet, mais il est très possible qu'ils aient été les fermoirs de colliers d'enfants.

XIIᵉ dynastie.

Bɪʙʟ. : *Journal d'entrée du Musée*, n° 3o851 a, en commun avec le n° 52917.

53150. Fermoir. — Or et pierres. — Haut. o m. o13 mill. 3/1o, larg. o m. o11 mill. 1/2; poids 2 gr. 2o. — Trouvé à Dahchour, fouilles de Morgan, 1894 (pl. LXXXI).

Un fermoir à glissière; il est en or cloisonné et fait de la combinaison des signes ⌐▼¬. Les cloisons des signes ⌐ sont vides, sauf le montant de droite (du bijou), qui est en substance verte. Le cœur est en cornaline et la branche de droite est encore occupée par une pierre verte. Le signe ▬ a sa ligne horizontale encore garnie d'un petit carré de lapis au centre et de deux parties de cornaline de chaque côté; les deux extrémités, faites de petits carrés, sont vides; est vide également la partie centrale qui s'élève au milieu du signe.

Le revers est uni et seuls les petits logements pour les départs des fils de suspension sont striés verticalement.

Tel qu'il est, malgré les manques de plusieurs pierres, ce bijou a très bel aspect et est en parfait état.

XIIᵉ dynastie.

Bɪʙʟ. : *Journal d'entrée du Musée*, n° 3o863; J. ᴅᴇ Mᴏʀɢᴀɴ, *Fouilles à Dahchour*, I, p. 6o, n° 4, pl. XV et XVI.

53151. Lame de poignard. — Or. — Long. o m. 117 mill., avec la soie o m. 131 mill., largeur près de la poignée o m. o26 mill. 1/2, à 2 centimètres de la pointe o m. o11 mill.; poids 22 gr. 6o. — Trouvée à Dahchour, fouilles de Morgan, 1894-1895 (pl. LXXVII).

Une lame de poignard. Le haut de la lame s'arrondit en cœur près de la soie, puis continue à s'incurver dans le même esprit jusqu'au moment où la lame n'a plus que o m. o11 mill.; elle arrive enfin à la pointe en s'incurvant à nouveau.

Cette lame fait partie des objets déjà signalés et où le plaqué est nettement visible. La feuille d'or est extrêmement mince; elle a néanmoins suffi à protéger la lame d'argent intérieure, mais maintenant il est facile de voir qu'il se fait un travail dans ce métal, et la feuille de protection est soulevée et à certains endroits a cédé.

XIIe dynastie.

BIBL. : *Journal d'entrée du Musée*, n° 30940.

53152. **Fermoir tête de faucon.** — Or. — Haut. o m. 025 mill., largeur totale o m. 037 mill., largeur du cou o m. 031 mill.; poids 8 gr. 60. — Trouvé à Dahchour, fouilles de Morgan, 1894.

Un côté de fermoir : c'est une tête de faucon, profil à droite. La face est exécutée au repoussé et ensuite doublée d'une plaque d'or plate. Cette tête est ouverte au cou pour laisser la place dans laquelle venaient se loger les rangs de pièces d'enfilages, dans une languette d'or percée du nombre de trous correspondants à celui des rangs du collier.

Sur la tête est le trou par où passait le lien qui tenait la pièce coudée, laquelle faisait triangle avec la languette percée.

C'est ce lien qui était le véritable fermoir en s'attachant à lui-même de l'autre côté du collier.

Le décor en traits gravés est des plus médiocres.

XIIe dynastie.

BIBL.: *Journal d'entrée du Musée*, n° 30940.

53153-53154. **Fermoir de collier, têtes de faucon.** — Or. — Largeur totale o m. 098 mill., largeur au cou o m. 084 mill., épaiss. o m. 001 mill., haut. o m. 054 mill.; poids 81 grammes le n° 53153 et 88 gr. 60 le n° 53154. — Trouvés à Dahchour, fouilles de Morgan, 1894.

Deux têtes de faucon, profil à droite et profil à gauche. Ils sont de grande dimension et d'une épaisseur de métal que l'on rencontre rarement. Le travail est très beau et d'une simplicité remarquable, laquelle ajoute encore à la grandeur de ces bijoux.

L'exécution a été faite au repoussé et la tête détourée ensuite a été, comme d'ordinaire, soudée sur une plaque d'or plate qui s'est très légèrement bombée au courant du travail.

Quelques traits gravés médiocrement soulignent les caractéristiques des têtes. L'épaisseur indiquée n'est pas constante. On voit, en examinant ces plaques d'or sur la tranche, des parties foliacées, lesquelles indiquent que ces plaques ont été renforcées à l'aide de feuilles d'or superposées.

Nous retrouvons, comme d'habitude, sur le dessus des têtes les trous donnant passage
au lien qui tient, à l'intérieur, la plaque de réunion des rangs du collier et, à l'extérieur, sert à réunir les deux extrémités du bijou.

L'état de ces bijoux est excellent.

XIIe dynastie.

Bibl. : *Journal d'entrée du Musée*, n° 30939, en commun.

**53155. Miroir. — Argent. — Largeur maximum o m. 153 mill.; poids 444
grammes. — Trouvé à Dahchour, fouilles de Morgan, 1894.**

Un miroir argent qui n'est plus qu'un bloc rocheux de chlorure d'argent. Cette pièce,
devenue informe, laisse deviner qu'elle était ou circulaire ou elliptique. Dans une
partie à peu près mesurable on trouve o m. 002 mill. 1/2 d'épaisseur (près du
bord).

XIIe dynastie.

Bibl. : Voir la note au n° 52811; G. Bénédite, *Miroirs*, n° 44085.

**53156. Polissoir. — Pierre. — Long. o m. 095 mill., largeur maximum o m.
018 mill., largeur minimum o m. 012 mill. 1/2, épaisseur maximum
o m. 004 mill.; poids 12 gr. 60.**

Un polissoir fait d'une petite bande de pierre de schiste vert légèrement incurvée, arrondie aux extrémités.

XIIe dynastie.

Voir la note au n° 52811.

**53157. Collier. — Pierres. — Long. 1 m. 02 cent.; poids 35 gr. 70. —
Trouvé à Dahchour, fouilles de Morgan, 1894.**

Un collier composé de perles cylindriques de longueurs variées; elles sont alternées,
cornaline et amazonite (?); dans quelques endroits, des perles d'amazonite très
courtes sont placées au nombre de deux pour garder la longueur moyenne de l'alternance.

Il y a cent quarante-neuf perles, dont soixante et onze de cornaline et soixante-dix-huit
d'amazonite. Leur longueur moyenne, en négligeant les douze très petites, est de
o m. 008 mill. et leur diamètre de o m. 004 mill. 1/2.

XIIe dynastie.

Voir la note au n° 52811.

53158. Collier. — Pierres. — Long. 1 m. 03 cent.; poids 36 grammes. — Trouvé à Dahchour, fouilles de Morgan, 1894.

Un collier de même composition que le précédent, mêmes matières et même dispositif.

Les longueurs varient de 10 à 7 millimètres, le diamètre moyen est de 0 m. 004 mill. 1/2.

XIIᵉ dynastie.

Voir la note au n° 52811.

53159. Collier. — Or et pierres. — Long. 0 m. 90 cent.; poids 32 grammes. — Trouvé à Dahchour, fouilles de Morgan, 1894.

Un collier composé d'éléments cylindriques or et pierre. Les perles or sont en réalité des anneaux plats, minces de métal; leur longueur est très faible, 0 m. 002 mill. 1/2, et leur diamètre de 0 m. 004 mill. Les cylindres de pierre (ou émail) ont une longueur moyenne de 0 m. 008 mill. et un diamètre moyen de 0 m. 004 mill. Le nombre en bloc est de cent cinquante-cinq perles, dont soixante-dix-sept d'or et soixante-dix-huit de pierre; une de celles-ci est en forme d'olive, près du point d'attache. A ce même point on voit une petite cupule d'or munie d'un anneau qui reçoit le fil reliant tous les éléments; le diamètre de cette cupule est 0 m. 004 mill.

XIIᵉ dynastie.

Voir la note au n° 52811.

53160. Collier. — Or et cornaline. — Long. 0 m. 84 cent.; poids 26 grammes. — Trouvé à Dahchour, fouilles de Morgan, 1894.

Un collier composé de cent vingt-neuf éléments cylindriques, or et cornaline. Les éléments or ont une longueur moyenne de 0 m. 005 mill. et un diamètre de 0 m. 004 mill. Les éléments de cornaline ont en moyenne 0 m. 008 mill. de longueur et 0 m. 004 mill. de diamètre. Ils sont alternés à raison de quatre cylindres de cornaline pour un d'or. Un anneau d'or manque au point d'attache. Soit vingt-six cylindres d'or pour cent neuf de cornaline.

XIIᵉ dynastie.

Voir la note au n° 52811.

53161. Miroir (fragments). — Or. — Haut. 0 m. 031 mill., larg. 0 m. 033 mill., épaiss. 0 m. 027 mill.; poids 12 gr. 35. — Trouvé à Dahchour, fouilles de Morgan, 1894.

Une pièce de raccordement entre le manche d'un miroir et la garde. C'est une tête de lion à double face qui était décorée d'incrustations aux naseaux, aux sourcils, au front et aux oreilles. Ces ornements ont disparu, laissant vides les découpages qu'ils garnissaient. Les yeux seuls sont encore là, des deux côtés; mais l'argent qui les sertit est dans un si mauvais état qu'ils sont à peine visibles. Ils sont en cristal de roche; leur monture altérée les rend presque opaques.

XII° dynastie.

BIBL. : *Journal d'entrée du Musée*, n° 30886 *a*; J. DE MORGAN, *Fouilles à Dahchour*, I, p. 67, n° 21, fig. 139; G. BÉNÉDITE, *Miroirs*, n° 44087.

53162. Miroir (fragment). — Or. — Haut. o m. o34 mill.; poids 2 gr. 70. — Trouvé à Dahchour, fouilles de Morgan, 1894.

Un fragment de garniture de manche de miroir. Ce bijou est en très mauvais état, justifié par l'extrême minceur du métal employé. L'objet est, comme les précédents déjà vus, en forme de fleur de lotus et forme huit pétales aigus. Le tracé qui décore cette fleur indique, d'abord quatre pétales qui occupent la base, et les quatre autres viennent se loger entre les premiers à une hauteur de o m. o14 mill.

XII° dynastie.

BIBL. : *Journal d'entrée du Musée*, n° 30886 *a*, en commun avec le n° 52161 ; J. DE MORGAN, *Fouilles à Dahchour*, I, p. 67, n° 21, fig. 140; G. BÉNÉDITE, *Miroirs*, n° 44098.

53163. Miroir (fragment). — Or. — Diam. o m. o18 mill., largeur de l'anneau o m. o07 mill. 2/10; poids 7 gr. 35. — Trouvé à Dahchour, fouilles de Morgan, 1894 (pl. LXXX).

Une virole d'or composée comme le n° 53107, mais n'a que neuf cercles accotés formant un anneau robuste. Cette construction est un peu surprenante et n'est visible qu'avec de l'attention. Cinq petits cercles d'or ont une largeur de o m. o01 mill. (ces cercles sont très légèrement arrondis); quatre autres, ayant environ un 1/2 millimètre de large, sont gravés de façon à imiter de petites graines. On retrouve la préoccupation de ce moment de faire du décor au grènetis.

A l'intérieur, une petite bande d'électrum, assez maladroitement ajustée et soudée, masque le travail du bijoutier, qui n'est plus apparent qu'à l'extérieur.

XII° dynastie.

BIBL. : *Journal d'entrée du Musée*, n° 30848 *a*; J. DE MORGAN, *Fouilles à Dahchour*, I, appartenant au n° 24 de la page 62; G. BÉNÉDITE, *Miroirs*, n° 44091.

53164. Bracelet (fragment). — Pierres. — Long. o m. 19 cent.; poids 5 gr. 90. — Trouvé à Dahchour, fouilles de Morgan, 1894.

Un bracelet composé de perles cylindriques, d'autres en forme d'olives, etc., dont voici le détail :

Vingt-deux perles, dont dix cylindriques en cornaline; cinq également en cornaline, mais en forme d'olives; trois cylindriques en amazonite ou émail; une en forme de larme, de même matière; une ronde, toujours en même matière, puis une petite ronde en lapis et une ronde et un peu aplatie qui semble en lapis altéré.

XII⁰ dynastie.

Voir la note au n° 52811.

53165. Collier. — Or. — Poids 14 gr. 60. — Trouvé à Dahchour, fouilles de Morgan, 1894.

Un fragment de collier composé de douze petites cyprées. Nous ferons la même remarque que pour le gros collier (ou ceinture) qui porte le n° 53074. Ces cyprées sont à double face, percées de deux trous dans le sens longitudinal. Quatre d'entre elles ont la simulation de leur entrée complètement à jour.

Ces objets ont été exécutés au repoussé en deux parties réunies ensuite à la soudure; leur longueur est de 0 m. 016 mill., leur largeur de 0 m. 010 mill. 1/2, leur grosseur de 0 m. 006 mill.

XII⁰ dynastie.

Bibl. : Voir la note au n° 52811; J. de Morgan, *Fouilles à Dahchour*, I, p. 66, n° 11 et pl. XXI.

53166. Fermoirs. — Or. — Longueur moyenne 0 m. 010 mill., largeur moyenne 0 m. 007 mill. — Trouvés à Dahchour, fouilles de Morgan, 1894.

Sept fermoirs en forme de nœuds de tisserand; ils sont à glissière. Deux d'entre eux ne possèdent que la glissière et n'ont pas de contre-parties : ce sont les n°ˢ 2 et 7.

XII⁰ dynastie.

Bibl. : *Journal d'entrée du Musée*, n° 30851 a.

53167. Cercle. — Or. — Diam. 0 m. 042 mill. — Trouvé à Dahchour, fouilles de Morgan, 1894.

Un cercle d'or dont l'emploi n'est pas certain : il peut avoir enrichi le bord d'un petit vase. A l'intérieur il retient une gangue où l'oxyde de cuivre est évident.

XII⁰ dynastie.

Voir la note au n° 52811.

53168. Coquille. — Or. — Haut. o m. o44 mill. 1/2, larg. o m. o42 mill.; poids 6 gr. 70. — Trouvée à Dahchour, fouilles de Morgan, 1894 (pl. LXXXI).

Une coquille bivalve, or. Elle est construite pour recevoir un décor de pierres de couleurs sans doute assimilable au n° 53070; mais il ne reste que la construction fixe d'or.

Le métal employé est mince (2/10 de millimètre). La bordure qui servait d'encadrement à ce décor a une largeur de o m. oo3 mill. 1/2, sauf au sommet où le métal forme un triangle curviligne dont la hauteur est de o m. o14 mill. et la largeur de o m. o23 mill. Cette bordure se relie au fond en se repliant sur lui en ourlet. Le revers est muni d'un anneau horizontal qui est placé au sommet de la coquille (à la charnière) et qui a o m. oo4 mill. de longueur et o m. oo3 mill. de diamètre. Il est strié verticalement.

XII° dynastie.

Bibl.: *Journal d'entrée du Musée*, n° 30888; J. de Morgan, *Fouilles à Dahchour*, I, p. 65, n° 5, pl. XXIII.

53169-53170. Griffes de lion. — Or. — Longueur totale o m. o29 mill., larg. o m. oo4 mill.; poids, chacune 3 gr. 70. — Trouvées à Dahchour, fouilles de Morgan, 1894 (pl. LXXXI).

Deux griffes de lion or. Elles sont unies, sauf quelques traits horizontaux qui les décorent dans la partie large. Elles sont munies de deux perles sphériques superposées; ces perles sont percées horizontalement.

XII° dynastie.

Bibl.: *Journal d'entrée du Musée*, n° 30884 a; J. de Morgan, *Fouilles à Dahchour*, I, p. 67, n° 20, pl. XXII.

53171. Collier. — Or. — Long. o m. 42 cent.; poids 37 grammes. — Trouvé à Dahchour, fouilles de Morgan, 1894 (pl. LXXXI).

Un collier composé de soixante-sept groupes de neuf perles plates. Voici de quelle manière ces groupes sont faits : de petites bandes de tubes accolés trois par trois sont traversées par de petits tubes qui les relient en maintenant entre eux un espace équivalant à peu près à leur longueur.

Les groupes sont donc de neuf perles et de six intervalles où les tubes sont visibles. Les dimensions de ces groupes sont de o m. oo6 mill. de longueur et autant de largeur. De petites coquilles bivalves viennent se joindre au collier à raison de une tous les deux groupes : il y en a trente, qui ont o m. oo8 mill. de haut pour o m. oo7 mill. de large.

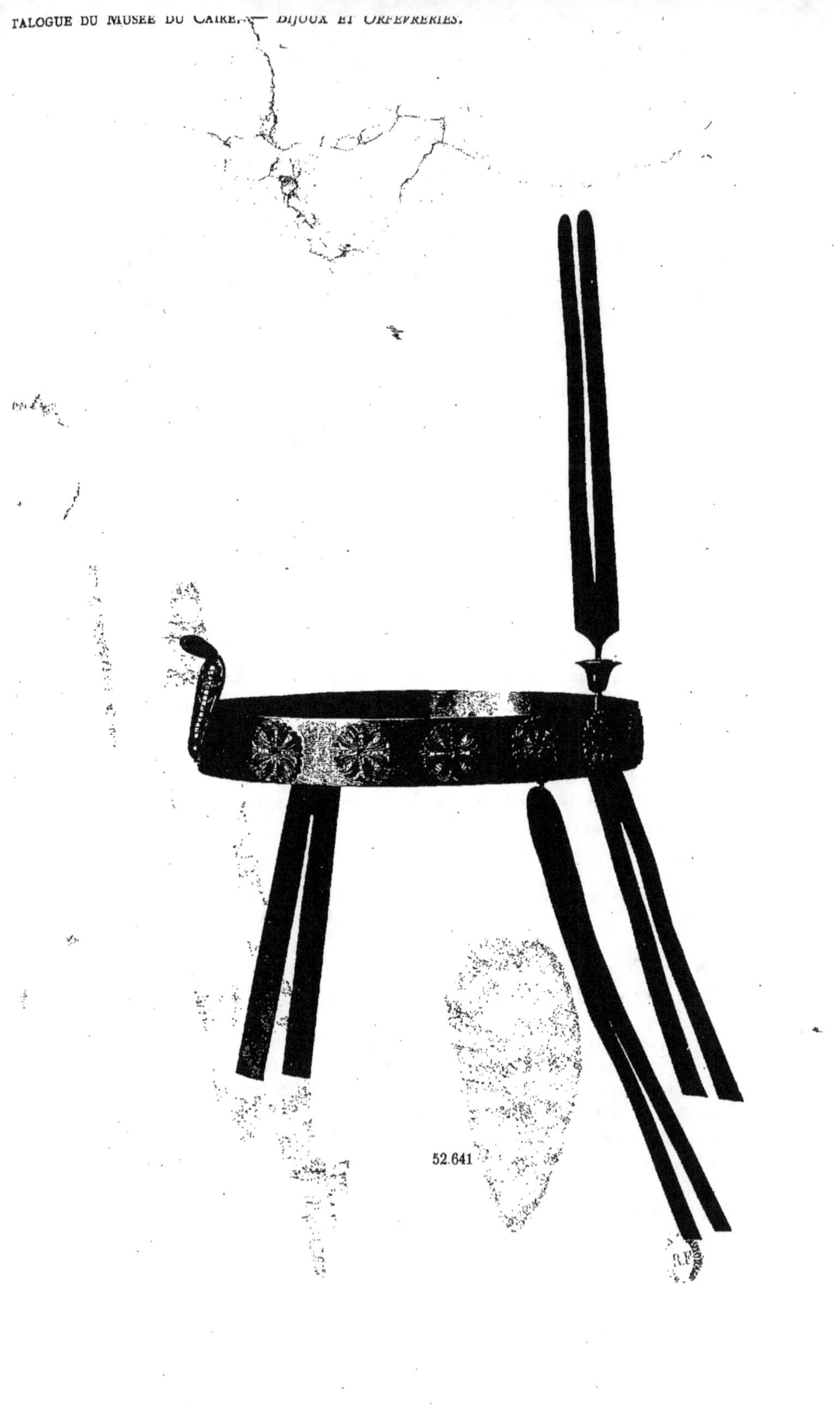

52.641

52.649-57

52.703

52.704

52.642

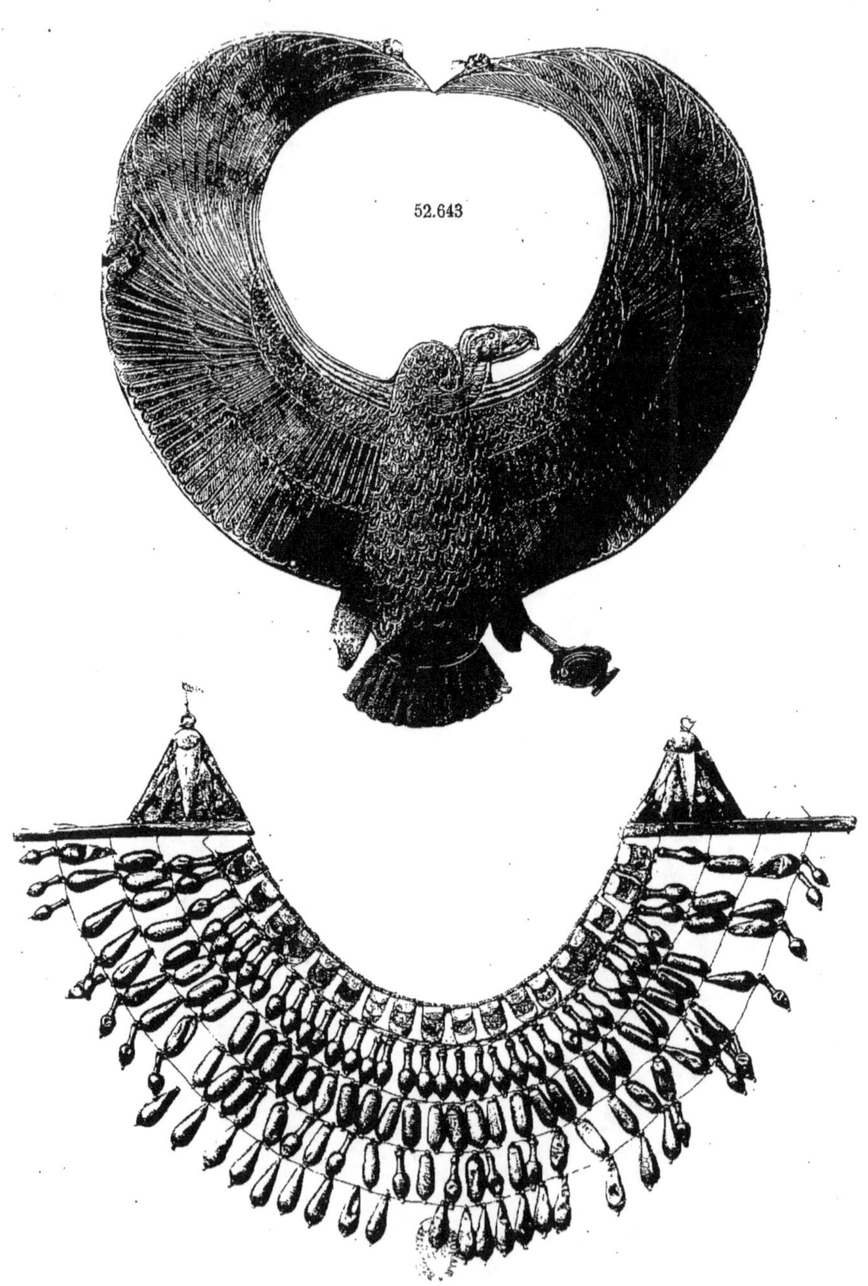

52.643

52.674

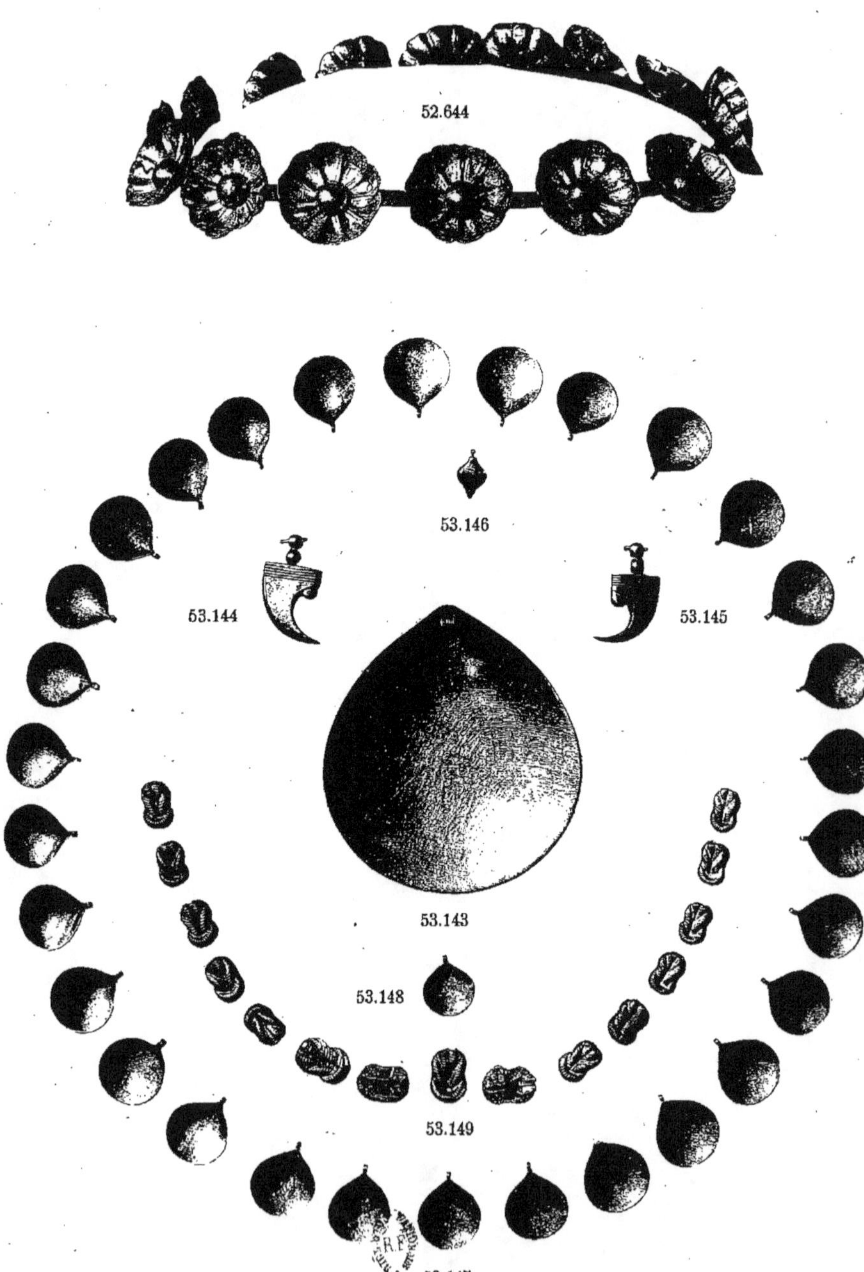

52.644
53.146
53.144
53.145
53.143
53.148
53.149
53.147

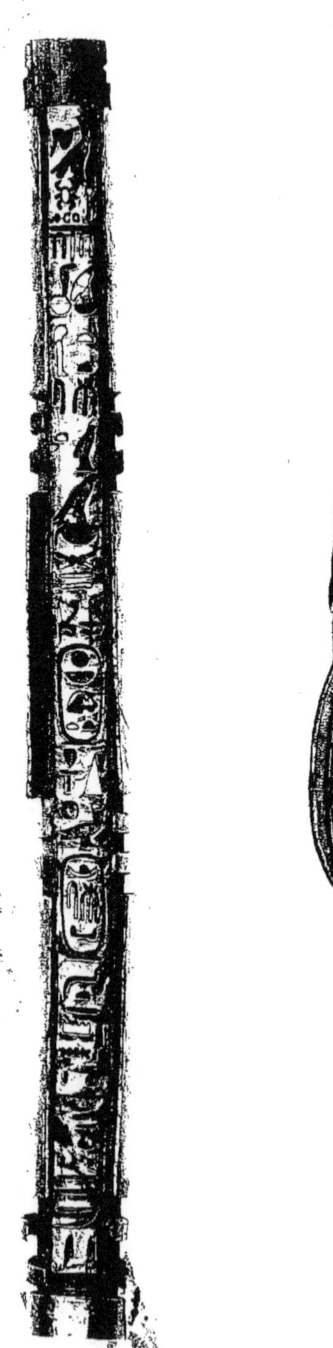
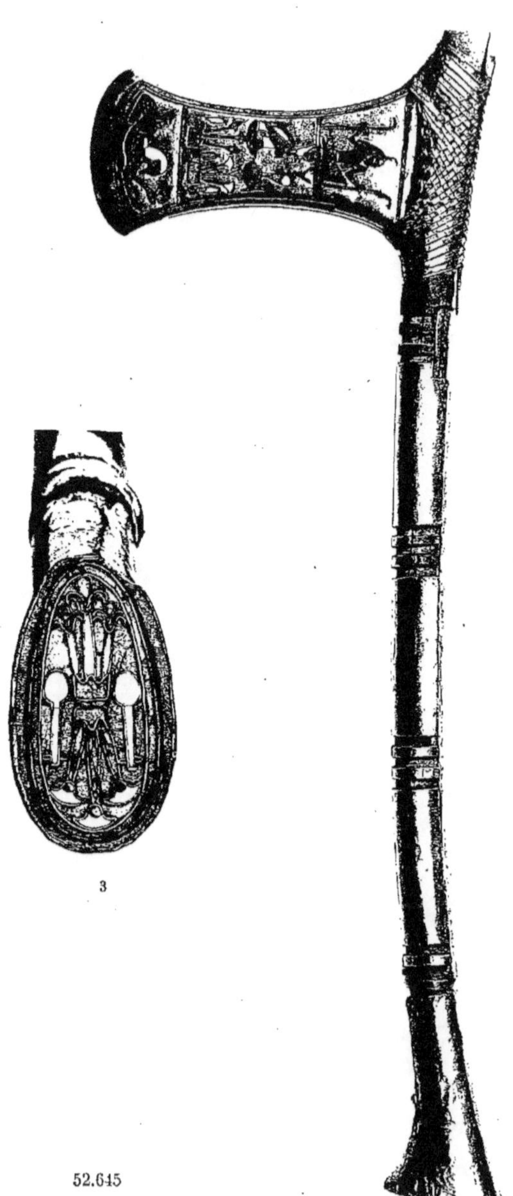

52.645

2

3

1

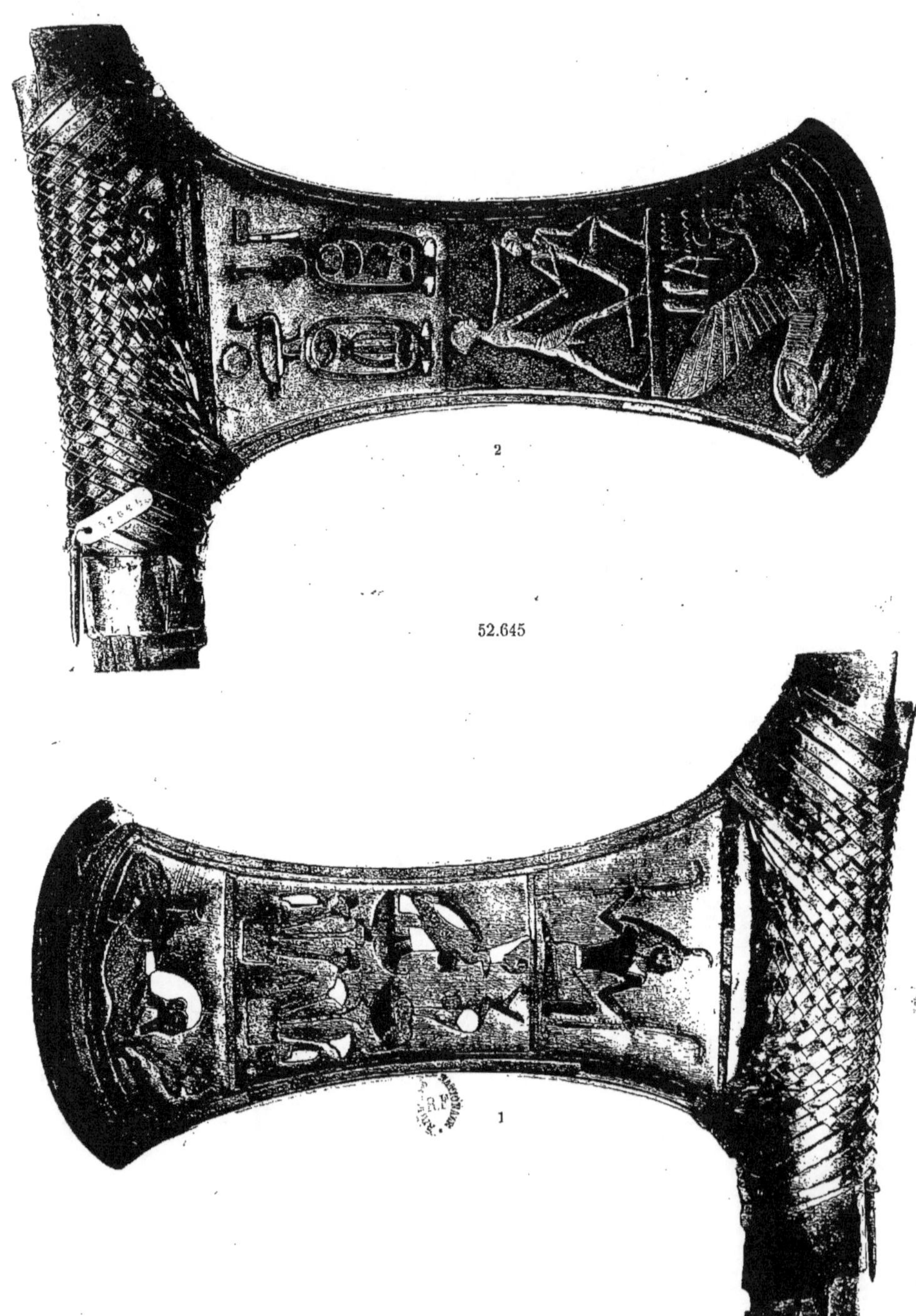

2

52.645

1

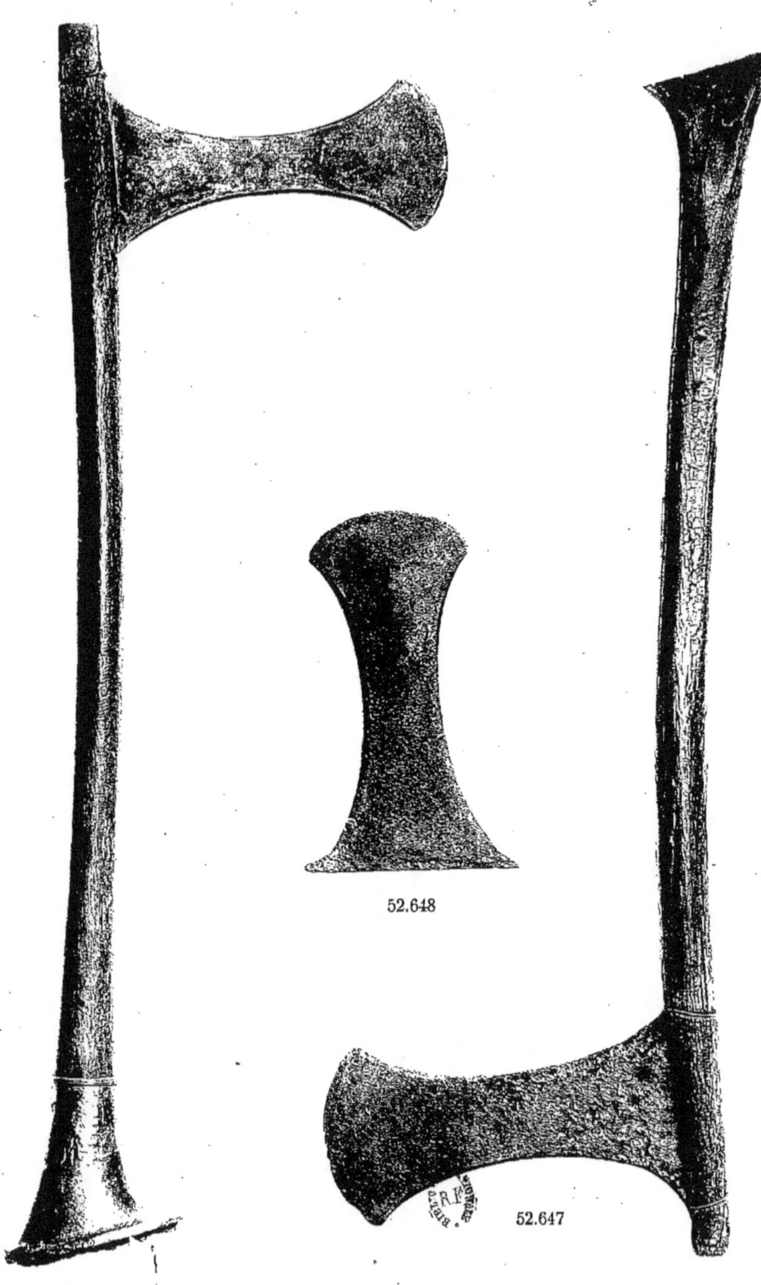

52.648
52.647
52.646

52.660

52.658

52.659

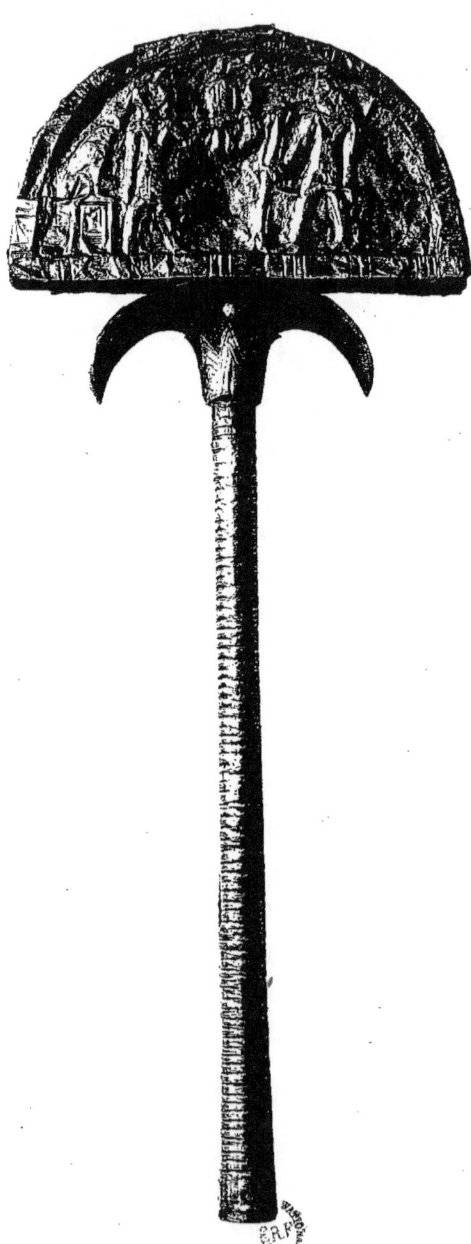

52.703

52.661

52.063
52.689
52.702

52.664

52.666
52.668

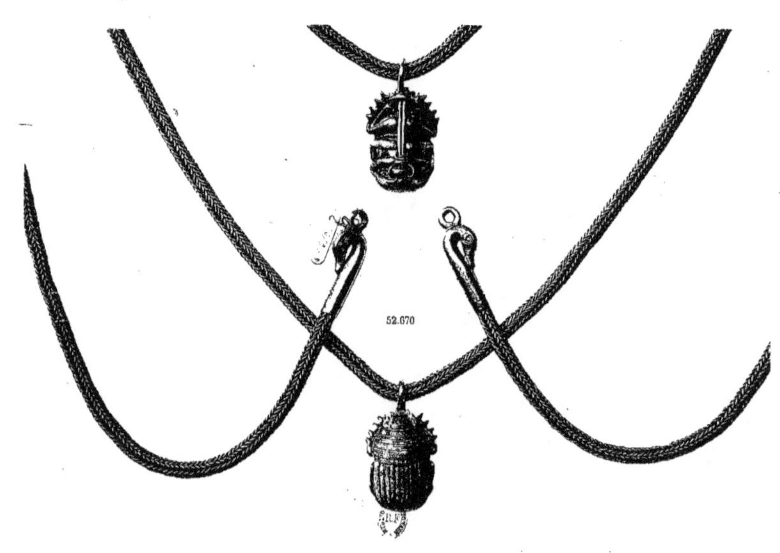

52.070

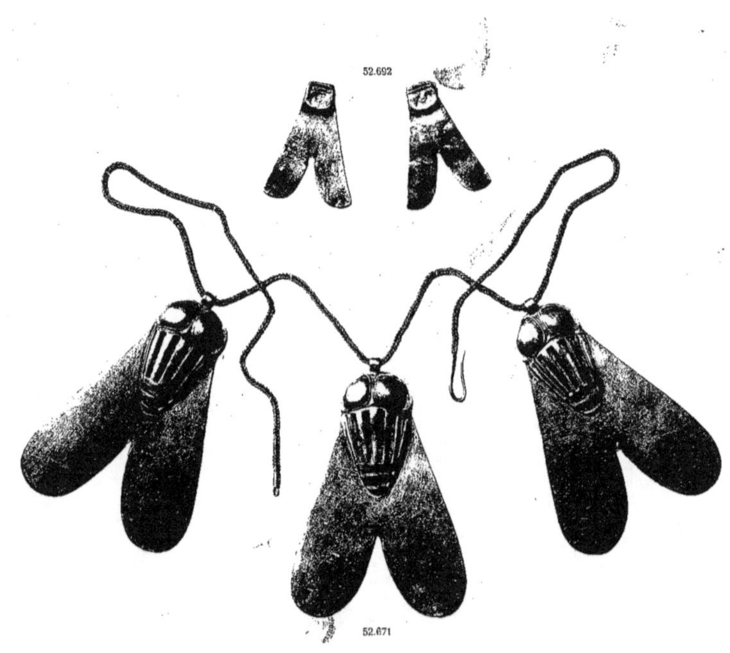

52.692
52.671

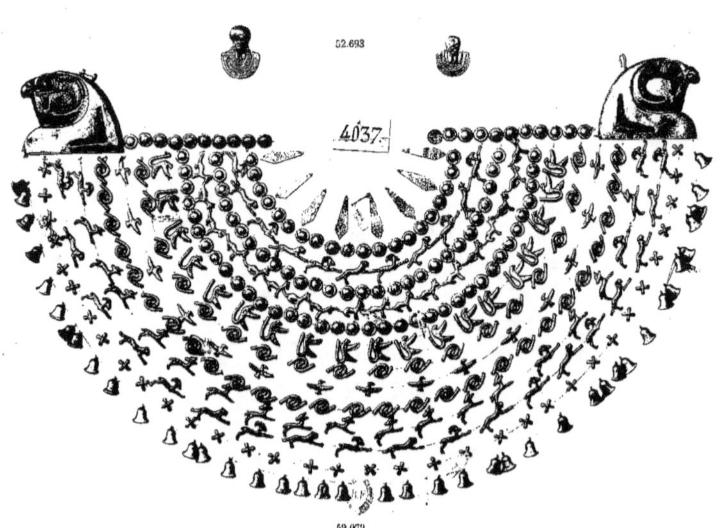

52.693
4037
52.672

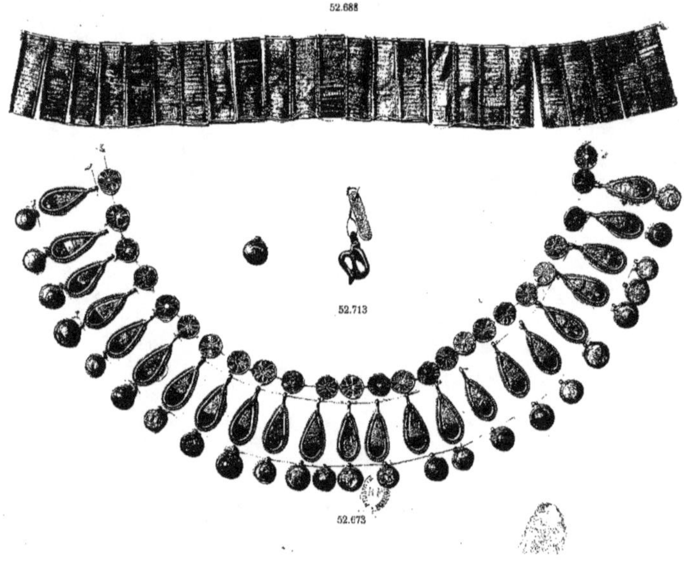

52.688

52.713

52.673

52.716

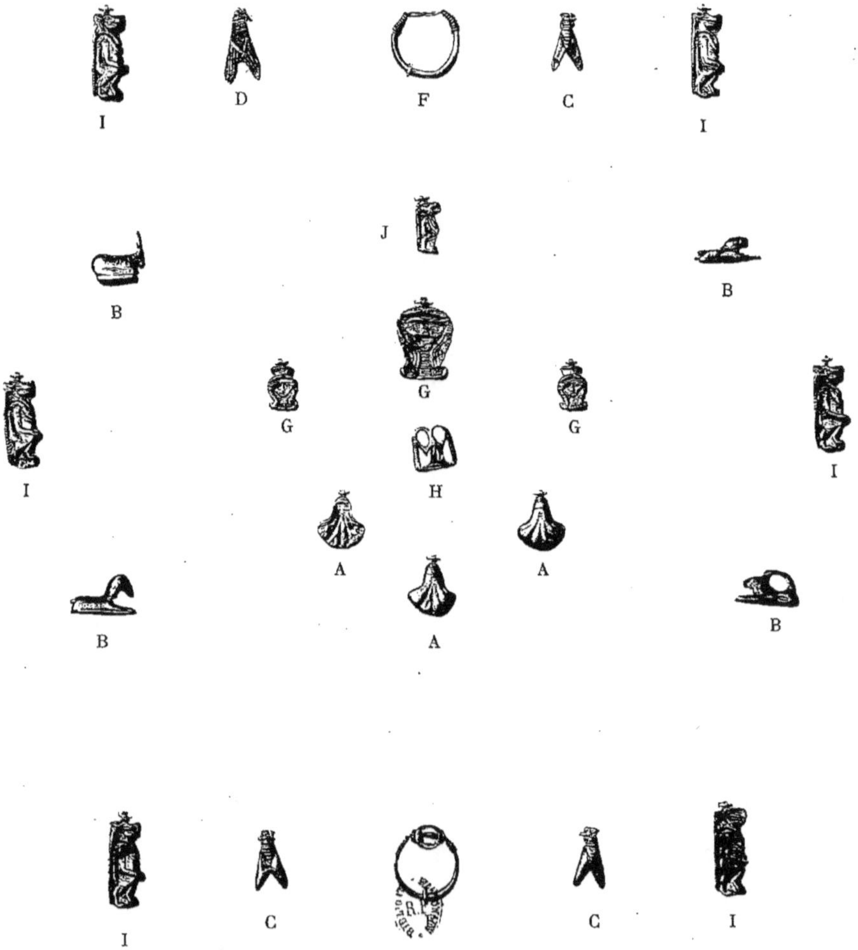

I   D   F   C   I

B   J   B

G   G   G   I

I   H

A   A

B   A   B

I   C   C   I

A. 52.675 — B. 52.676 — C. 52.677 — D. 52.678 — E. 52.690 — F. 52.691 — G. 52.697
H. 52.698 — I. 52.699 — J. 52.700.

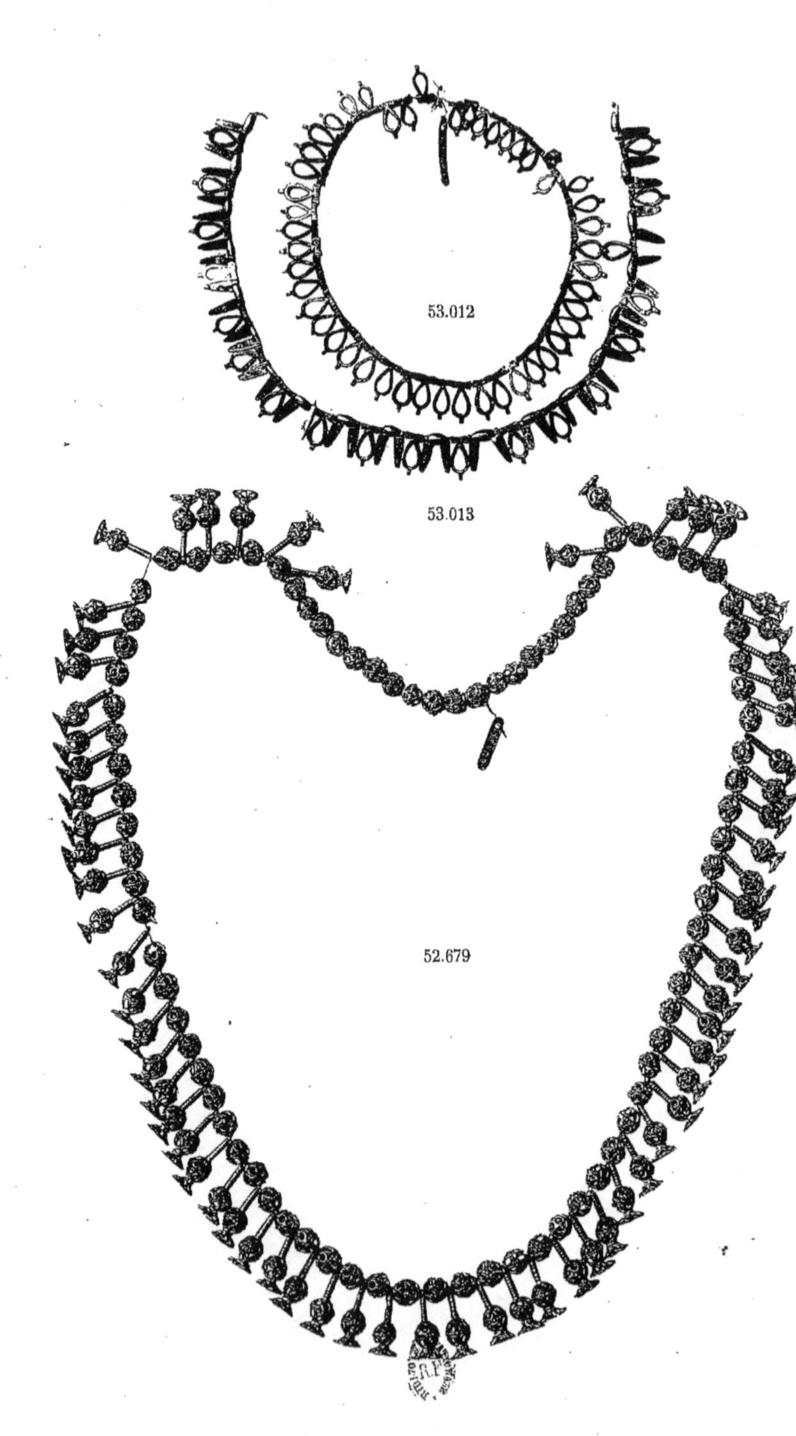

53.012

53.013

52.679

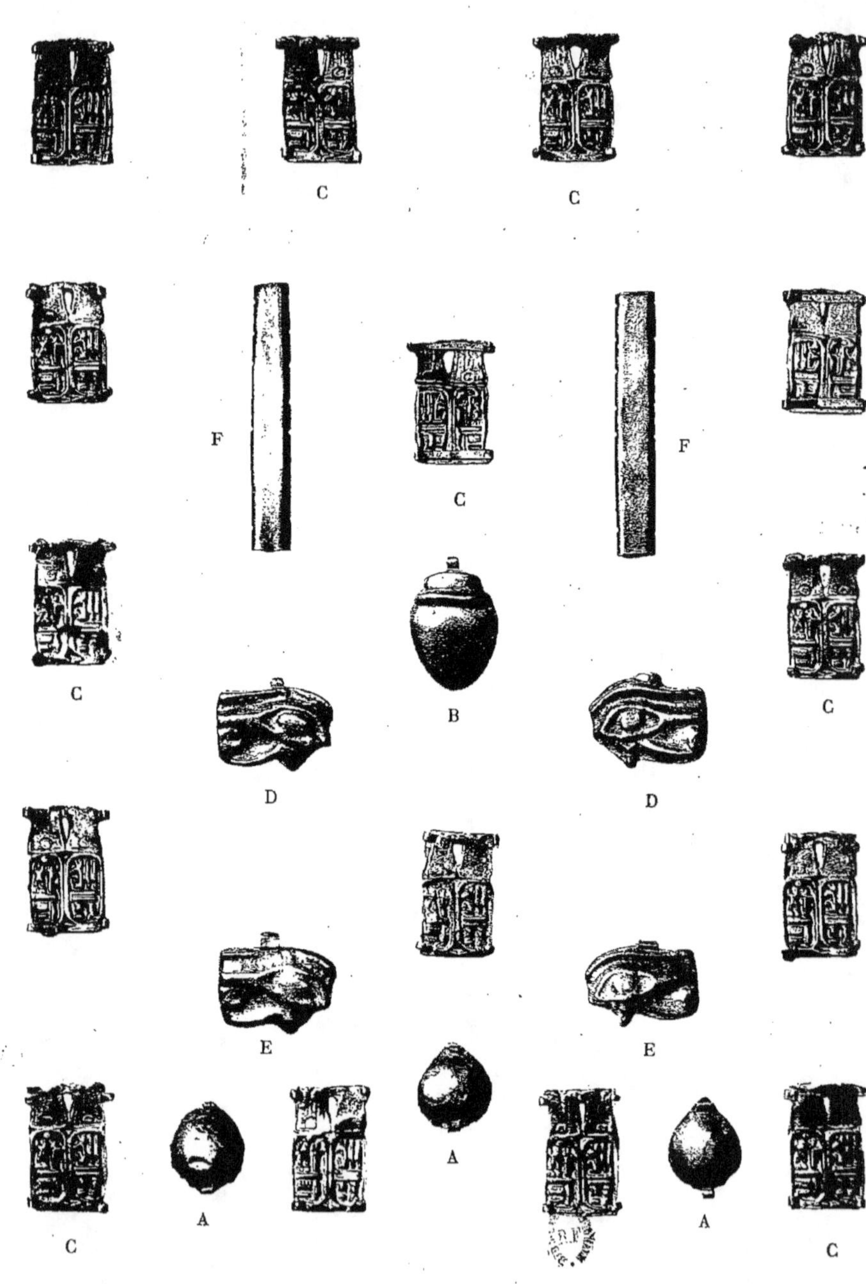

A. 52.682 — B. 52.683 — C. 52.684 — D. 52.685 — E. 52.686 — F. 52.687.

52.724

52.723

52.696

52.721

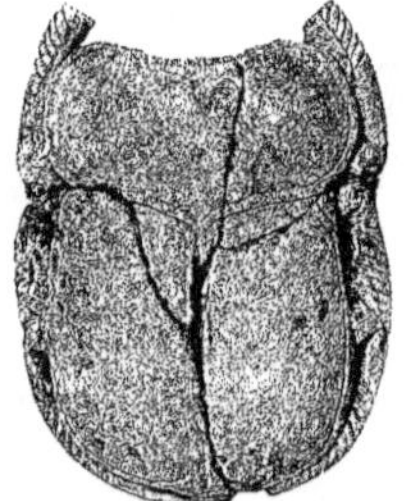

52.730

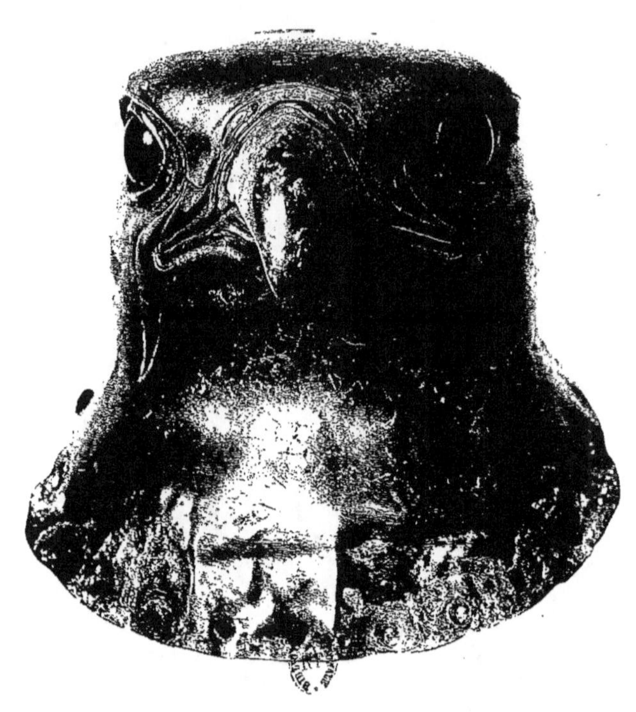

52.701

52.701

52.701

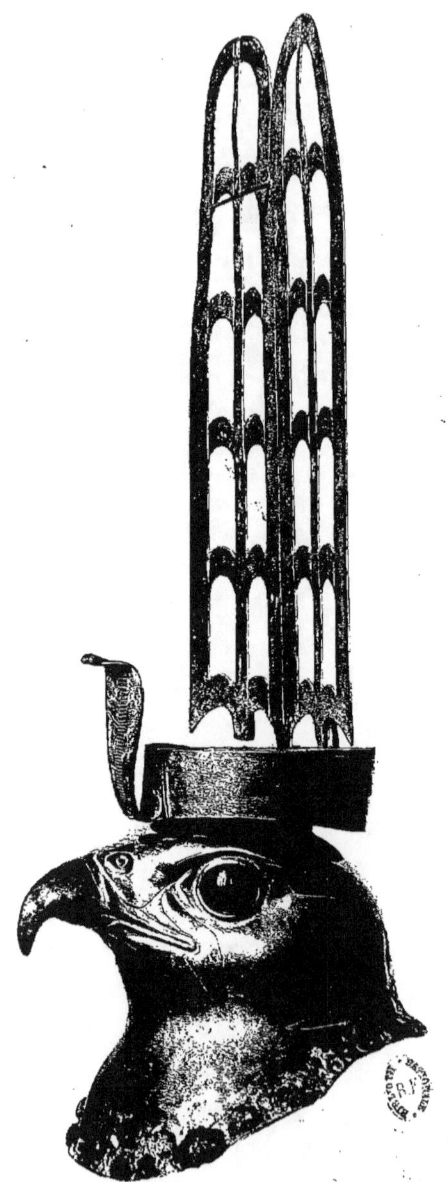

52.701

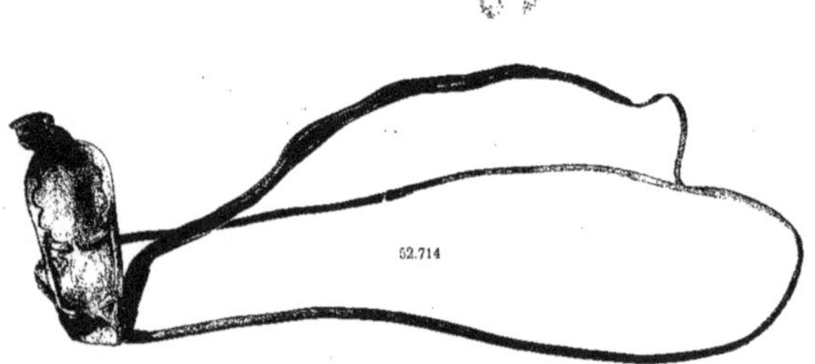

52.714

52.717

52.726

52.718

52.715. *Face*
AVANT ET APRÈS LA RESTAURATION.

52.715. *Revers*

AVANT ET APRÈS LA RESTAURATION.

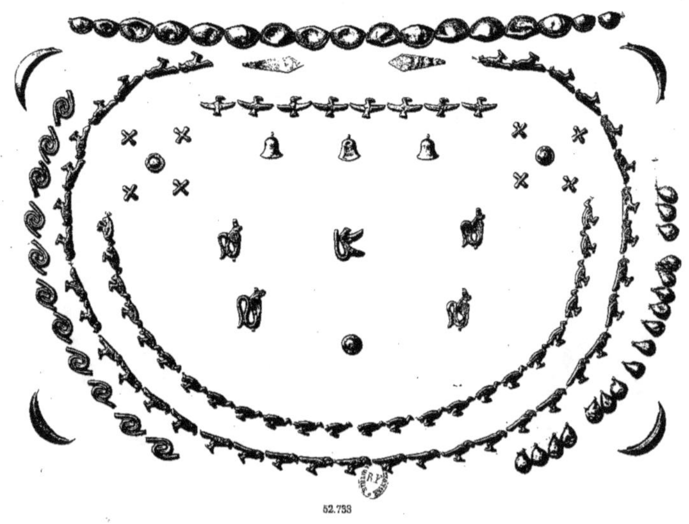

52.753

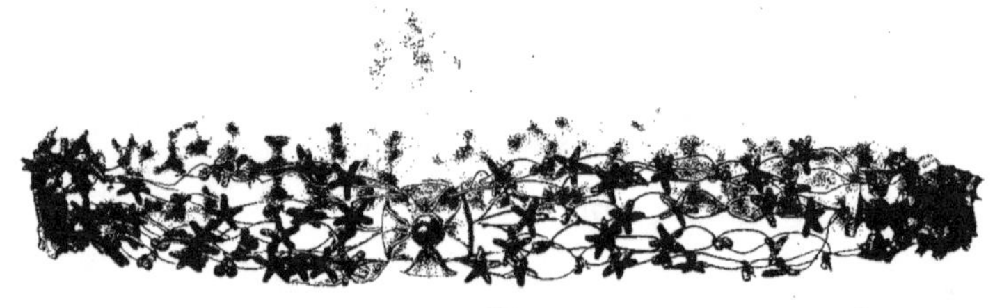

52.859

53.181

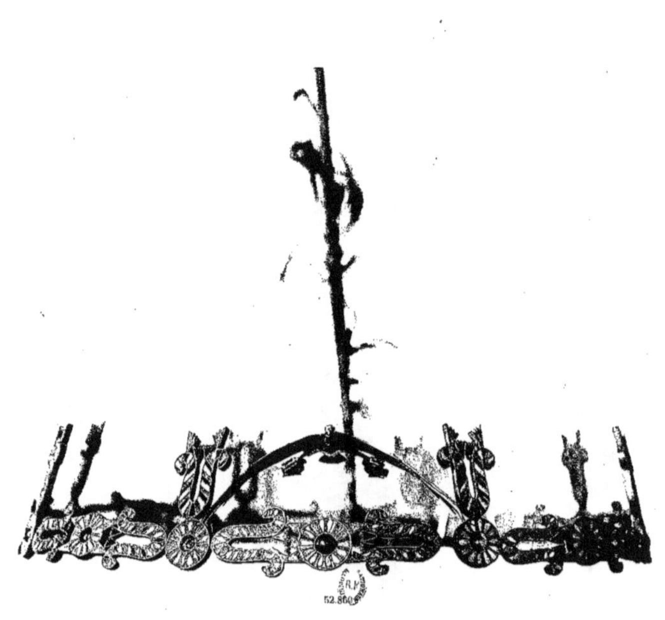

52.862

52.861

53.084

53.077

53.090

53.076

53.085

53.080

53.078

53.081

53.079

53.083

53.086

53.082

53.087

53.088

53.089

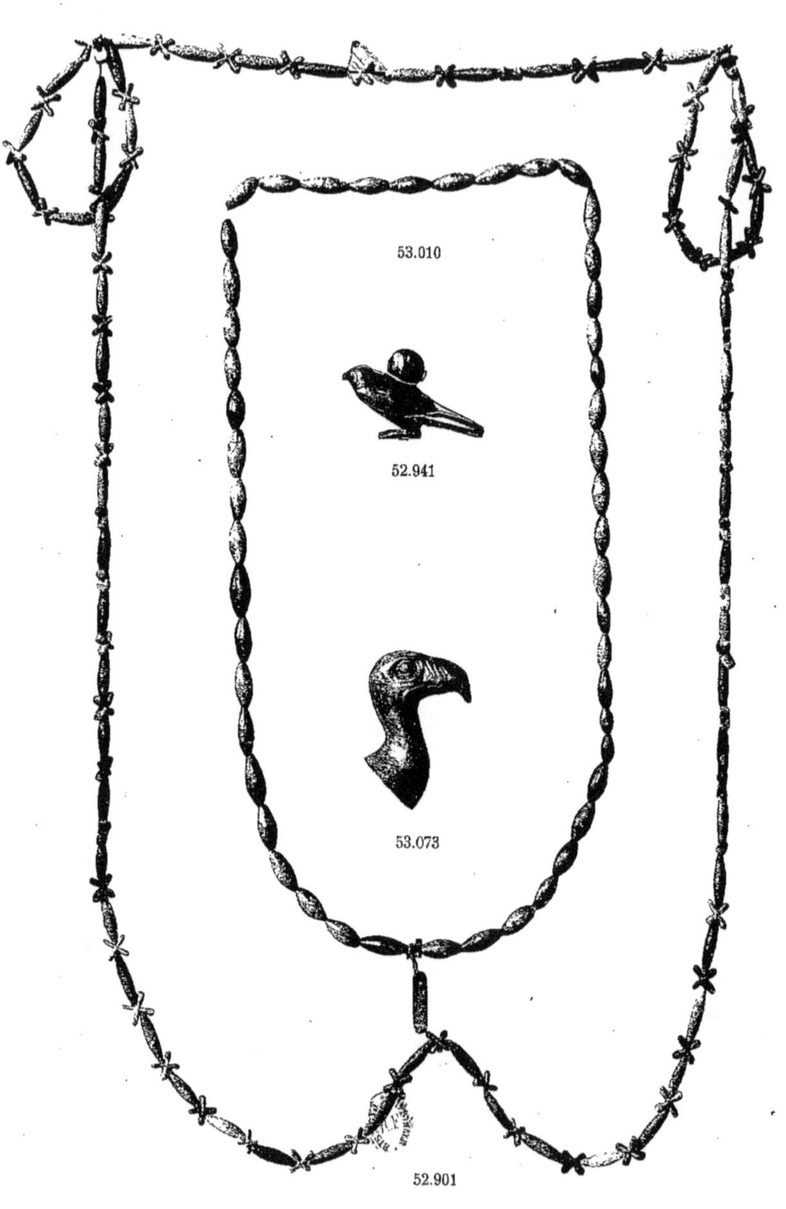

53.010
52.941
53.073
52.901

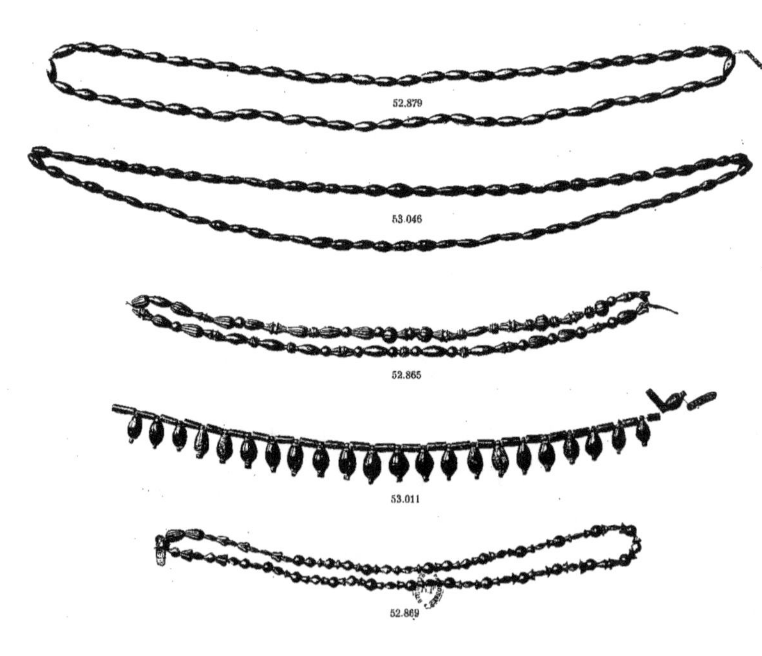

52.879
53.046
52.865
53.011
52.869

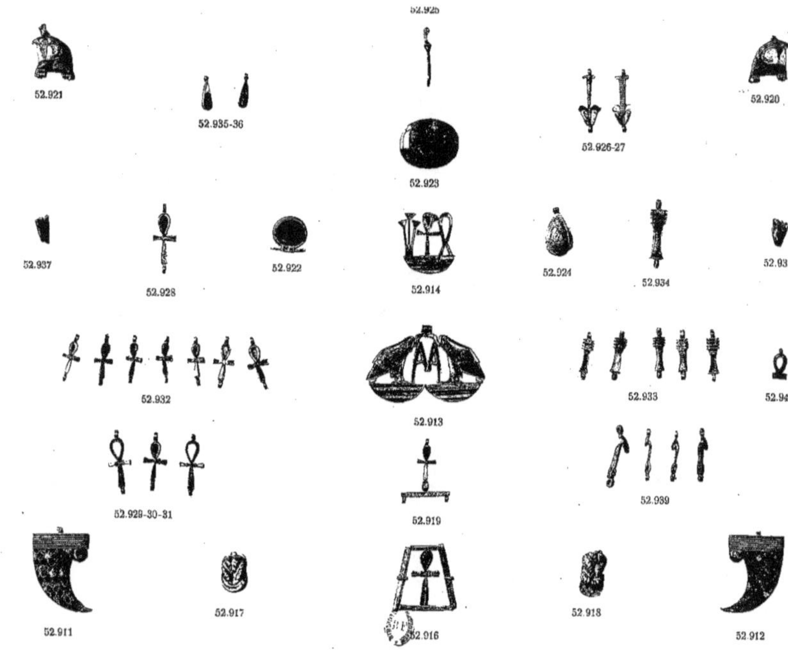

52.921
52.935-36
52.925
52.926-27
52.920
52.937
52.928
52.922
52.914
52.924
52.934
52.938
52.923
52.932
52.913
52.933
52.940
52.929-30-31
52.919
52.939
52.911
52.917
52.916
52.918
52.912

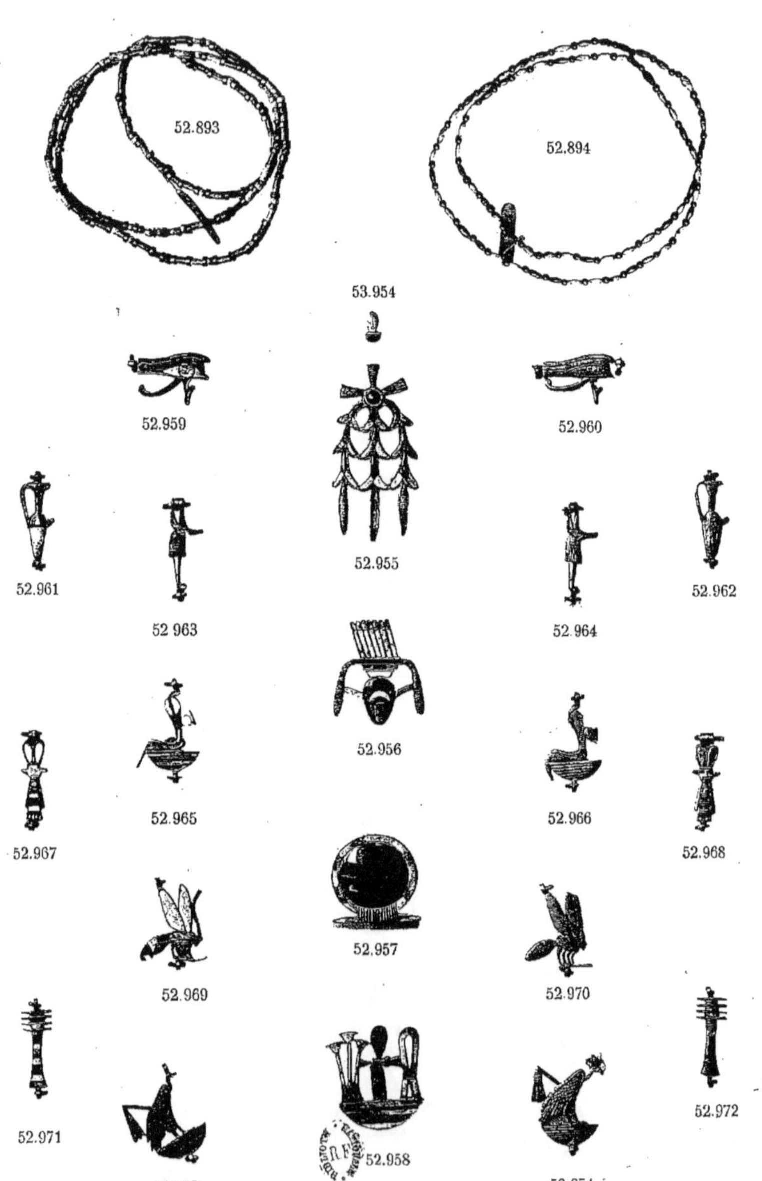
52.893
52.894
53.954
52.959
52.955
52.960
52.961
52.963
52.962
52.964
52.956
52.965
52.966
52.967
52.957
52.968
52.969
52.970
52.971
52.958
52.972
52.973
52.974

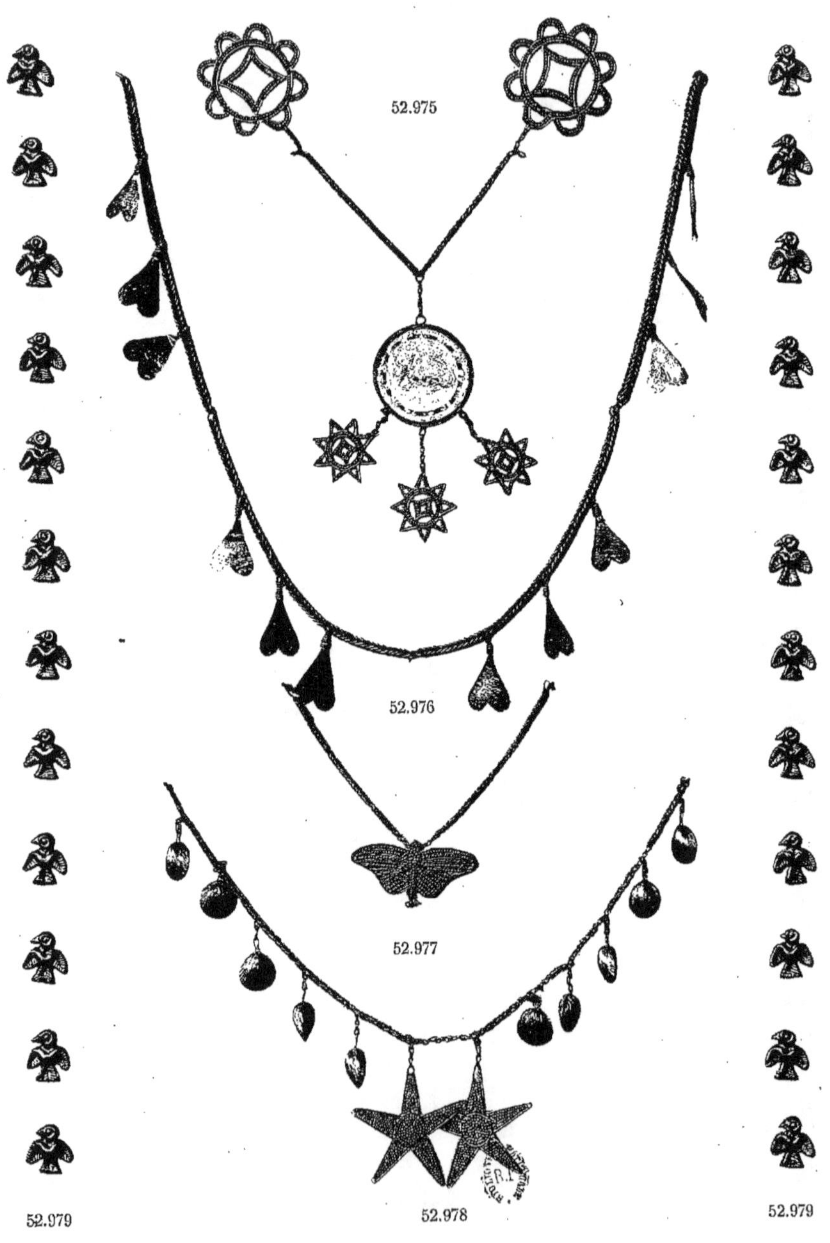
52.975
52.976
52.977
52.978
52.979
52.979

52.984

52.985

52.983

52.982

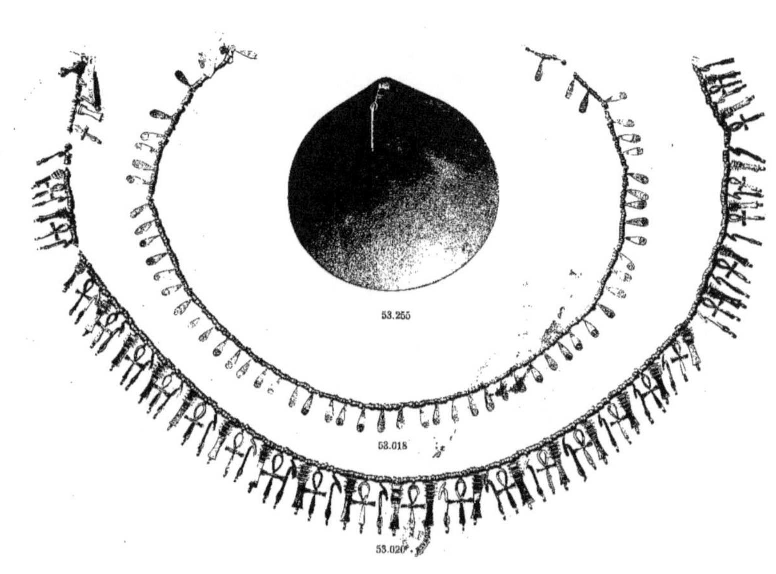

53.255
53.018
53.020

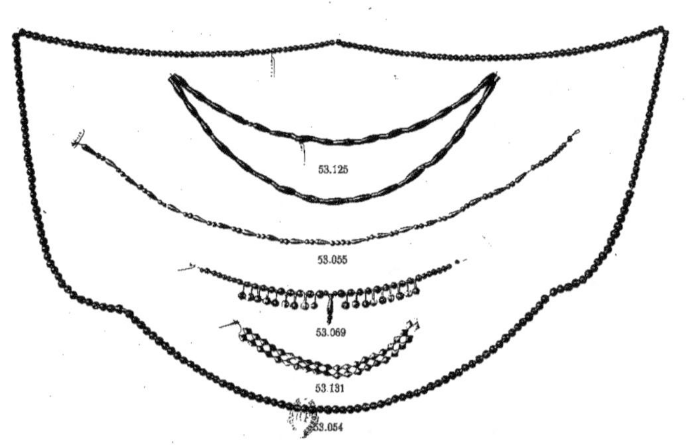

53.091

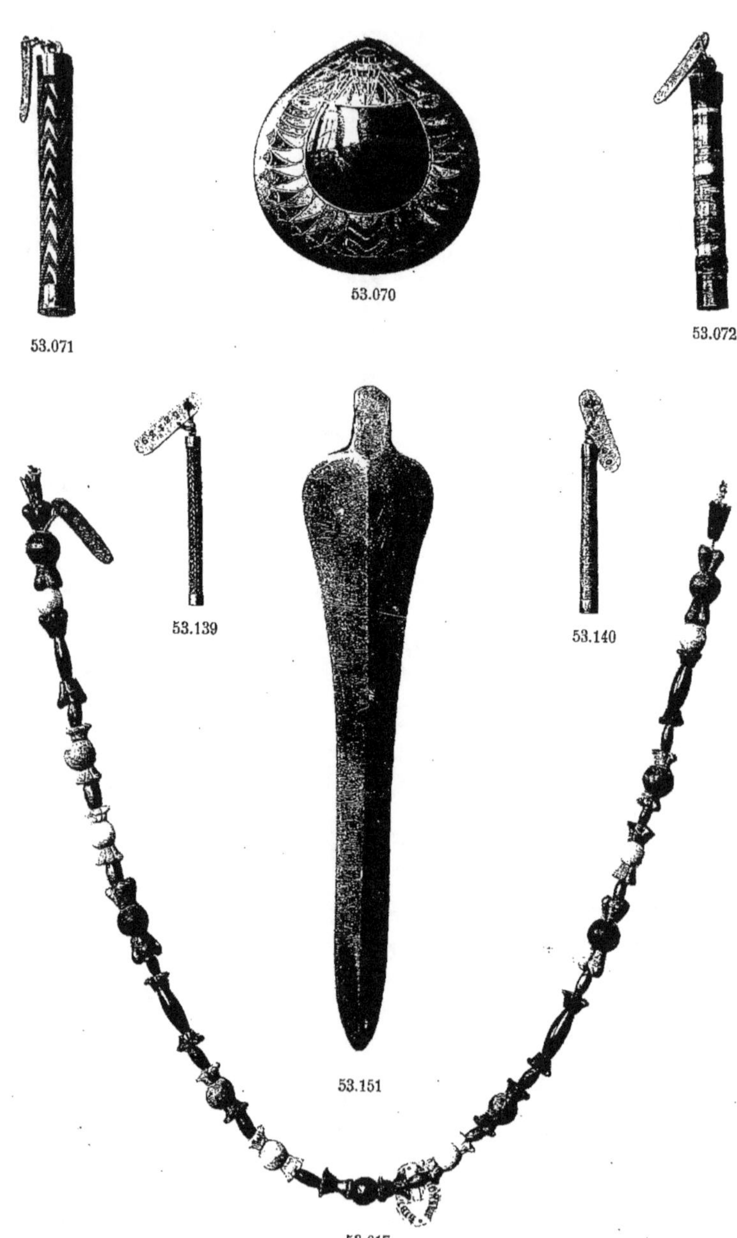

53.070

53.071

53.072

53.139

53.140

53.151

53.017

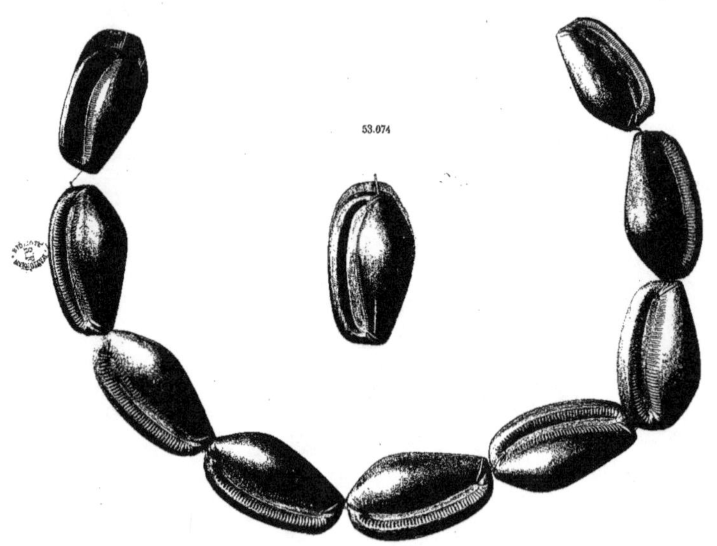

53.074

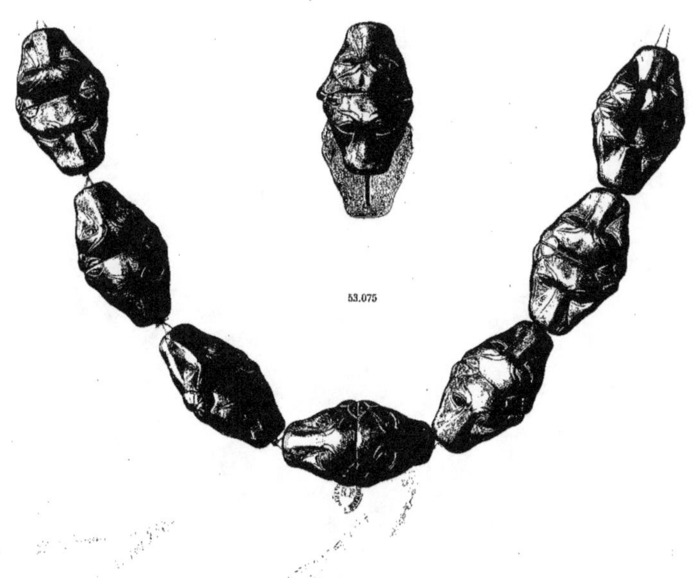

53.075

53.100

53.104

53.105

53.163

53.100

53.107

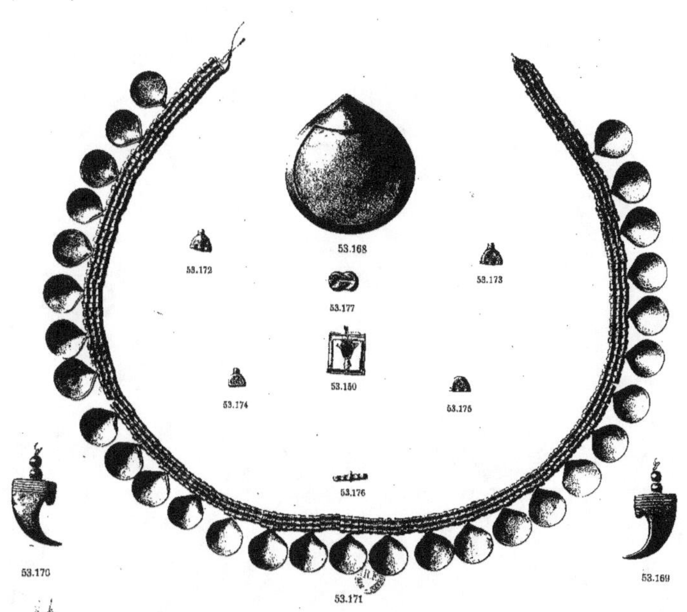

53.168
53.172
53.173
53.177
53.150
53.174
53.175
53.176
53.170
53.169
53.171

PUBLICATIONS

DU SERVICE DES ANTIQUITÉS DE L'ÉGYPTE (Suite).

Les Temples immergés de la Nubie (in-4° avec planches et figures dans le texte) :

In-4° avec planches. — Tome I, 1re livraison, *Rapports*, par G. Maspero et A. Barsanti, 1909 : P. T. 193.
— 2e livraison, 1909 : P. T. 185. — 3e livraison, 1910 : P. T. 250. — 4e livraison, 1911 : P. T. 97.

Documents sur l'état ancien des monuments. — Tome I, 1re livraison, 1912 : P. T. 73. — 2e livraison, 1920 : P. T. 125.

Le Temple de Kalabchah, par H. Gauthier. — 1er fascicule, 1911 : P. T. 385. — 2e fascicule, 1911 : P. T. 300. — 3e fascicule, 1914 : P. T. 145. — 4e fascicule, 1927 : P. T. 100.

Le Temple de Ouadi es-Seboua, par H. Gauthier. — Tomes I (texte) et II (planches), 1912 : P. T. 434 les deux volumes.

Le Temple d'Amada, par H. Gauthier. — 1er fascicule, 1913 : P. T. 314. — 2e fascicule, 1926 : P. T. 50.

Debod bis Bab Kalabsche, par G. Roeder. — Tomes I (texte) et II (planches), 1911 : P. T. 500 les deux volumes. — Tome III, par F. Zucker, 1912 : P. T. 193.

The Temple of Dendûr, par Aylward M. Blackman, 1911 : P. T. 434.

The Temple of Derr, par Aylward M. Blackman, 1913 : P. T. 290.

The Temple of Bîgeh, par Aylward M. Blackman, 1915 : P. T. 238.

Catalogue général du Musée du Caire (in-4° avec planches et figures dans le texte) :

Ahmed bey Kamal. *Stèles hiéroglyphiques d'époque ptolémaïque et romaine.* — Tome I (texte), 1905 : P. T. 314. — Tome II (planches), 1904 : P. T. 265.

— *Tables d'offrandes.* — Tome I (texte), 1909 : P. T. 250. — Tome II (planches), 1906 : P. T. 193.

Bénédite (G.). *Miroirs*, 1907 : P. T. 150.

— *Objets de toilette.* — 1re partie : *Peignes, épingles de tête, étuis et pots à kohol, stylets à kohol,* 1911 : P. T. 138.

Bissing (W. von). *Metallgefässe*, 1901 : P. T. 100.

— *Fayencegefässe*, 1902 : P. T. 122.

— *Steingefässe*, 1904 : P. T. 125. — *Introduction et Index*, 1907 : P. T. 49.

— *Tongefässe*, 1913, 1re partie : P. T. 122.

Borchardt (L.). *Statuen und Statuetten von Königen und Privatleuten.* — Tome I, 1911 : P. T. 344. — Tome II, 1925 : P. T. 220.

Breccia (E.). *Iscrizioni greche e latine* (Musée d'Alexandrie), 1911 : P. T. 315.

— *La Necropoli di Sciatbi* (Musée d'Alexandrie). — Tomes I (texte) et II (planches), 1912 : P. T. 550 les deux volumes.

Carter (H.) et Newberry (P.). *The Tomb of Thoutmôsis IV*, 1904 : P. T. 250.

Chassinat (É.). *La seconde trouvaille de Deir el-Bahari.* — Tome I, 1er fascicule, 1909 : P. T. 122.

Crum (W. E.). *Coptic Monuments*, 1902 : P. T. 338.

Currelly (Charles T.). *Stone Implements*, 1913 : P. T. 343.

Daressy (G.). *Ostraca*, 1901 : P. T. 275.

— *Fouilles de la Vallée des Rois.* — 1re partie : *Tombes de Maherpra, Aménophis II,* 1901 : P. T. 250. — 2e partie : *Tombes d'Aménophis II et de Thoutmôsis III,* 1902 : P. T. 97.

— *Textes et dessins magiques*, 1902 : P. T. 88.

— *Statues de Divinités.* — Tome I (texte), 1906 : P. T. 313. — Tome II (planches), 1905 : P. T. 265.

— *Cercueils des cachettes royales*, 1909 : P. T. 410.

Edgar (C. C.). *Greek Moulds*, 1903 : P. T. 119.

— *Greek Sculpture*, 1903 : P. T. 194.

— *Greek Bronzes*, 1904 : P. T. 125.

— *Græco-Egyptian Glass*, 1905 : P. T. 100.

— *Græco-Egyptian Coffins, Masks and Portraits*, 1905 : P. T. 290.

— *Sculptors' Studies and unfinished Works*, 1906 : P. T. 218.

— *Greek Vases*, 1911 : P. T. 290.

— *Zenon Papyri.* — Volume I, 1925 : P. T. 200. — Volume II, 1926 : P. T. 200.

PUBLICATIONS

DU SERVICE DES ANTIQUITÉS DE L'ÉGYPTE (*Suite*).

———

Catalogue général du Musée du Caire (in-4° avec planches et figures dans le texte) [*suite*] :

GAILLARD et DARESSY. *La Faune momifiée de l'antique Égypte*, 1905 : P. T. 193.

GAUTHIER (H.). *Cercueils anthropoïdes des prêtres de Montou*. — 1er fascicule, 1912 : P. T. 290. — 2e fascicule, 1913 : P. T. 387.

GOLÉNISCHEFF (W.). *Papyrus hiératiques*. — 1er fascicule, 1927 : P. T. 270.

GRENFELL et HUNT. *Greek Papyri*, 1903 : P. T. 88.

LACAU (P.). *Sarcophages antérieurs au Nouvel Empire*. — Tome I, 1er fascicule, 1903 : P. T. 265. — 2e fascicule, 1904 : P. T. 175. — Tome II, 1er fascicule, 1905 : P. T. 97. — 2e fascicule, 1907 : P. T. 125.

— *Stèles du Nouvel Empire*. — Tome I, 1er fascicule, 1909 : P. T. 375. — 2e fascicule, 1926 : P. T. 100.

LANGE et SCHÄFER. *Grab- und Denksteine des mittleren Reichs*. — 1re partie : Nos 20001-20399 (Texte), 1902 : P. T. 275. — 2e partie : Nos 20400-20780 (Texte), 1908 : P. T. 375. — 3e partie (Indices), 1925 : P. T. 150. — 4e partie (Planches), 1903 : P. T. 375.

LEFEBVRE (G.). *Papyrus de Ménandre*, 1911 : P. T. 387.

LEGRAIN (G.). *Statues et statuettes de rois et de particuliers*. — Tome I, 1906 : P. T. 338. — Tome II, 1909 : P. T. 250. — Tome III, 1914 : P. T. 250. — *Indices des tomes I, II et III*, par H. GAUTHIER, 1925 : P. T. 32.

MASPERO (G.). *Sarcophages des époques persane et ptolémaïque*. — Tome I, 1er fascicule, 1908 : P. T. 170. — 2e fascicule, 1914 : P. T. 250.

MASPERO (Jean). *Papyrus grecs d'époque byzantine*. — Tome I, 1er fascicule, 1910 : P. T. 275. — 2e fascicule, 1911 : P. T. 193. — Tome II, 1er fascicule, 1911 : P. T. 193. — 2e fascicule, 1912 : P. T. 125. — 3e fascicule, 1913 : P. T. 183. — Tome III, 1916 : P. T. 387.

MILNE (J. G.). *Greek Inscriptions*, 1905 : P. T. 240.

MORET (A.). *Sarcophages de l'époque bubastite à l'époque saïte*. — 1er fascicule, 1912 : P. T. 290. — 2e fascicule, 1913 : P. T. 250.

MUNIER (H.). *Manuscrits coptes*, 1916 : P. T. 385.

NEWBERRY (P. E.). *Scarab-shaped Seals*, 1907 : P. T. 250.

QUIBELL (J. E.). *Archaïc Objects*. — Tome I (texte), 1905 : P. T. 250. — Tome II (planches), 1904 : P. T. 174.

— *Tomb of Yuaa and Thuiu*, 1908 : P. T. 265.

REISNER (G. A.). *Amulets*, 1907 : P. T. 193.

— *Models of Ships and Boats*, 1913 : P. T. 315.

ROEDER (G.). *Naos*, 1914 : P. T. 375.

SMITH (G. Elliot). *The royal Mummies*, 1912 : P. T. 375.

SPIEGELBERG (W.). *Die demotischen Denkmäler*. — 1re partie : *Die demotischen Inschriften*, 1904 : P. T. 150. — 2e partie : *Die demotischen Papyrus*. Tome I (texte), 1908 : P. T. 193. — Tome II (planches), 1906 : P. T. 385.

STRZYGOWSKI. *Koptische Kunst*, 1904. — Épuisé.

VERNIER (É.). *Bijoux et orfèvreries*. — Tome I, 1er fascicule, 1907 : P. T. 117. — 2e fascicule, 1909 : P. T. 194. — 3e fascicule, 1925 : P. T. 260. — 4e fascicule, 1927 : P. T. 140.

WEIGALL (Arthur E. P.). *Weights and Balances*, 1908 : P. T. 88.

———

EN VENTE :

Au MUSÉE DU CAIRE et chez les principaux libraires du Caire;

Aux éditions ERNEST LEROUX, 28, rue Bonaparte, Paris (VIe);

Chez KARL W. HIERSEMANN, 29, Königstrasse, Leipzig.

www.ingramcontent.com/pod-product-compliance
Lightning Source LLC
Chambersburg PA
CBHW051519050726
47595CB00002B/385